F. Q

F 23787

THÉORIE

DE

LA PROCEDURE

CIVILE.

POITIERS. — IMPRIMERIE DE CATINEAU.

THÉORIE

DE

LA PROCÉDURE

CIVILE,

PRÉCÉDÉE D'UNE INTRODUCTION;

Par M. Boucenne,

AVOCAT A LA COUR ROYALE,

ET PROFESSEUR A LA FACULTÉ DE DROIT DE POITIERS.

Tome Premier.

INTRODUCTION.

Poitiers,

LIBRAIRIE DE E.-P.-J. CATINEAU,
Rue de la Mairie, n° 10.

1828.

INTRODUCTION.

CHAPITRE Ier.

DES LOIS. — DES JUGES. — DE LA PROCÉDURE. — DE SON OBJET. — DES ABUS. — DU STYLE DE LA PROCÉDURE.

Il y a sur l'administration de la justice des idées fondamentales qui se trouvent par-tout, et que le simple instinct de notre existence sociale a dû suggérer.

Je ne veux les placer ici qu'en substance, et comme des points de départ.

Quand l'esprit de propriété s'introduisit dans le monde, l'intérêt se développa, l'industrie créa des besoins et des arts, l'homme eut des lois.

Les mœurs, les transactions civiles, tout

était simple encore; seulement l'équité naturelle se changea en justice exacte, et l'autorité de la raison en droit positif.

Chez les peuples actifs, riches, entreprenans, au sein desquels la civilisation fit éclore ces combinaisons infinies qui agitent et croisent tous les intérêts, les lois se multiplièrent successivement pour embrasser les relations diverses des individus avec la société, et celles des individus entre eux.

Les lois civiles, considérées en elles-mêmes, sont des abstractions. des principes inanimés, qui ne peuvent être mis en action que par leur application aux circonstances pour lesquelles ils ont été établis.

Il leur faut donc des voix vivantes, s'il est permis d'ainsi parler, qui les appliquent et les fassent exécuter.

Dans les premiers âges qui suivirent le règne barbare du droit du plus fort, lorsqu'un débat s'élevait sur quelque possession, il est naturel de croire que les chefs de famille, les amis, les voisins, intervenaient ou étaient appelés pour le terminer, et que l'administration de la justice se bornait alors à ce naïf usage.

Mais la législation, en s'étendant, devint

plus compliquée; la connaissance de toutes ses règles, de toutes ses distinctions, exigea des études profondes, suivies, et une expérience consacrée: les juges furent institués.

Les juges sont les organes de la loi. Ils ne font pas le droit, ils le déclarent. Ils en sont les dispensateurs et non les maîtres.

« Si les jugemens étaient une opinion particulière du juge, on vivrait dans la société sans savoir précisément les engagemens qu'on y contracte. » *(Esp. des Lois.)*

L'établissement des juges dut conduire à la nécessité d'un régime judiciaire qui donne à tous l'accès des tribunaux, la faculté de s'y faire entendre et des garanties contre les surprises, les erreurs, l'arbitraire ou la faveur.

Ces garanties se trouvent dans la méthode et les formes de procéder. Cette méthode, ces formes n'étaient, dans l'origine, que des précautions imaginées pour un petit nombre d'événemens prévus; les législateurs les ont multipliées, à mesure que leur prévoyance plus éclairée a pu calculer les efforts des passions et les ruses de la mauvaise foi.

Répéterai-je ici tout ce qu'on a dit et écrit

pour ou contre les formes de la procédure?

La plupart des gens du monde se récrient contre cet axiôme: *La forme emporte le fond,* contre les nullités, les déchéances, qu'ils signalent comme autant d'écueils où vient se perdre la justice.

M. de Voltaire écrivait à un magistrat, qu'il ne serait pas mal de trouver un jour quelque *biais* pour que le fond l'emportât sur la forme. Le mot était joli, si l'on veut; mais avec quelques réflexions sur la marche des affaires et sur l'esprit du temps, on verra que ce biais ne serait autre chose qu'un pouvoir arbitraire et une funeste précipitation de jugement.

Les auteurs d'un ouvrage périodique qui s'imprimait il y a cinquante ans (1) conseillaient sérieusement aux souverains qui voudraient composer de nouveaux codes, de n'y point employer des jurisconsultes.

Ces académiciens s'estimant seuls capables de réformer la législation, croyaient qu'il suffisait d'un nouveau code pour faire d'un vieux peuple un peuple nouveau, pour substituer à ses institutions et à ses mœurs une candeur

_____

(1) *Journal littéraire,* dédié au Roi, vol. 10.

native, et le faire rentrer d'un saut dans la simplicité des voies de la nature.

Il serait désirable sans doute qu'on pût retrancher les procédures ou les réduire à la seule comparution des parties devant le juge, pour expliquer leur différend, et recevoir la décision.

Mais cette théorie ne peut être appliquée qu'à un pays pauvre, rétréci, où les relations sont peu multipliées et peu actives, où les mots d'industrie et de commerce sont à peine connus. Les procès doivent y être simples et rares.

Encore faut-il supposer que l'esprit humain y sera toujours docile à porter le joug de la règle, et que la vigilance du législateur n'aura pas besoin de le suivre dans mille détours; que les parties appelées devant le juge ne manqueront pas de se présenter; que les moyens seront bien déduits de part et d'autre; que les témoins seront incorruptibles; que les juges, toujours éclairés, toujours irrécusables, poseront d'eux-mêmes des limites à leur autorité; que l'on s'en rapportera pour l'exécution de la sentence, à la sagesse de celui qui aura gagné son procès et à la soumission de celui qui l'aura perdu.

Cette sorte d'utopie judiciaire ressemble aux fables dont les vieux livres sont remplis sur la perfection de la justice chez les anciens, et que beaucoup de gens prennent pour des vérités historiques.

On répète encore de bonne foi, d'après Diodore de Sicile, qu'en Egypte on ne connaissait point de *légistes* ; que toutes les affaires y étaient traitées par écrit, et que les parties étaient obligées de rédiger elles-mêmes leurs actes et leurs mémoires; que la cause étant instruite, et les juges ayant suffisamment lu et délibéré, les portes du tribunal s'ouvraient ; que le président avait un collier d'or auquel était attachée une petite figure enrichie de pierres précieuses , symbole de la justice ou de la vérité , et que, sans proférer une parole, il tournait la petite figure du côté de celui qui avait gagné son procès.

Il faut remarquer d'abord que cette justice muette devait être fort embarrassée, lorsque l'une des parties n'obtenait pas gain de cause en entier, et que la sentence contenait , soit des restrictions, soit des conditions.

Mais il est surtout difficile d'admettre qu'il fut un temps où les habitans de l'Egypte savaient tous écrire , et où ils étaient tous assez initiés dans la science des lois pour composer eux-mêmes leurs demandes et leurs défenses.

C'est ainsi que de beaux-esprits qui se servent plus de leur mémoire que de leur raison, et qui transcrivent plus qu'ils n'examinent, se soumettent à payer aux conteurs de l'antiquité le tribut d'une frivole crédulité, pour acquérir le droit de critiquer un ordre de choses dont ils ne connaissent pas l'utilité, parce qu'ils ont dédaigné de s'en instruire.

Les essais des novateurs, dans les premières années de la révolution, ont fait ressortir à la fois le danger et la vanité de ces systèmes de simplification judiciaire. Notre âge est devenu trop fertile en artifices, la fraude a trop de calculs, l'erreur a trop de subtilités, les actions ont trop de variétés, pour qu'un petit nombre de règles suffise à tous les cas.

Il parut, en 1765, un *Essai sur les motifs d'éviter les procès et sur les moyens d'en tarir la source.* La première partie de ce livre offre le tableau des inquiétudes, des longueurs et des frais qui affligent les plaideurs. Voilà les motifs d'éviter les procès. Quant aux moyens d'en tarir la source et de faire disparaître l'appareil des formes, l'auteur n'en a pas trouvé d'autre que celui de rendre les hommes bons et justes, en leur apprenant de bonne heure les devoirs qu'ils doivent remplir les uns envers les autres.

Ainsi, jusqu'à ce que le rêve de cet homme de bien soit devenu une heureuse réalité, il y aura des procès et il faudra des règles de procédure.

Enfin, comme le disait Frédéric, dans le préambule de son Code, puisque l'injustice a créé un art d'embrouiller les affaires, ne faut-il pas que la justice ait un art de les débrouiller ?

Une maxime d'éternelle justice veut que nul ne soit condamné s'il n'a pu se défendre; c'est l'idée dominante qui se développe, s'étend et se ramifie dans tous les détails des règles de la procédure.

Si la faveur d'une demande légitime réclame simplicité et célérité dans les formes, celui que l'on poursuit ou que l'on accuse injustement peut-être, doit y trouver protection et sureté.

Si la prolongation des luttes judiciaires est un mal, une imprudente promptitude nuit à la recherche des titres, à la découverte de la vérité et au droit de défense.

« Il ne faut pas donner à l'une des parties le bien de l'autre sans examen, ni les ruiner toutes les deux à force d'examiner. » (*Esp. des lois.*)

Tels sont les intérêts qu'un système de procédure doit concilier; de là ces règlemens où les délais sont mesurés suivant la nature des affaires, l'éloignement ou la position des parties; de là ces présomptions légales, comme dans la loi civile, ces prescriptions, ces déchéances sans lesquelles un procès, triste héritage, serait transmis de génération en génération.

« Le repos des familles et de la société tout entière se fonde non-seulement sur ce qui est juste, mais encore sur ce qui est fini. »

Cependant un tumulte de voix s'est élevé contre les abus qui se sont glissés dans la pratique de la procédure. On est à-peu-près convenu d'appeler les officiers de justice les suppôts de la chicane, la forme l'hydre de la chicane, et le palais l'antre de la chicane.

Les hommes n'ont rien créé de parfait; le

ciment de leurs institutions n'a jamais été
à l'épreuve de la filtration des abus qui
pénètrent, comme en toutes choses, dans un
régime judiciaire. Mais ce serait une grande
erreur que de croire qu'ils tiennent essentiellement au système de la procédure, puisque
son but est de les prévenir ; ne taxons pas
les lois d'imprévoyance à cet égard. Il y avait
beaucoup d'abus autrefois ; l'expérience a
mis à nu tous les points sur lesquels ils ont
laissé quelques empreintes : ni les codes,
ni les règlemens de discipline ne manquent
de précautions et de sévérité contre les né-
gligences ou les prévarications de tout ce qui
concourt à l'administration de la justice ;
c'est aux magistrats de les surveiller et de
les réprimer.

Quand on parle de formes, il faut bien
se garder de dire que tout ce qui n'est pas
défendu est permis ; il faut au contraire se
rappeler sans cesse que tout ce qui n'est pas
permis est défendu. Si le juge laisse franchir la limite, les lois n'ont plus d'ensemble,
plus d'uniformité ; le premier abus est la
source d'une infinité d'autres. L'origine de
ces abus étant ignorée, on fait aux lois des
reproches qui ne devraient être adressés qu'à

ceux qui étaient chargés de les faire exécuter (1).

Les vices de nos anciennes institutions judiciaires devaient nécessairement exercer une maligne influence sur la procédure, et jeter du mépris sur des formes qui semblaient ne produire que des effets désastreux.

« Mes amis, disait Henri IV, luttant à la fois contre les soldats et contre les argumens de la ligue, la barbarie et la confusion de la jurisprudence, voilà l'ennemi. »

Il y avait un nombre infini de petits siéges où l'on voyait jadis une foule de procureurs cumulant toutes sortes de fonctions et exerçant toutes sortes de métiers. « Celui qui est aujourd'hui juge dans un village, a dit Loiseau (2), en son langage libre et naïf, est demain greffier en l'autre ; après-demain procureur de seigneurie en un autre ; puis sergent en un autre, et encore en un autre il postule pour les parties. Et ainsi vivant ensemble et s'entr'entendant, ils se renvoient la pelote,

(1) Rapport de M. Faure au Corps législatif, sur les deux premiers livres du Code de procédure.

(2) Discours sur l'abus des justices de village.

ou, pour mieux dire, la bourse l'un à l'autre, comme larrons en foire. »

Des contestations de la plus faible importance passaient par cinq ou six tribunaux, et subissaient les longueurs et les frais d'autant de jugemens.

« Ce grand nombre de justices, disait encore Loiseau, ôte le moyen au peuple d'avoir justice; car qui est le pauvre paysan qui, plaidant (comme dit le procès-verbal de la coutume de Poitou) de ses brebis et de ses vaches, n'aime mieux les abandonner à celui qui les retient injustement, qu'être contraint de passer par cinq ou six justices avant qu'avoir arrêt; et s'il se résout de plaider jusqu'au bout, y a-t-il brebis ou vaches qui puissent tant vivre ? même que le maître mourra avant que son procès soit jugé en dernier ressort (1). »

Des priviléges innombrables donnaient le droit d'échapper au juge naturel et de réclamer un juge d'attribution.

La vénalité des offices avait fait des émolumens de justice une propriété du juge; on voyait des tribunaux se disputer entre eux

(1) *Ibidem.*

leurs justiciables et l'espèce de *fredum* qu'ils leur imposaient sous le nom d'*épices* (1).

Il existait dans le royaume une multitude de tribunaux particuliers qui fesaient autant d'exceptions à la justice ordinaire : la plupart de leurs membres n'étaient pas tenus d'être gradués.

C'était une ample matière à débattre, et les plaideurs, ne sachant où porter leurs causes, se consumaient en disputes de compétence.

Il y avait des procès éternels et dévorans, tels que les saisies réelles, les contributions, les ordres et les retraits que Montesquieu appelait les mystères de la jurisprudence.

A la fin de 1793, les hommes qui voulaient tout régénérer, et qui ne connurent d'autre moyen pour nous rajeunir que le remède enseigné par Médée aux filles de Pélias, ces hommes, dans un accès de perfection, rabaissèrent la science des lois au niveau des notions les plus communes, et se vantèrent de l'avoir dépouillée du prestige qui fesait son impor-

(1) *Ut curiæ de jurisdictione digladientur et conflictentur, turpe quiddam est.* BACON.

tance et ses difficultés ; ils supprimèrent les avoués et l'instruction des procès ; ils ne gardèrent de ses formes que ce qu'il en fallait pour les cas les plus simples. Bientôt l'ignorance aborda les tribunaux avec une insultante familiarité ; on y entendit le plus vil langage ; les droits les plus clairs y furent sacrifiés. Des gens étrangers à toutes espèces d'études et de préparations, guidés par un méprisable intérêt, accoururent pour fonder leur fortune sur les débris de celles dont une aveugle confiance les rendait dépositaires. Tantôt ils se moquaient des règles que leurs maîtres avaient été obligés de conserver, tantôt ils en fesaient de burlesques applications : toutes les garanties étaient méprisées, violées. Le frein des taxes n'existait plus ; jamais la justice ne fut plus chère ; jamais la procédure ne fut plus perfide et plus hideuse, que dans cet état de nudité où ils l'avaient mise.

Je pourrais ajouter d'autres parties au tableau ; mais c'en est assez pour indiquer les causes du dégoût, j'ai presque dit de l'effroi que la procédure a inspiré.

Ces causes ont disparu. Nous avons des règles fixes, une procédure uniforme et deux degrés de juridiction seulement. Nos fastes judiciaires ne présentent point autant d'exemples de désordres et d'exactions que pourrait le faire supposer le nombre des épigrammes semées dans le monde ou jetées sur le théâtre; on connaît le privilége des poètes. S'il est vrai qu'on puisse citer des avoués capables de trahir les devoirs de leur ministère, en spéculant sur la faiblesse ou l'ignorance de ceux qu'ils sont chargés d'introduire et de représenter dans le sanctuaire des lois, combien d'autres ont mérité l'estime publique par un esprit conciliant, par une sévère probité, par le désintéressement et la délicatesse qui honorent toutes les professions! Des jeunes gens distingués par les principes les plus purs, et par d'excellentes études dans les écoles de droit, ont élevé leurs fonctions au-dessus des traditions surannées qui tendaient à les déprimer, et le scandale d'une honteuse prévarication ou d'un abus de confiance au palais n'est plus qu'une exception rare.

On parle avec dédain du style de la procédure, de cet amas de mots inutilement répétés, de cette rouille des siècles d'ignorance qui couvre encore nos actes.

Sous quelques rapports on a raison. Toutes les actions dans le droit français sont de bonne foi ; elles ne sont point soumises à des formules spéciales : il suffit que les actes contiennent les énonciations exigées par la loi et qu'ils rendent clairement l'intention de celui qui les fait.

Chez les Romains, au contraire, la procédure était une science obscure de paroles et de formes symboliques. Il y avait, pour les différentes espèces d'actions, des formules tissues de mots consacrés qu'il fallait rigoureusement employer ; car la moindre omission entraînait la perte de la cause ; leur conservation était confiée au collége des pontifes, comme celle du feu sacré aux prêtresses de Vesta.

Le mystère de ces formules fut dévoilé deux fois. Elles disparurent dans le Bas-Empire ; cependant chaque action conserva son nom particulier (1).

(1) Une loi des Visigoths, transcrite dans les *Capitulaires*, liv. 6, c. 343, portait : « Nous permettons et nous souhaitons même que les personnes de nation étrangère (c'est-à-dire les Romains) s'instruisent des lois, afin de s'y conformer ; mais nous leur défendons de s'immiscer dans la discussion des affaires ; car, quoique ces personnes parlent bien, *elles sont très-pointilleuses.* »

Au temps des épreuves, des combats judiciaires et de tous ces usages barbares du moyen âge, le clergé parvint heureusement à secouer par degrés le joug de la juridiction séculière. Le droit ecclésiastique se forma des règles de la jurisprudence romaine, qui s'étaient conservées par tradition, ou qui se trouvaient dans le Code Théodosien et dans d'autres livres anciens.

Bientôt ce fut un précieux privilége que celui d'être jugé selon les formes et les principes du droit canonique, et d'être affranchi de la sauvage juridiction des barons. Parmi les immunités promises aux Croisés qui partaient pour aller délivrer la Terre-Sainte, on mit au premier rang celle de n'être justiciable que des tribunaux ecclésiastiques (1).

La découverte des Pandectes de Justinien donna plus de faveur au droit romain; on l'entendait fort mal, mais les clercs seuls s'y appliquaient; les laïques vivaient toujours dans une profonde ignorance. Les officiers de justice, ceux qui jugeaient, ceux qui plaidaient, ceux qui rédigeaient les actes et les traités, tous étaient clercs. Ils voulurent se

---

(1) Ducange, *verb. crucis privilegia.*

rendre de plus en plus nécessaires, et s'enve-
lopper d'une subtile érudition qui pouvait
d'autant moins être pénétrée et entendue, que
le langage qu'ils prêtèrent aux lois était comme
un idiôme étranger. Ce fut à cette époque
qu'ils commencèrent à charger les actes d'une
infinité de clauses, de conditions, de restrictions, de renonciations, de réserves; ils appelaient cela des *cautèles;* le rédacteur qui en
mettait le plus passait pour le plus habile (1).

Il est encore des praticiens qui ont conservé des prétentions à ce genre d'habileté,
et qui pensent qu'on ne peut décemment
s'exprimer au palais qu'en vieux termes d'é-
dits et de coutumes.

Cette affectation de redondance, cette ma-
nie de protester contre ce que l'on n'entend
pas faire, plutôt que d'exprimer nettement
ce que l'on veut faire, toutes ces antiques
cautèles ne sont que des ajustemens parasites
dont les bons esprits savent dégager le style
de la procédure.

Nous avons, comme dans toutes les sciences
et dans tous les arts, des termes consacrés
qui servent à définir et à distinguer la nature

(1) Histoire du Droit Français, par Fleury.

et l'espèce des actes judiciaires; mais le sens de ces termes n'est point hors de la portée d'une intelligence commune, et leur emploi n'est pas d'ailleurs prescrit avec une rigueur si exclusive qu'il ne soit permis d'y suppléer par des équivalens.

Ce qu'il y a de mieux en toutes matières, c'est la netteté des idées et la clarté des expressions ; il faut surtout tâcher de s'entendre et de se faire entendre.

CHAPITRE II.

DE LA NATURE DES LOIS CONCERNANT LA PROCÉDURE.

Un jurisconsulte anglais, J. Bentham, propose de donner aux lois de procédure le nom de *lois adjectives*, pour les distinguer des lois principales ou civiles qu'on appellerait *lois substantives*.

L'analogie de ces dénominations empruntées à la grammaire manque ici d'exactitude. La procédure n'a point pour objet de qualifier ou de modifier la loi civile; elle fait plus, elle lui donne son utilité finale, le mouvement et l'action.

Il est évident que les principes généraux de l'une et de l'autre dérivent de la même source. Tout ce qui anime l'administration de la justice doit être comme la justice elle-même: *constans et perpetua voluntas jus suum cuique tribuendi.*

Cependant la marche de la procédure, ses expédiens, ses prescriptions, les conditions et la gêne qu'elle semble imposer, les nouvelles lignes de défense que *les ingénieurs de la loi* ont été obligés de tracer contre les attaques successivement inventées par l'artifice des plaideurs, tout ce qui est réglementaire, tient à ce qu'on appelle le droit positif ou arbitraire, par opposition au droit naturel on immuable (1).

On ne pourrait ni abolir ni changer les

---

(1) Bentham dit, dans ses *Traités de législation*, que ces mots : *loi naturelle, droit naturel*, sont des espèces de fictions et de métaphores inventées par les *dogmatistes*. Il n'admet pour idée première que le *principe d'utilité*. Il fallait donner à ces termes trop vagues une signification précise ; pour y parvenir il a composé deux *tables*, l'une de *tous les plaisirs et de toutes les peines*, l'autre des *circonstances qui font varier la sensibilité*. Ces tables servent à *évaluer* une action ; ce qui est additionner tous les biens et tous les maux qui en résultent, et trouver ce qui reste, après avoir soustrait telle somme de plaisirs ou telle somme de peines.

Il ne peut entrer dans mon plan de discuter ce système nouveau d'arithmétique morale et législative.

La question se réduirait peut-être à une dispute sur

lois naturelles sans détruire l'ordre de la société. Elles sont justes toujours et partout.
Elles ont été inspirées à l'homme pour régler
ses actions, comme la morale pour diriger
son cœur et ses affections.

Les lois arbitraires ont été inventées afin
d'aplanir les difficultés qui se présentent
dans l'application des lois naturelles ; leur

la stricte acception des mots *loi* et *naturelle* ; alors
rien de plus inutile, puisque tout le monde s'entend.
La métaphore, si c'en est une, a été légitimée par
la conscience de tous les âges.

« *Est non scripta sed nata lex ; quam non didici-*
mus, accepimus, legimus, verùm ex naturâ
ipsâ arripuimus, hausimus, expressimus ; ad
quam non docti sed facti, non instituti sed im-
buti sumus. » Cic. *pro Milone.*

S. Paul a dit la même chose ; mais son expression me semble plus heureuse et sa pensée plus
douce.

« *Cùm enim gentes quæ legem non habent, na-*
turaliter ea quæ legis sunt faciunt ; ejus modi
legem non habentes, ipsi sibi sunt lex.

» *Qui ostendunt opus legis scriptum in cordi-*
bus suis, testimonium reddente illis conscientiâ
ipsorum, et inter se invicem cogitationibus ac-
cusantibus, aut etiam defendentibus. » *Epist. ad*
Roman. cap. 2, *v.* 14 *et* 15.

justice consiste dans l'utilité particulière de leur établissement. Elles peuvent être changées, abrogées selon les temps et les lieux, sans que l'ordre social en souffre, parce qu'elles n'ont point d'adhérence à ses fondemens.

Ce n'est pas l'arbitraire du caprice, mais l'arbitraire de la raison, qui a donné le nom à ces lois.

La faculté de se défendre ne peut être interdite à personne (1).

La charge de la preuve tombe sur celui qui affirme (2).

On ne doit pas permettre au demandeur ce qui n'est pas permis au défendeur (3).

Voilà, pour ne parler que de la procédure, des principes immuables qui ont dû éclore chez les peuples, en même temps que les idées primitives de procès, de juge, de jugement. Il n'y a ni justice, ni ordre, ni sûreté, là où ils sont méconnus.

(1) L. 7 *Cod. de jure fisci.*
(2) L. 12 ff. *de prob. et præsump.*
(3) L. 41 ff. *de reg. juris.*

Mais on conçoit que les nombreuses lois qui ont créé les formes de la citation, fixé les délais pour comparaître, déterminé le genre des preuves, le mode du jugement, les règles d'exécution, etc., sont des lois arbitraires. Elles ont presque toujours suivi les variations des mœurs et de la nature des gouvernemens, les progrès de la civilisation et la mesure du respect qu'ont obtenu les droits de propriété. Il y a bien loin du temps où le demandeur jetait son manteau autour du cou de son adversaire, pour l'emmener de force devant le magistrat, *obtorto collo*, à celui où l'on a créé des officiers chargés de notifier les ordres de comparution.

Les lois arbitraires sont comme des faits, on peut les ignorer; elles n'obligent qu'à compter du moment où leur promulgation a pu être connue. En général leur effet ne s'étend que sur l'avenir.

Les lois naturelles obligent sans promulgation; elles règlent le passé et l'avenir. Dire qu'on les ignore, ce serait dire qu'on est privé de cette lumière de la raison qui les enseigne.

Il est essentiel de distinguer dans les lois

positives ou arbitraires celles qui ont pour objet direct et principal l'intérêt général de la société, c'est-à-dire l'ordre public et les bonnes mœurs, et celles qui ne concernent que les intérêts particuliers des individus.

On ne peut, par des conventions privées, déroger aux premières. Ainsi l'ordre des juridictions tient essentiellement à l'ordre public; ni la volonté des parties, ni même le consentement des juges, ne peuvent l'intervertir et donner à un tribunal le pouvoir de statuer sur des matières qui ne lui ont pas été attribuées.

Mais il est permis à chacun de renoncer au droit établi en sa faveur, par conséquent au bénéfice et à l'effet des lois qui ne règlent que les intérêts des particuliers; par exemple, celui qui a reçu, pour comparaître devant un tribunal, une assignation nulle par l'omission de quelques-unes des formalités prescrites, peut négliger de faire valoir la nullité, se présenter, comme s'il eût été régulièrement appelé, et débattre le fond de la cause. Sa volonté rend inutiles et sans objet les garanties que ces formalités lui avaient assurées; elle n'offense ni l'ordre public ni les bonnes mœurs.

Chaque nation a ses lois arbitraires. Autrefois il y en avait de diverses sur la procédure et sur certaines matières du droit civil, dans les différentes provinces de la France.

Les meilleures sont celles qui conservent plus purement le type des lois immuables. *Jus naturale stirps et radix omnis positivi juris.* (Cic.)

Il suit de là que les dispositions obscures ou douteuses d'une loi arbitraire doivent naturellement s'interpréter par les principes du droit immuable. On se sent soulagé, au milieu de cette foule de règles dont la procédure est hérissée et dont l'étude présente d'abord un aspect si aride, de pouvoir remonter aux sources de la justice universelle, et d'y trouver, sous la rigide enveloppe des formes, le secret des garanties les plus précieuses et des plus utiles combinaisons.

CHAPITRE III.

DE L'ÉTUDE DE PROCÉDURE. — DE L'EXPOSÉ DES
MOTIFS DES LOIS.

On pense assez communément que la procédure doit être apprise, mais qu'elle ne vaut
pas la peine d'être étudiée.

Cette opinion se rattache à d'anciens souvenirs et aux préventions que soulevèrent jadis
les nombreux abus dont j'ai parlé. Non-seulement elle entretient encore de fausses idées
dans le monde, mais elle peut produire au
palais des maux bien plus sérieux; de mauvaises discussions et de mauvaises décisions;
l'arbitraire dans l'instruction bientôt suivi
de l'arbitraire dans le jugement.

» Le sage dit qu'en vain serait loi en ville
ou cité, s'il n'était aucun en icelle qui la sût
tenir, garder, et la faire mettre à exécution.
A laquelle chose faire, faut savoir les droits,

les usages, les coutumes et erremens de justice (1). »

Cette voix du sage s'adresse à tous les degrés de l'ordre judiciaire, depuis les derniers bancs de l'audience jusqu'aux fleurs de lis.

On n'a jamais assez distingué la *pratique* de la science de la procédure.

La pratique, isolément prise, est la mémoire des articles, l'art des formules, le calcul des délais, l'habitude d'instrumenter, la tradition des usages; cela s'apprend comme un chemin, en le parcourant tous les jours.

Lorsqu'on parle d'un praticien, on parle de celui qui sait *dresser*, depuis l'exploit jusqu'à l'arrêt, tous les actes et tout ce qui est capable de faire naître, d'instruire et de régler une controverse en justice (2).

Un praticien était désigné à Rome sous les noms de *præco actionum, cantor formularum, auceps syllabarum. (Cic. de Orat.)*

C'étaient des praticiens que les gens non-lettrés qui peuplaient autrefois les hautes, moyennes et basses justices de villages, « qui, sous le prétexte d'un peu de routine qu'ils

(1) Somme rurale de Bouteiller, tit. 1.ᵉʳ
(2) *Le parfait Praticien français.* Paris, 1663.

avaient apprise de recors de sergens, ou clercs
de procureurs, accommodaient ce qu'ils savaient à toutes causes, *docti cupressum si-
mulare,* et instruisaient si mal les procès que
bien souvent après qu'ils avaient traîné un an
ou deux devant eux, quand ils étaient dévolus
par appel devant un juge capable, on était
contraint d'en recommencer l'instruction (1). »

La science de la procédure s'étend à tout ce
qui compose l'administration de la justice, à
la juridiction des différens tribunaux, à leur
compétence, à cette complication et à cette
immense variété d'affaires qui se forment dans
la région orageuse des intérêts humains.

Sans la procédure, la loi civile ne serait
qu'une lettre morte. La procédure, en l'ani-
mant, s'unit intimement à ses vues et à ses
fins. Comme la loi civile, elle s'élève aux grandes théories du droit naturel, les organise, et
scelle par l'autorité des jugemens les principes
conservateurs de l'ordre et de la paix publique.

Une pareille matière mérite d'être étudiée.

L'étude de la procédure offrait autrefois
des difficultés rebutantes; c'était une matière

(1) *Discours sur l'Abus*, etc., par Loiseau.

éparse dans une multitude d'ordonnances
et d'édits modifiés par des dispositions de
coutumes, par des arrêts de règlement, et par
des jurisprudences locales qu'un long usage
avait sanctionnées; « dédale obscur et tortueux
dont l'entrée semblait interdite au plus grand
nombre, et dans lequel les hommes les plus
éclairés s'égaraient », comme disait François Ier
(lit de justice de 1518). On n'enseignait
point la procédure dans les écoles; il fallait
l'apprendre en copiant des *écritures* ou en
feuilletant des dossiers chez les procureurs.
Les discussions de l'audience ne pouvaient
profiter qu'à ceux qui savaient déjà; les arrêts
tranchaient, mais n'éclairaient point les questions, car ils n'étaient pas motivés.

Aujourd'hui l'enseignement de la procédure
s'allie à celui de la loi civile, dans les facultés
de droit.

Il n'y a plus pour toute la France qu'une
seule loi de procédure; on a gardé, dans le
système du Code, un juste milieu entre la
tyrannie des vieilles habitudes et les ardeurs
d'une soif immodérée de perfectibilité. On peut
y trouver quelques dispositions à redresser,
quelques lacunes à remplir, quelques défauts
d'ordre et des vices de rédaction à corriger;

mais il n'en serait pas moins injuste de contester sa supériorité sur tout ce qui l'a précédé.

L'étude des lois consiste surtout dans la recherche de leur *esprit* et de leur *raison* (1).

Ne savoir que leurs termes, c'est les connaître mal (2).

Il n'est plus indispensable de chercher à de grandes profondeurs le fond de la pensée du législateur ; nous avons des secours qui manquaient autrefois, *les exposés des motifs* et les *rapports*. On avait bien publié le procès-verbal des conférences de l'ordonnance de 1667 ; mais les conférences ne donnent pas toujours des explications nettes, et la solution des difficultés ; on pourrait citer beaucoup d'articles fortement attaqués, renvoyés à un nouvel examen, puis conservés dans la rédaction définitive de la loi, sans que le résultat de l'examen et la réponse aux objections se retrouvent dans les procès-verbaux.

Les *exposés des motifs* et les *rapports* sont un supplément nécessaire à la discussion des

(1) *Præsertim cùm voluntas legis ex hoc colligi possit.* L. 19 ff. *de legibus.*

(2) *Scire leges non est verba earum tenere, sed vim ac potestatem.* L. 17 *eodem.*

conférences. Celles-ci présentent, comme des pensées détachées, les ébauches de la loi et les transformations qu'elle a subies; les autres offrent à la fois le résumé des travaux préparatoires, un ensemble de dispositions et des principes arrêtés.

Les Romains convenaient qu'il était impossible de rendre raison de toutes les lois établies par leurs pères, *à majoribus* (1). Cela se conçoit et pourrait s'appliquer à plusieurs dispositions de nos anciennes ordonnances. Elles ne tenaient point à un ordre complet; leurs auteurs sentaient un mal, ils en cherchaient confusément le remède. On a dit fort ingénieusement que les lois étaient faites alors à-peu-près comme on a bâti les premières villes. Chercher un plan dans cet entassement divers d'articles, dont les causes accidentelles ont disparu dans la nuit des siècles, ce serait chercher un système d'architecture dans les chaumières d'un village.

Il n'en est pas de même aujourd'hui.

Les rédacteurs de nos codes ont choisi leurs matériaux; ils ont abrogé toutes les lois, toutes les coutumes, tous les réglemens et tous les

(1) L. 20 ff. *de legibus.*

usages antérieurs. Il était donc convenable,
et heureusement il était conforme aux institutions politiques du temps, qu'ils rendissent
compte des motifs de leurs choix, de leurs
réformes et de leurs innovations.

Autant il était pénible de s'épuiser en conjectures sur la raison d'un vieux texte, autant
il est facile de saisir l'esprit d'une loi contemporaine, donnée avec le commentaire du législateur lui-même.

Il est permis de s'énorgueillir des facilités
que cette alliance du pouvoir, qui sanctionne
les lois et de la sagesse qui les explique,
fournit chez nous à l'étude et à l'application
du droit, lorsqu'on jette les yeux sur la législation de nos voisins.

Blackstone a dit que de son temps l'étude
des lois anglaises exigeait vingt-cinq années.

Il en faut bien davantage aujourd'hui. Les
Anglais ont une loi écrite dans les statuts du
royaume (*Statute Law*), dans le droit romain (*Civil Law*), dans le droit canon
(*Eclesiastic Law*), et dans les réglemens
du commerce (*Law Merchant*). Leur loi
non écrite, qu'ils appellent la loi commune
(*Common Law*), est une masse informe
et indigeste d'*us* et de coutumes, dont les

recueils de jugemens sont l'unique dépôt.
Leur jurisprudence n'est pas la science du
droit; elle n'est, à vrai dire, que la mémoire
des *précédens*. Ils ne s'attachent point, dans
la discussion d'une affaire, à examiner la loi
et à en développer les principes, mais seulement à rechercher ces *précédens*, et à prouver
que l'espèce actuelle est la même que celle jugée
par tel arrêt, ou qu'elle en est entièrement
différente. M. Meyer assure que les *reports*
ou recueils d'arrêts y sont plus nombreux que
dans tout le reste de l'Europe pris ensemble,
et que chaque année produit plusieurs nouveaux volumes.

Ainsi la majeure partie des lois qui régissent
les personnes et les propriétés en Angleterre,
n'a été promulguée que par la bouche d'un
juge statuant sur un cas particulier.

Censeur austère de la législation de son
pays, Bentham a écrit que : « promulguer
les lois anglaises telles qu'elles sont à présent,
soit les décisions antérieures des juges, soit
même les statuts des parlemens, ce ne serait
rien faire pour le public. Que sont des recueils
qu'on ne peut entendre ? Qu'est-ce qu'une
encyclopédie pour ceux qui n'ont que des
momens fugitifs de loisir? Un point n'a pas

de parties, disent les mathématiciens; un chaos n'en a pas non plus. »

En exerçant son génie original et profond sur les diverses branches d'un système de promulgation des lois, cet écrivain a placé dans le plus beau jour les avantages de la *promulgation des raisons des lois* (1).

« Si les lois étaient constamment accompagnées d'un commentaire raisonné, dit-il, elles rempliraient mieux à tous égards le but du législateur; elles seraient plus agréables à étudier, plus faciles à concevoir, plus aisées à retenir.

» C'est un repos ménagé dans une carrière fatigante et aride; ce sera un moyen de plaisir, si, à chaque pas qu'on fait, on trouve la solution de quelque énigme; si on entre dans l'intimité du conseil des sages; si on participe aux secrets du législateur; si, étudiant le livre des lois, on y trouve encore un manuel de philosophie et de morale. C'est une source d'intérêt que vous faites jaillir du sein d'une étude dont l'ennui repousse aujourd'hui tous ceux qui n'y sont pas attirés par la nécessité de leur condition. »

_____

(1) *Traités de Législation*, t. 3.

La pratique s'élevera peut-être contre cette théorie; elle l'accusera de dépouiller les formes de leur imposante et salutaire austérité, et de conduire à une sorte de détachement de la lettre de la loi.

Les formes de la procédure sont nécessaires, je l'ai déjà dit; elles sont « comme les cerceaux du muid ou comme le ciment qui colle et retient les pièces de l'édifice (1). » Il faut les respecter et les observer; car la loi ne doit pas dégénérer en un précepte vain. Mais leur imposante austérité ne défend pas qu'on les explique, qu'on en cherche le *pourquoi*, qu'on les rende plus abordables, et qu'on écarte ce voile mystérieux sous lequel la prévention soupçonne toujours des piéges tendus à la bonne foi.

La lettre de la loi doit être courte et précise; *non disceptatione, sed jure uti debet*. Elle est l'expression nue d'un commandement. C'est pour l'exécuter mieux, que l'intelligence de celui qui la lit aspire à se mettre en communication avec l'intelligence de celui qui l'a faite. La lettre de la loi se grave plus profondé-

(1) Dialogue des avocats de Loysel.

ment dans la mémoire quand le raisonnement sert de burin.

Pénétrez un homme de bon sens, étranger aux affaires, de l'idée principale d'un titre de la procédure, de celui des ajournemens, par exemple.

Dites-lui : On ne peut condamner celui qui ne peut se défendre.

Pour qu'il puisse se défendre, il faut qu'il soit appelé devant le juge.

Cela ne suffit pas. Il est indispensable qu'il sache ce qu'on lui demande et sur quoi l'on se fonde ; qu'on lui indique le juge devant lequel il devra comparaître; qu'on lui donne le temps de chercher les titres qu'il pourra opposer, et de faire ses dispositions pour se rendre au tribunal.

Il faut qu'on lui désigne clairement celui qui le fait assigner; qu'il ne soit pas exposé à le prendre pour un autre, et qu'il puisse le trouver au besoin. Le même motif exige qu'il connaisse l'avoué qui représentera son adversaire.

Il n'y a rien là qui ne soit essentiellement nécessaire pour assurer et protéger le droit sacré de la défense. On pourra bien rencontrer des cas particuliers où l'utilité de quelques-unes de ces précautions se fera moins sentir;

mais la loi dispose pour ce qui arrive le plus ordinairement, et nous serions bientôt envahis par l'arbitraire et livrés au danger des surprises, si chaque cas particulier obtenait la faveur d'une dispense.

Ce n'est pas tout. Celui contre lequel l'action est intentée ne se présente point ; le condamner , tant qu'il n'apparaît pas qu'il ait été réellement appelé , serait une révoltante iniquité.

A qui le juge s'en rapportera-t-il? Dans la plus haute antiquité, le demandeur sommait lui-même le défendeur de le suivre au tribunal, ou l'y traînait de force, ou prenait des témoins. On conçoit que cette brutale simplicité n'est plus dans nos mœurs. La preuve testimoniale a beaucoup perdu de son crédit; on ne l'admet plus guère que lorsqu'il n'est pas possible d'en avoir une autre. Il faut donc confier à des officiers revêtus d'un caractère spécial le droit de citer devant les tribunaux et de certifier par écrit le fait de la citation, avec toutes ses circonstances. Voilà une garantie légale pour la conscience du juge.

L'officier chargé de donner la citation la laissera-t-il au premier venu, si celui auquel elle est destinée n'est pas à son domicile ?

Quelle sûreté y aura-t-il de la remise de cette citation à l'assigné, si elle n'est pas déposée entre les mains d'une personne de sa maison, que des liens étroits ou des rapports journaliers d'habitation attachent à ses intérêts?

L'homme de bon sens à qui vous tiendrez ce langage comprendra parfaitement votre principe et ses conséquences; il ira au-devant de vos doutes, il les résoudra. Mis sur la voie, il esquisserait lui-même les articles d'un réglement; il aviserait, en y réfléchissant, aux difficultés que vous auriez omises et aux moyens de prévenir les fraudes. Il voudrait que l'officier public fût tenu de se faire connaître, et, pour ainsi dire, de se légitimer; il trouverait l'expédient de faire remettre la citation à un voisin ou au maire, dans les cas que le législateur a prévus.

On objectera que si le bon sens indique la nécessité d'un délai dans telle circonstance donnée, le raisonnement ne fera pas deviner la durée de ce délai, dont le terme fatal peut être fixé à dix jours, comme à huit ou à quinze, sans que les principes de la loi naturelle en soient blessés; qu'il en est ainsi de beaucoup d'autres règles de détail où la lettre de la loi est tout.

Chaque délai a dû être calculé en raison des distances, suivant la nature des actes et la position des parties. Un terme était sur-tout nécessaire, et le terme le plus conforme à ces vues a été fixé. Les points purement règlementaires ont beaucoup d'importance pour le palais, et fort peu pour l'école. Les plus intrépides praticiens ne manquent pas d'ouvrir le Code et de le tenir sous leurs yeux, lorsqu'ils ont à commencer et à conduire une procédure neuve ou compliquée. On aura donc recours au texte pour ces détails, jusqu'à ce que l'habitude les ait rendus familiers. Je pourrais même ajouter qu'il n'est point d'étudiant qui ne retienne avec la plus prompte facilité la mesure des principaux délais, tels que ceux de l'ajournement, de l'opposition, des enquêtes, de la péremption, de l'appel, de la requête civile, etc.

Mais le législateur ne descend pas toujours jusqu'aux difficultés trop minutieuses et trop mobiles que peut faire naître inopinément l'instruction d'un procès; cependant leur solution doit se trouver dans la loi (1). Or la raison

(1) *Quasi hoc legibus inesse credi oportet.* L. 27 ff *de leg.*

de la loi revient ici avec toute son importance,
pour diriger la justice dans le choix des analogies.

CHAPITRE IV.

PLAN DE L'OUVRAGE. — DE LA JURISPRUDENCE DES
ARRÊTS.

Je trouve, dans un article de l'instruction
donnée, en 1807, pour les Ecoles de droit,
l'esquisse du plan que j'essaierai de suivre
dans cet ouvrage. « L'enseignement des matières positives consiste moins à faire connaître les textes qui sont entre les mains de
tout le monde, qu'à bien développer les principes généraux sur lesquels ces textes sont
appuyés. Un étudiant aura beaucoup profité
dans ses cours, s'il en rapporte une bonne
méthode pour étudier, pour entendre la loi
et pour en faire une juste application. »

En effet, l'étude de la procédure n'offrira
que des mots et des formules à retenir, elle
ne produira qu'une tendance à la subtilité

et une malheureuse confusion du juste et de l'injuste, si les premiers pas dans la carrière ne sont éclairés par ce développement des principes généraux, et dirigés, de conséquence en conséquence, jusqu'aux règles de détail qui s'expliquent alors d'elles-mêmes, et semblent, s'il est permis de le dire, se revêtir de leur utilité.

Pour la procédure surtout, l'enseignement doit marcher du *connu* à l'*inconnu*. Il serait imprudent de franchir les idées intermédiaires et de les laisser derrière soi, sans les avoir, qu'on me passe encore cette expression, soigneusement explorées. Il faut s'arrêter souvent pour indiquer des origines, donner des définitions et fixer des points de reconnaissance. Les définitions sont comme les sondes que les navigateurs ont toujours à la main, lorsqu'ils s'avancent vers des bords ignorés.

Cette méthode peut présenter de l'intérêt et de la variété, sans admettre de frivoles distractions et sans donner à l'enseignement une étendue démesurée. Si je ne me trompe, quelques recherches historiques sur les anciennes formes, un coup d'œil sur les usages pratiqués chez nos voisins, des rapprochemens adoptés avec sobriété à l'explication des titres du Code qui semblent les provoquer, peuvent relever par une sorte d'attrait l'étude de la procédure, répandre sur ses fins un jour favorable, et faire mieux apprécier les réformes et les améliorations qu'elle doit aux leçons du passé. *Cognito uno, cognoscitur et alter.*

Nos jeunes gens avides d'instruction, l'espoir de la magistrature et du barreau, ne me reprocheraient point de reculer trop loin les limites de la science, si je leur disais : Remontez à l'idée première d'où sortit la nécessité des formes, et attachez à ce point fixe le premier anneau de leur chaîne.

Dès qu'il fut reconnu, pour l'établissement et le maintien de l'ordre, que chacun ne pourrait être le juge et le vengeur de sa querelle, il y eut des magistrats.

L'autorité des magistrats n'a jamais pu s'exercer sans des règles bonnes ou mauvaises, simples ou compliquées, raisonnables ou absurdes, suivant les temps et les lieux. Il y avait des formes pour les épreuves du fer chaud et de l'eau bouillante, pour les combats judiciaires ; il y en a même pour la justice des cadis.

Les lois de procédure, comme toutes les

lois, ont rencontré, suivant l'expression de Montesquieu, les passions et les préjugés du législateur. Quelquefois elles ont passé au travers, et s'y sont teintes ; quelquefois elles y ont resté, et s'y sont incorporées.

Sous cet aspect, croyez-vous que l'étude de la procédure et de ses formes, qu'on pourrait appeler les mœurs judiciaires, soit dépourvue de cet attrait qui excite et soutient la curiosité? Vous auriez sans doute beaucoup à fouiller et à recouvrir : *hos labyrinthos partim fodere, partim retegere* (1). Mais, avec un peu de persévérance, vous y trouveriez l'origine d'un grand nombre de lois et d'usages dont les traces subsistent encore dans nos Codes ; des causes dont les effets paraissent bizarres, parce qu'elles ne sont pas connues ; des théories qui ne sont plus que des souvenirs ou des leçons de l'histoire ; des points dont l'obscurité se dissipe à mesure qu'on en approche, et l'explication d'une foule de contradictions et de difficultés par la différence des époques, des institutions et du caractère des peuples.

C'est ainsi, comme nous l'apprend Pasquier,

_____
(1) Dumoulin.

en ses *Recherches de la France*, qu'on allait puiser jusque dans les fabliaux des Trouverres des documens précieux pour l'intelligence des coutumes, sur les droits des fiefs et sur l'administration de la justice. Les poètes et les romanciers d'alors n'étaient pas encore assez habiles pour draper leurs figures d'imagination, ils appliquaient naïvement aux personnages qu'ils mettaient en scène les usages de leur pays et de leur temps.

Mais il est des élèves à qui des circonstances de position et une destination particulière peuvent ne pas permettre ces excursions hors du cercle d'un cours annuel de procédure.

L'enseignement doit être à la portée de tous; il doit aplanir et préparer pour tous la route du savoir que chacun pourra prolonger au gré d'une noble émulation.

Le Code contient les formes suivant lesquelles on doit intenter les demandes, y défendre, instruire, juger, se pourvoir contre les jugemens et les faire exécuter. C'est l'idée générale que Pothier a donnée de la procédure civile. On y trouve aussi des règles particulières pour certaines affaires dont le fond

n'est pas contentieux, et dans lesquelles le
juge n'intervient que pour lever des obstacles
incidens.

Mais on y chercherait vainement ce qui
concerne l'organisation judiciaire, les attributions et la compétence des tribunaux, l'é-
tablissement des officiers ministériels et la
nature des différentes actions.

Il eût été mieux de réunir ces fragmens du
droit public et du droit civil, disséminés dans
une foule de lois dont il ne subsiste plus que
des articles isolés, pour en composer les pro-
légomènes du Code. C'était le vœu de quelques cours, et principalement celui de la Cour
de cassation.

Un livre préliminaire sur l'administration
de la justice serait une belle introduction à
la procédure ; cette part faite à la théorie
compléterait le système ; l'ordre y serait plus
naturel, et les premières dispositions n'auraient pas l'inconvénient de supposer la connaissance de celles qui suivent.

Il est question, dès l'ouverture du Code,
des actions personnelles et mobilières, des
actions réelles et mixtes et de leurs subdivi-
sions ; un élève qui n'aura point de notions
acquises là-dessus, comprendra difficilement

les diverses règles de compétence qui en résultent. Ce mot de *compétence*, ceux de *dernier ressort*, de *juridiction*, n'auront pour lui qu'un sens obscur et inapplicable, tant qu'il ne connaîtra pas les attributions et les pouvoirs des tribunaux ordinaires et des tribunaux d'exception. Mais quels sont les tribunaux ordinaires, et quels sont les tribunaux d'exception? Ces choses ne sont point dans le Code; rien n'y est défini, préparé; il ne s'adresse qu'à des initiés qui savent déjà la langue et les principes de la procédure.

Je crois donc qu'il est utile de donner préalablement une idée générale de notre organisation judiciaire et des révolutions qu'elle a subies depuis 1790. J'en prendrai occasion de dire un mot sur l'administration de la justice chez les Anglais, et sur les tentatives qui furent faites pour importer en France leurs jurés au civil.

Je traiterai de la juridiction et de ses principales divisions, de la compétence et des diverses espèces d'actions; puis, abordant les titres du Code, je rattacherai, selon l'exigence de la matière, les principes du droit civil, commercial et criminel aux règles de la procédure. Comment expliquerait-on les enquêtes, sans parler de la législation sur la preuve testimoniale; le désaveu, sans parler du mandat; la vérification des écritures, sans parler des titres privés et authentiques; le faux incident, sans parler du faux principal; les redditions de compte, sans parler des différens comptables; la réception des cautions, sans parler du cautionnement; la distribution par contribution, sans parler des priviléges; la saisie immobilière, les surenchères, l'ordre, sans parler des hypothèques, des aliénations volontaires et des expropriations forcées; l'arbitrage volontaire, sans parler de l'arbitrage forcé?

Il est indispensable d'exposer les règles générales, avant d'en venir aux exceptions; c'est ce qui me détermine à reporter la justice de paix immédiatement après le titre des matières sommaires.

De même que la justice commerciale, la justice de paix est un tribunal extraordinaire. Ses attributions sont spéciales, elles ne comprennent que des choses simples et d'une petite valeur. Les formes y sont familièrement adoucies, et comme abandonnées à l'instinct de la nécessité.

Malheureusement tout cela n'est que d'ex-

L.   4

ception. La rigueur et la solennité des formes établies pour les tribunaux ordinaires, voilà la règle générale. Ainsi le veut notre état de société. La sagesse de l'antiquité était la sagesse d'une heureuse ignorance ; la sagesse d'aujourd'hui est la sagesse de l'expérience qui sait les ruses et les inventions de la fraude pour éluder la loi.

L'explication de la manière de procéder en justice de paix n'est donc que l'indication méthodique des retranchemens qu'on a faits, en faveur de cette institution, sur les formes de la procédure ordinaire ; ce qui suppose celle-ci déjà connue.

Tel est l'ordre que le Code a suivi pour les *matières sommaires* et les *matières commerciales ;* il y avait même raison pour les justices de paix.

J'écris sur la procédure après des professeurs et des jurisconsultes habiles. Ils ont redressé beaucoup d'erreurs et éclairci beaucoup de doutes qui s'étaient élevés à l'apparition du Code ; ma tâche en sera plus facile. Cependant il reste des questions très-graves dont la solution flotte encore incertaine entre les divers avis des auteurs et les hésitations de la jurisprudence ; j'y apporterai le tribut de mes réflexions.

Je citerai peu d'arrêts ; on l'a fort bien dit : *La science du droit n'est point un art d'imitation.*

Nos Codes sont encore trop nouveaux pour que les arrêts puissent avoir une autorité doctrinale, surtout dans les écoles. C'est à la loi elle-même qu'il faut s'élever. Un examen approfondi de ses dispositions, l'étude de son esprit, l'aperçu de son but inspirent une heureuse confiance, et donnent cette sûreté de jugement que n'ont guère les chercheurs d'arrêts. Pour eux, une décision nouvelle est comme une dernière loi qui abroge tout ce qu'ils avaient appris jusque-là ; leur variable intelligence ne peut suffire à la distinction des nuances dans les espèces, et finit par se briser au milieu des autorités qui s'entrechoquent. *Longum iter per præcepta, breve per exempla ;* si la voie des préceptes est la plus longue, elle est la plus sûre.

La jurisprudence des arrêts se forme d'une longue suite de décisions semblables sur un point de droit pur et dégagé des faits et des circonstances qui peuvent influer dans son ap-

plication (1). Il y avait là-dessus une belle loi
dans le droit romain. *Imperator noster Se-*
verus rescripsit, in ambiguitatibus quæ
ex legibus proficiscuntur, consuetudinem
aut rerum PERPETUÒ SIMILITER JUDICATARUM
auctoritatem, vim legis obtinere debere (2).
Cette autorité, établie par la constance unanime des Cours, jette une grande clarté sur les
monumens de la législation; sans changer les
lois, elle restreint un sens trop large; elle
étend par analogie des dispositions trop res-
serrées; elle concilie des textes qui semblaient
se contrarier; elle comble leur vide et fait
parler leur silence. C'est alors qu'on peut dire
avec le chancelier Bacon: Les arrêts sont les
ancres des lois, comme les lois sont les ancres
de l'Etat.

Le temps n'a point assez consacré pour nous
la jurisprudence des arrêts; «c'est un subject
encore trop ondoyant et trop divers, » pour
me servir d'une expression de Montaigne.

Je choisis une preuve entre mille. La Cour
de cassation avait jugé jusqu'en l'an 12, qu'un

---

(1) *Modica enim circumstantia facti inducit*
magnam juris diversitatem. Dumoulin.

(2) L. 38 ff. *de legib.*

juge de paix ne pouvait pas statuer en dernier ressort sur une possession dont la valeur était indéterminée, quelque modiques que fussent d'ailleurs les dommages-intérêts réclamés à cause du trouble. Bientôt elle adopta un autre système, et elle décida cinq fois de suite qu'il y avait lieu au dernier ressort toutes les fois que le demandeur au possessoire ne réclamait pas des dommages-intérêts au-dessus de 5o fr. Ce fut pour le plus grand nombre des auteurs et des magistrats un point arrêté et hors de toute discussion. Cependant le tribunal de Bourges a eu la noble fermeté de combattre un préjugé qui semblait si solidement établi; il a décidé autrement. On n'a pas manqué de se pourvoir en cassation. La Cour suprême est revenue sur ses pas; elle a dit, comme ce monarque auquel l'histoire a donné le nom de Grand: *Propter justitiam et pro lege servandâ, patimur nobis contradici.* Theo- doricus *apud Cassiod.*

Les arrêts sont aujourd'hui des armes avec lesquelles on lutte beaucoup trop au Palais.

Les arrêts offrent sans doute un préjugé favorable pour les questions semblables à celles qu'ils ont résolues. Il est utile, il est même nécessaire pour un avocat de se tenir au

courant et de les bien connaître; mais l'autorité de l'exemple ne doit pas dépouiller la
raison de ses droits et de sa force. L'habitude
de ne chercher des ressources que dans les recueils nourrit l'indolence, arrête les progrès
de l'étude et ces heureux élans du génie auxquels la justice est redevable de ses triomphes
les plus brillans. Quand on s'appuie sur la loi,
il n'est ni téméraire ni indécent de remettre
en question ce qui paraît avoir été jugé pour
d'autres (1).

(1) *Res inter alios judicatæ neque emolumen-
tum afferre his qui judicio non interfuerunt,
neque præjudicium solent irrogare. . . . Nec, in
simili negotio, res inter alios actas absenti præju-
dicare, sæpè constitutum est.* L. 2 et 4 *Cod. quib.
res judic.*

CHAPITRE V.

DES ACTIONS. — DES EXCEPTIONS.

Avoir une action contre quelqu'un, former une action contre quelqu'un, sont deux choses très-distinctes.

Le mot *action* a donc deux acceptions.

Dans la première, c'est le droit que nous avons de poursuivre en justice ce qui nous est dû ou ce qui nous appartient: *jus perse-quendi in judicio quod sibi debetur* (1).

Dans la seconde, c'est l'exercice de ce droit, ou la demande judiciaire: *remedium legiti-mum persequendi in judicio jura quæ, tùm in re, tùm ad rem, cuique compe-tunt* (2).

---

(1) *Institut. de ac.*

(2) Heineccius, *Elcment. jur. secund. ordin. instit.* § 1126.

L'action proprement dite, ou le droit, existe avant la demande : *actio, ut quisque contraxit, statim ei competit, et dominus, amissâ possessione, jus habendi habet statim, id est, antequàm prætor adeatur* (1). Souvent aussi une demande est formée sans qu'il y ait réellement une action ou un droit; car elle peut n'être pas fondée, et il ne suffit pas toujours de demander pour obtenir.

Chez les Romains les actions avaient un nom spécial qu'elles tiraient ou des contrats nommés, ou d'une loi, ou du préteur qui les avait créées, ou d'un fait particulier. Ainsi de la vente sortaient les actions *empti et venditi ;* du dépôt, l'action *depositi ;* du mandat, l'action *mandati ;* de la société, l'action *pro socio ;* de la loi *aquilia*, l'action aquilienne; de l'édit du préteur Publicius, l'action publicienne; du vol, l'action *furti*, etc., etc.

Lorsqu'une action nommée manquait, *cùm proprium nomen invenire non possumus* (2), on avait recours à l'action *præscriptis verbis*, ainsi appelée, parce qu'elle s'intentait

---

(1) Vinnius, *Institut.*
(2) L. 8 ff. *de præscript. verb.*

d'après les termes de la convention : *secundùm id quod contrahentes habuére præscriptum et conventum*. On l'appelait aussi *in factum*, parce qu'elle se formait par le récit du fait (1).

Les actions étaient *civiles*, lorsqu'elles prenaient leur source dans la loi. Celles qui furent introduites successivement par les édits des préteurs, pour suppléer à la loi, ou pour modifier ses dispositions suivant les principes de l'équité, prirent le nom de *prétoriennes*.

Il y avait les actions de *bonne foi*, dans lesquelles le juge avait la liberté d'estimer ce qui devait être accordé au demandeur : *ex æquo et bono æstimandi, quantùm actori restitui debeat* (2) ; les actions *arbitraires*, dans lesquelles le juge pouvait ajouter une peine et augmenter la condamnation, pour le cas où la partie condamnée n'obéirait pas à la sentence : *in quibus, nisi arbitrio judicis is cum quo agitur actori satisfaciat, velutì rem restituat, vel exhibeat, vel solvat, etc., condemnari debeat* (3). Les

(1) Cujas.
(2) *Instilut. de act.* § 50.
(3) *Ibid.* § 31.

actions qui n'étaient ni de bonne foi, ni arbitraires, étaient de droit étroit, *stricti juris;* le juge y devait suivre littéralement les conventions des parties, accorder la totalité de la demande, ou acquitter entièrement le défendeur (1).

Dans certaines affaires, et suivant la qualité des personnes, la condamnation n'était que « pour autant que ces personnes pouvaient faire; » il fallait leur laisser de quoi subsister : *in condemnatione personarum quæ in id quod facere possunt damnantur, non totum quod habent extorquendum est, sed ipsarum ratio habenda est ne egeant* (2). Ce privilége s'appelait *beneficium competentiæ;* il était accordé au mari poursuivi en restitution de la dot, au père poursuivi par ses enfans, au donateur poursuivi par le donataire, aux associés, aux militaires, à ceux qui avaient fait cession de biens. Il ne s'étendait point aux cautions; le dol le fesait cesser.

L'action tombait en déchéance, s'il était demandé plus qu'il n'était dû. Il y avait quatre

(1) Heinecc. *Instit.* § 1187
(2) L. 73 ff. *de reg. jur.*

cas de *plus-pétition* : 1° *Par la chose* ; exemple : celui auquel il n'était dû que dix écus en demandait quinze. 2° *Par le temps*, lorsqu'une chose payable à terme ou sous condition était réclamée avant l'expiration du terme ou l'événement de la condition. 3° *Par le lieu*, lorsque la délivrance d'une chose était demandée dans un lieu autre que celui qui avait été convenu. 4° *Par la cause*, lorsque la demande n'était pas conforme à l'obligation du débiteur, comme si, après la stipulation de donner un esclave ou dix écus d'or, le créancier se fesait lui-même l'arbitre du choix en exigeant l'esclave.

La rigueur de l'ancien droit romain touchant la plus-pétition fut tempérée par les constitutions des empereurs ; elles permirent de réformer la demande avant la contestation en cause, c'est-à-dire avant l'exposition de l'affaire devant le juge. *Lis contestata videtur, cùm judex per narrationem negotii causam audire cœpit* (1).

Le droit français n'a point adopté ces dénominations et ces distinctions multipliées à

_____

(1) L. *unic. Cod. de lit. contest.*

l'infini. Chez nous les actions s'expliquent sans qu'il soit nécessaire de les nommer. Elles sont toutes de bonne foi, en ce sens que le juge estime ce qu'il faut accorder et ce qu'il faut refuser au demandeur : *quantùm, vel quid œquius, melius.* Toutefois il ne peut ajouter à la demande, et juger *ultrà petita.* S'il est demandé plus qu'il n'est dû, ce n'est point un motif de rejeter l'action, mais seulement de la réduire.

Nous n'avons point admis le *beneficium competentiæ;* nous avons su concilier le respect pour l'entier accomplissement des conventions avec les droits de la nature et les devoirs de l'humanité; car il est des débiteurs, comme un, père un époux, auxquels on devrait des alimens, si la condamnation obtenue et exécutée contre eux les laissait dans la détresse.

Nous n'avons pris des Romains que les grandes divisions qui servent à faire connaître les principaux genres d'action; nous disons avec eux que l'action est ou *personnelle,* ou *réelle,* ou *mixte;* que l'action *réelle* est ou *réelle mobilière,* ou *réelle immobilière,* et que cette dernière se divise en action *pétitoire* et en action *possessoire.* C'est là que se borne l'utilité de la nomenclature. Diviser et sous-diviser encore serait hérisser de vaines difficultés les abords de la science.

L'action purement personnelle est celle que l'on dirige contre un individu *personnellement* obligé à donner, ou à faire, ou à ne pas faire quelque chose. Une pareille obligation ne peut se concevoir séparée de l'individu; elle y est attachée, adhérente; *ejus ossibus hæret ut lepra cuti* (1). On ne peut en demander l'accomplissement qu'à lui ou à ceux qui le représentent.

L'action personnelle dérive d'une convention, comme d'un prêt, d'un dépôt, d'un mandat; ou de l'autorité de la loi, comme lorsqu'un père demande des alimens à son fils (2); ou d'un quasi-contrat, ainsi celui qui reçoit ce qui ne lui est pas dû s'engage à le restituer (3); ou d'un délit, d'un quasi-délit, c'est-à-dire d'un fait quelconque qui

(1) Loiseau, *du Déguerpissement*, liv. 2, chap. 1ᵉʳ, n. 3 et suivans.

(2) Art. 205 Cod. civ.

(3) Art. 1376 Cod. civ.

cause un dommage et qui oblige à une réparation (1).

Par l'action réelle, on revendique la propriété ou la possession d'une *chose* contre
toute personne qui la détient et en quelques
mains qu'elle passe.

La revendication d'une chose suppose nécessairement quelqu'un qui la possède in-
dûment; mais elle n'en est pas moins l'unique objet de l'action, car les possesseurs peuvent changer et se succéder sans que l'action
se détache de la chose.

L'action réelle est *réelle mobilière,* ou
réelle immobilière, suivant qu'elle tend à
la revendication d'un meuble ou d'un immeuble. Dans le langage des lois on donne
simplement le nom d'action mobilière à la
revendication d'un effet mobilier, et l'on entend plus ordinairement par action réelle l'action réelle immobilière. C'est en ce sens que
les articles 59 et 64 du Code de procédure
ont été rédigés.

L'action réelle immobilière se divise en
action *pétitoire* et en action *possessoire.*

(1) Art. 1382 Cod. civ.

L'action pétitoire est la revendication de la *propriété* d'un immeuble ou d'un droit réel sur un immeuble, contre celui qui le possède et qui prétend aussi en être propriétaire. Il faut bien supposer que le demandeur, en ce cas, est privé de la possession, et que la propriété ou le droit lui sont contestés; autrement l'intérêt de son action ne se concevrait pas.

L'action possessoire n'a trait qu'à la *possession* d'un immeuble ou d'un droit réel.

La possession fut le premier des titres, et, jusqu'à la preuve contraire, nous présumons toujours que celui qui possède est le propriétaire.

Il importe au bon ordre et à la paix publique que la possession soit protégée; mais cette faveur ne s'étend pas sur toute espèce de possession.

La possession à laquelle la loi attache une présomption du droit de propriété et l'effet d'acquérir ce droit, s'appelle *possession civile,* pour la distinguer d'une occupation purement physique et naturelle, souvent disputée, fugitive ou passagère. La possession civile doit avoir duré au moins pendant une année sans interruption; elle doit avoir été paisible, publique, et empreinte de l'esprit de propriété, *animo domini* (1). Sans ces conditions le possesseur serait-il l'image du propriétaire? Un fermier occupe ou détient le domaine dont le bail lui a été consenti; mais il possède pour le maître, à titre précaire, et ce titre, tant qu'il subsiste, est une protestation constante contre les effets ordinaires de la possession (2).

La possession étant un acheminement, par la prescription, au droit de propriété, elle n'est jamais utile à l'égard des choses immobilières qui ne peuvent s'acquérir que par un titre (3). Ainsi le droit de passage ou de pâcage sur le fonds d'autrui ne s'établit point par la possession, quelque longue qu'elle ait été, parce qu'une pareille servitude serait discontinue (4), et parce que des présomptions tirées de la tolérance ou de quel-

(1) Cod. civ. art. 2229, Cod. de procéd. art. 23.

(2) *Qui ex conducto possidet, quamvis corporaliter teneat, non tamen sibi, sed domino rei creditur possidere.* L. 2 Cod. *de usucap.*

(3) En fait de meubles, la possession vaut titre; la possession et la propriété se confondent. Cod. civ. art. 2279.

(4) Cod. civ. art. 688 et 691.

ques relations de voisinage, peuvent combattre la supposition d'un droit primitif; alors la possession devient équivoque, et les faits ne tirent plus à conséquence.

Dans les cas généraux où la possession est utile, l'action possessoire se réduit aux termes les plus simples : lequel des concurrens possède, lequel ne possède pas ?

L'action pétitoire, au contraire, conduit à cette question : lequel est propriétaire? Car celui qui ne possède pas peut être le véritable propriétaire. Ici c'est un fait, là c'est un droit à juger (1).

L'action possessoire se nomme *complainte*, lorsque celui qui l'exerce n'a éprouvé qu'un trouble dans sa possession, et *réintégrande*, lorsqu'il a été tout-à-fait dépossédé. C'est ce que les Romains appelaient l'interdit *retinendæ possessionis*, et l'interdit *recuperandæ possessionis*.

---

(1) *Separata esse debet possessio à proprietate. Fieri enim potest ut alter possessor sit, dominus non sit; alter dominus quidem sit, possessor verò non sit : fieri potest ut et possessor idem et dominus sit.* L. 1. § 2 ff. *utì possid.*

In interdicto, possessio; in actione, proprietas vertitur. L. 14, § ult. ff. *de except. rei judic.*

Les interdits (*interim dicta*) étaient des décrets du préteur sur la possession, jusqu'à ce que les débats sur la propriété fussent vidés (1).

Un fragment de la loi des douze tables, conservé par Aulu-Gelle, portait : *Si qui in jure manum conserunt, secundùm eum qui possidet vindicias dato.* Les Romains mettaient par-tout des figures; un procès pour la possession d'un champ était comme la représentation d'une lutte. Dans les premiers temps, l'entrelacement des mains, *manu consertum*, se fesait sur le terrain litigieux, où les parties se rendaient accompagnées du préteur. Mais la multitude des affaires rendit bientôt ce mode impraticable; on y suppléa en prescrivant aux contendans d'aller chercher une motte de terre, pour la déposer sur les marches du tribunal. Puis chacun, saisissant les mains de son adversaire, plaidait alternativement, et le préteur réglait la possession : *vindicias dabat* (2).

On appelait *vindiciæ* la jouissance par provision de la chose contestée, d'autres don-

(1) Cujas, *in Cod. de interdict.*
(2) Aulu-Gelle, liv. 20, chap. 10.

naient ce nom aux mottes de terre symboliques (1).

Dans les questions d'état, la provision était
toujours adjugée en faveur de la liberté. Appius Claudius, l'un des décemvirs, épris d'un
fol amour pour Virginie, aposta un homme
qui la revendiqua devant lui comme son
esclave, et il adjugea la provision à cet homme,
au mépris du droit sacré qu'il avait lui-même
établi dans les douzes tables. Virginius tua sa
fille pour lui sauver l'honneur; son couteau
tout sanglant fut le signal d'une révolte qui
se termina par la mort d'Appius et par la
ruine des décemvirs (2).

Je me propose de revenir sur diverses questions concernant les actions possessoires, en
traitant des justices de paix.

Lorsque le droit de revendiquer une chose
se fonde sur une obligation, l'action, en thèse
générale, doit être dirigée contre la personne
obligée; car il faut faire juger l'existence ou
la validité de son obligation. Il y a donc mélange de *réalité* et de *personnalité*; voilà l'a-

(1) *Festus.*
(2) L. 2, § 24, ff. *de orig. jur.*

ction mixte, c'est-à-dire l'action contre la chose
et contre la personne.

On remarque quelque confusion dans le
droit romain et dans les auteurs sur la distinction de cette espèce d'action.

Justinien donne seulement pour exemples celles formées par des cohéritiers ou
des copropriétaires afin de parvenir au partage d'un immeuble commun , *familiæ erciscundæ , vel communi dividundo ,* et
celles en bornage , *finium regundorum;*
parce que dans ces cas le juge remplace ordinairement une égalité trop difficile à conserver dans, la désignation des lots par des
prestations personnelles, des soutes ou des
retours (1).

(1) *Quædam actiones mixtam causam obtinere
videntur, tàm in rem quàm in personam : qualis
est familiæ erciscundæ actio, quæ competit co-
hæredibus de dividendâ hereditate. Item communi dividundo, quæ inter eos redditur, inter
quos aliquid commune est, ut id dividatur. Item
finium regundorum actio, quâ inter eos agitur
qui confines agros habent. In quibus tribus judiciis permittitur judici rem alicui ex litigato-
ribus ex bono et æquo adjudicare, et si unius
pars prægravari videbitur, cum invicem certâ
pecuniâ alteri condemnare. Instit. de act. § 20.*

Ulpien cite également ces actions comme des actions mixtes, et se détermine par une considération différente. C'est, dit-il, que chacun des plaideurs y est demandeur : *mixtæ sunt actiones in quibus uterque actor est* (1).

Des auteurs, et Pothier entre autres, reconnaissent bien dans les actions en bornage et en partage des signes de nature mixte, mais par d'autres raisons encore. Suivant eux, ces actions sont mixtes, parce qu'on y joint ordinairement à la revendication d'une chose la demande d'un rapport, d'un remboursement d'impenses, d'une restitution de fruits, etc.

Ni les unes ni les autres de ces considérations ne paraissent satisfesantes. Je ne puis admettre avec Ulpien que les actions en partage et en bornage tirent leur nature mixte de ce motif que chacune des parties y est *demanderesse.* Je ne vois dans ces sortes d'actions qu'un demandeur ; c'est celui qui a ouvert l'instance. Si les deux parties concluent à la fois à ce qu'un héritage soit partagé ou borné, il n'y a point de procès sur ce point.

(1) L. 37, § 1 ff. *de oblig. et act.*

Mais lorsque l'une d'elles résiste, soit parce que l'opération aurait déjà été faite, soit parce que l'adversaire serait sans droit, sans qualité, soit parce que l'action serait prescrite, qu'on ne répète plus alors : *Uterque actor est.*

Est-il plus vrai de dire que l'action en partage et l'action en bornage sont mixtes, à cause des retours, des remboursemens ; des restitutions et des autres prestations personnelles qu'on a coutume de mêler à la demande ? Je ne le crois pas, car il s'ensuivrait que ces actions deviendraient purement réelles, quand elles seraient formées et jugées sans accession de la moindre prestation personnelle. M. Favard a été entraîné jusqu'à cette conséquence, lorsqu'il a dit :

« Ce n'est qu'autant que la demande *principale*, c'est-à-dire celle en pétition d'hérédité, en partage ou en bornage, est accompagnée de la demande *accessoire* de prestation, que l'action est mixte : si la demande principale est seule, elle est réelle ; elle ne devient mixte que par la jonction de celle de prestation.

» Cette distinction résulte de la nature même des choses. En effet, que le copropriétaire d'un immeuble indivis, par exemple, se borne à en demander le partage contre son copropriétaire, il exerce l'action appelée *communi dividundo.*

» Dès qu'il ne réclame aucune restitution de fruits, aucune prestation, son action n'est personnelle sous aucun rapport ; elle est purement réelle immobilière, puisqu'elle tend uniquement à faire déterminer sa part dans un immeuble. Mais si à l'action en partage le demandeur joint celle en restitution des fruits ou en dommages-intérêts, il agit alors contre son copropriétaire à deux titres distincts : il l'actionne comme copropriétaire d'immeuble, ce qui constitue l'action réelle, et comme obligé à des prestations résultant de son fait, ce qui forme l'action personnelle. Or c'est le concours de ces deux actions personnelle et réelle qui constitue l'action mixte (1). »

C'est avec une grande défiance de moi-même que je me hasarde à présenter des doutes contre l'opinion d'un magistrat dont les lumières et l'expérience sont si imposantes.

On le sait déjà : l'action réelle se distingue de l'action personnelle, en ce que, par la

(1) *Répertoire de nouvelle Législation civile et commerciale,* verb. action, § 1, n° 5.

première, une chose est demandée sans considération de la personne qui la détient, et que, dans l'autre, on agit en vertu d'une obligation, contre une personne engagée.

L'une et l'autre se confondent, quand on revendique une chose contre celui qu'un engagement personnel oblige à la remettre; l'action devient mixte.

Toutes fictions à part, l'action en partage est moins une revendication de la chose qu'une demande tendant à la détermination de la portion de chacun dans cette chose; elle se dirige nécessairement contre le cohéritier ou le copropriétaire; elle naît du quasi-contrat de communauté, et de la disposition de la loi qui veut que nul ne soit forcé de rester dans l'indivision (1).

Tous ces caractères de *personnalité* subsistent, indépendamment des prestations personnelles qui peuvent être jointes à la demande.

Voët trouve dans les actions en partage et

_____

(1) Nul ne peut être contraint à demeurer dans l'indivision, et le partage peut toujours être provoqué, nonobstant prohibitions et conventions contraires. Art. 815 Cod. civ.

en bornage une prédominance de réalité (1).

Vinnius, au contraire, dit que ces actions sont plus personnelles que réelles (2).

Je pencherais pour ce dernier avis. Il est possible que l'action du demandeur tende seulement à obtenir une consécration du droit de propriété, *à part et à divis*, et que le partage ne lui attribue que ce qu'il possède déjà. Les conclusions se réduisent à un fait; le droit dérive d'une obligation légale; c'est

(1) *Mixtæ actiones sunt quæ partìm ex jure in re, partìm ex obligatione nascuntur: ut tamen semper in hisce prædominetur, vel natura actionis in rem, quod fit in actionibus familiæ erciscundæ, communi dividundo, finium regundorum et petitione hæreditatis; vel natura actionis in personam, quod evenit in illis quæ dicuntur actiones personales in rem scriptæ: velutì actio quod metûs causâ et similes. Defin. ac divis. juxtà seriem Institut., pag.* 58.

(2) *Notandum autem, quòd non simpliciter ait* [*Justinianus*]*, has actiones mixtam causam obtinere, tàm in rem quàm in personam, sed obtinere videri. Nimirùm quia id præ se ferunt. Re verâ autem sunt actiones in personam omninò: quippè quæ tales origine et essentiâ suâ, quamvìs sint et effectu nonnihil cum actionibus in rem commune habeant. Comment. ad* § 20 *Instit.*

donc de la *personnalité* presque toute pure.

Quant à l'action en bornage, souvent elle se complique de la revendication d'une portion de terrain usurpée dans la confusion des limites; sous cet aspect, elle serait réelle. Mais reste toujours le caractère de *personnalité* qui sort du quasi-contrat de voisinage et d'une obligation imposée par la loi (1). Elle est donc mixte, soit qu'il y ait ou qu'il n'y ait pas de conclusions accessoires afin d'obtenir des prestations personnelles.

Il peut arriver aussi que la plantation de bornes soit demandée pour l'état actuel de la possession, sans application de titres, sans arpentage et sans revendication de terrain; on aperçoit alors dans l'action une grande prédominance de *personnalité*.

La loi 1re ff. *finium regund.* était bien plus tranchante; elle qualifiait l'action de *personnelle*, quoiqu'il y eût revendication d'une chose : *finium regundorum actio in personam est, licèt pro vindicatione rei est.* Et remarquez que Justinien, dans

_____

(1) Tout propriétaire peut obliger son voisin au bornage de leurs propriétés contiguës. Art. 646 Cod. civ.

ses Institutes, n'a pas dit qu'elle était mixte, mais qu'elle semblait devoir être considérée comme mixte : *mixtam causam obtinere videri.*

De ce que le droit romain, en parlant des actions mixtes, n'a indiqué pour exemples que les actions *finium regundorum, familiæ erciscundæ* et *communi dividundo*, ce que l'on appelait *les trois jugemens divisoires*, il ne faut pas conclure que ce soit une limitation d'espèces.

Toutes les fois qu'une chose est demandée, et que pour l'obtenir il faut faire juger contre une certaine personne qu'elle est tenue de la remettre par l'effet d'une obligation résultant d'un contrat, d'une loi ou d'un fait, l'action est mixte. Telles sont, entr'autres, l'action en rescision de la vente d'un immeuble, pour cause de lésion, de dol, d'erreur ou de tout autre vice; celle en résolution à défaut de paiement du prix; celle en restitution à raison de l'incapacité de l'une des parties.

C'est encore une action mixte que celle d'un créancier qui agit pour se faire payer une somme ou une rente, et pour faire dé-

clarer que tel immeuble du débiteur est
hypothéqué à la sûreté de la créance. Si
l'immeuble hypothéqué n'est plus dans la
possession du débiteur, une distinction est
à faire : le créancier demande-t-il au tiers-
détenteur le paiement de la dette ou le délaissement de l'immeuble? l'action est mixte ;
conclut-il simplement au délaissement? l'action n'est que réelle.

Dans les actions mixtes, on peut donc
quelquefois agir *contrà quemlibet posses-
sorem*, comme dans les actions réelles; mais
on y conclut toujours *adversarium dare
aut facere oportere*, comme dans les actions
personnelles (1).

Je dois maintenant expliquer le but et l'utilité de cette division principale des actions en
personnelles, *réelles mobilières*, *réelles
immobilières* et *mixtes*. Elle sert surtout
à déterminer lequel, du tribunal du domicile du défendeur, ou du tribunal de la situation de l'objet litigieux, doit connaître de
l'action.

L'action personnelle est adhérente à la

(1) Loyseau, du *Déguerpissement*, liv. 2, chap. 1er.

personne ; elle doit être poursuivie devant les juges du domicile de la personne.

Les choses mobilières n'ont pas de situation fixe, elles se meuvent avec celui qui les détient, elles le suivent; ainsi l'action réelle mobilière doit également être portée au tribunal du domicile du défendeur.

Par l'action réelle immobilière, ce n'est plus une personne que l'on poursuit, c'est une chose que l'on revendique et que l'on va chercher au lieu où elle est assise. Le possesseur, quel qu'il soit, n'est appelé que pour servir de contradicteur. Cette action doit donc toujours être intentée devant le tribunal de la situation de l'objet litigieux.

L'action mixte étant marquée du double caractère de l'action personnelle et de l'action réelle immobilière, le demandeur peut, à son choix, la porter devant le tribunal du domicile du défendeur, comme une action personnelle, ou devant le tribunal de la situation de l'objet litigieux, comme une action réelle immobilière.

Telles sont les règles générales.

M. Thouret, qui prit une si grande part, dans l'Assemblée constituante, à la réforme de l'organisation judiciaire (1), s'était occupé d'un *projet de procédure civile ;* son fils l'a fait imprimer en l'an 9 (1800). On y lit, titre 2, art. 6: « La distinction des actions mixtes est abrogée. » C'était ôter beaucoup d'épines au buisson. Mais en n'admettant que l'action personnelle, l'action mobilière et l'action réelle, M. Thouret permettait de porter cette dernière indifféremment, soit au tribunal du domicile du défendeur, soit à celui de la situation de la chose. Ce système ne valait rien. Sans qu'il soit besoin de reproduire les raisons tirées de la nature de l'action réelle en faveur de son attribution exclusive au tribunal *de la chose,* on sent que là seulement peuvent se trouver des moyens prompts et faciles pour les vérifications, des preuves presque sous la main, et des juges instruits des localités; on sent que la justice ne doit pas abandonner des avantages si précieux au caprice ou au calcul du demandeur.

L'exercice de l'action ou la demande judiciaire se divise en demande *principale,*

---

(1) Il prononça neuf discours dans cette discussion.

en demande *incidente* et en demande *recon-ventionnelle* (1).

La demande principale introduit l'instance.

La demande incidente est celle qui sur-vient, d'une part ou de l'autre, dans le cours d'un procès; elle est comme un épisode de l'action.

Lorsque le défendeur forme à son tour une demande, en réponse à celle orignaire-ment intentée contre lui, cette demande prend le nom de reconventionnelle. Il y a alors *mutua litigantium coram eodem ju-dice petitio* (2). Les Romains appelaient la demande introductive *conventio* (3), d'où l'on a fait *reconventio*. Ainsi nous dirions *action* et *réaction*, si l'usage l'avait permis.

L'ordre naturel des idées exige que je place ici quelques mots sur les exceptions; comme

(1) Je ne fais que les indiquer dans ce chapitre. Voyez le chapitre suivant et les titres de la conciliation, des incidens et de l'appel.

(2) Heineccius *ad Pand.*

(3) *Convenire, in jus vocare et judicio perse-qui significat.* Brisson, *de verborum quæ ad jus pertinent significatione.*

le disait Justinien, après avoir traité des actions, *sequitur ut de exceptionibus dispiciamus.*

Pris dans le sens le plus étendu, ce mot *exception* comprend tous les moyens qui peuvent être opposés contre une demande, tout ce qui tend à repousser l'action (1).

C'est avec cette signification qu'il a été employé aux articles 1360 et 1361 du Code civil.

Dans le langage de la procédure on distingue les *exceptions* des *défenses.*

Les exceptions ne frappent point sur le fond du droit : elles tendent uniquement à faire suspendre la marche de la procédure, à en différer les effets, telles sont les exceptions dilatoires ; ou à la faire déclarer nulle, si quelques formes prescrites ont été négligées, telles sont les exceptions de nullité ; ou à faire renvoyer l'affaire devant un autre tribunal, telles sont les exceptions déclinatoires (2).

(1) *Exceptio dicta est quasi quædam exclusio quæ opponi actioni cujusque rei solet, ad excludendum id quod in intentionem condemnationemve deductum est. L.* 2 *ff. de except. et præscript.*

(2) Dans toutes les matières qui font l'objet d'un titre du Code, et les exceptions sont de ce nombre,

Ce sont des *fins de non-procéder*, ou, comme on disait autrefois, des barres mises en travers : *quod nempe exceptionibus, quasi cancellis, actiones circum scribantur.*

Au contraire, les défenses sont dirigées contre l'action; elles tendent à la détruire, à la faire déclarer mal fondée ou non recevable : mal fondée parce qu'elle serait contraire à la loi, à l'équité, dépourvue de preuves, ou appuyée sur des titres vicieux : non recevable, parce qu'elle serait déjà proscrite par un premier jugement, ou frappée de prescription, ou éteinte de toute autre manière; ou bien encore parce que le demandeur serait sans qualité, sans intérêt. Dans ces cas, les défenses prennent la dénomination de *fins de non-recevoir.*

On trouve dans beaucoup d'auteurs les fins de non-recevoir désignées sous le nom d'*exceptions péremptoires.*

Le Code de procédure, qui règle l'ordre dans lequel les différentes exceptions doivent être proposées, ne parle point de celles-là, et le motif de son silence est facile à saisir. C'est, comme le disait l'orateur du Tribu-

je réserve les développemens pour l'explication de ces titres.

nat (1), que ces prétendues exceptions péremptoires appartiennent au Code civil. Suivant
le Code de procédure, ce sont de véritables
défenses.

Les défenses peuvent être proposées en tout
état de cause. Les exceptions, à moins qu'elles
n'intéressent l'ordre public, doivent être présentées dès l'entrée de la cause, *à limine litis*,
avant tous débats sur le fond ; autrement
elles sont couvertes, c'est-à-dire qu'on est
censé y avoir renoncé.

En considérant ce qu'étaient les exceptions,
dans le droit romain, avant Constantin, on
est presque tenté de demander aujourd'hui
si nous avons de véritables exceptions.

Les institutions passent, elles se perdent
dans la succession des temps ; quelques mots
s'échappent et vont, à la faveur de l'habitude,
s'attacher plus ou moins convenablement aux
usages nouveaux. C'est l'histoire des exceptions.

Elles étaient à Rome une dépendance du
système des formules.

(1) M. Faure, rapport au corps législatif sur le
livre 1er et sur les neuf premiers titres du livre 2
du Code de procédure.

Je ne puis parler des *formules* sans dire un mot de cette erreur commune qui les a confondues avec les *actions de la loi,* jusqu'à la découverte des institutes de Gaïus.

La différence mérite d'être remarquée.

On croit que les actions de la loi remontaient plus haut que la loi des douze tables; elles avaient été composées pour l'exercice de la juridiction contentieuse; leur but était d'imprimer au peuple un respect religieux pour les formes symboliques, que les Romains aimaient tant, de resserrer les liens qui le tenaient sous la dépendance des interprètes, et de lui rendre moins facile l'accès des tribunaux : *ne populus prout vellet institueret* (1).

Les actions de la loi se nommaient ainsi, à cause de leur rapport direct avec le texte des lois : *quia ipsarum legum verbis accommodatæ erant... legibus proditæ erant* (2). Il fallait qu'une loi eût fait naître le droit que l'on voulait poursuivre, et c'était d'après cette loi que les termes de l'action étaient rigoureusement établis : *quod si uno verbo erratum fuisset, totâ causâ cecidisse videbatur* (3).

(1) L. 2, § 6, ff. *de orig. jur.*
(2) *Gaïus,* lib. 4, § 11.
(3) Quintilien.

Voici un exemple tiré de Gaïus : Un particulier avait formé une action contre un autre qui lui avait coupé des ceps de vigne; mais il perdit son procès, *responsum est rem perdidisse*, parce qu'il s'était servi du mot *ceps*, au lieu du mot *arbres*, qu'il aurait dû employer; la loi des douze tables, de laquelle il faisait dériver son action, n'ayant parlé en général que des arbres coupés (1).

Ce n'est pas tout : les actions de la loi ne pouvaient être intentées pendant toute la durée des *jours néfastes*, ni pendant une partie de ceux appelés *intercisi*. Les patriciens possédaient seuls la clef de ce calendrier judiciaire.

On comptait cinq actions de la loi (2); dans la suite, les preteurs inventèrent diverses fictions, à l'aide desquelles les actions de la loi,

(1) *Gaïus, ibid.*

(2) 1° *Sacramentum :* c'était une sûreté réciproque que les parties se donnaient au moment où le procès allait être plaidé ; elle consistait dans le dépôt d'une somme d'argent. (Gaïus, lib. 4, § 13, 14, 15, 16). Le gagnant retirait ce qu'il avait consigné ; la mise du perdant était confisquée au profit du trésor sacré : de là ce nom de *sacramentum*.

2° *Judicis postulatio :* c'était, après l'instruction préparatoire faite devant le magistrat, la demande qu'on lui adressait, pour avoir un *judex* qui devait

juris civilis, furent étendues au nouveau
droit introduit par leurs édits, *jus honora-
rium*. On disait à Rome, comme aujourd'hui
en Angleterre : *in fictione juris consistit
œquita s.*

Les actions de la loi étaient une sorte de

rendre le jugement définitif. (Gaïus, lib. 4, § 15.)

3° *Condictio* : espèce de *judicis postulatio*,
(Gaïus, lib. 4, § 18 et 19). Ce mode de procéder
fut introduit pour les créances d'une somme déterminée, *certa pecunia,* et pour toutes celles d'un
objet déterminé, *de omnâ certâ re.* La *condictio*
était moins solennelle que la *judicis postulatio*,
car elle n'exigeait pas le *sacramentum*.

4° *Manus injectio* : on en distinguait deux : l'une,
appelée *pura*, était l'action d'entraîner devant le
tribunal le défendeur qui refusait de s'y rendre,
vi rapere; l'autre représentait, avec des accessoires
beaucoup plus sévères, l'exercice de notre contrainte
par corps, pour l'exécution des jugemens, *pro judi-
cato*. (Gaïus, lib. 4, § 12); celle-là tirait son
origine de la loi des douze tables.

5° *Pignoris capio :* par cette action, le créancier
saisissait de sa propre autorité, sans permission
du magistrat, et pour la sûreté de ce qui lui était
dû, un objet mobilier appartenant à son débiteur ;
c'était un gage qu'il conservait jusqu'à ce que son
droit eût été jugé. La *pignoris capio* n'était pas
admise pour toutes espèces de créances. (Gaïus,
lib. 4, § 26, 27 et 28.)

représentation dramatique des combats que les hommes se livraient, dans l'enfance des sociétés, pour revendiquer et soutenir leurs droits. Les signes de cette représentation étaient accompagnés de certaines *formules* (1), ou *conceptions de mots*, immuables comme la loi de laquelle elles procédaient.

L'an de Rome 449, Ch. Flavius, secrétaire d'Appius Claudius, déroba à son maître le secret des formules. Le peuple récompensa cette infidélité en le comblant d'honneurs; mais les patriciens inventèrent de nouvelles conceptions de mots, qu'ils appelèrent *notœ*; et, pour en assurer mieux le mystère, ils eurent le soin d'indiquer chacun des mots par une lettre initiale seulement : *per siglas*.

Enfin les vœux des plébéiens furent accomplis. Ces actions de la loi, avec leurs périlleuses subtilités, qui donnaient plus au mot qu'à la chose, furent abrogées par la loi *œbutia* et par les deux lois *julia*.

Les solennités et les rites des actions de la loi ne subsistèrent plus que pour les actes

---

(1) C'est de ces formules que j'ai entendu parler ci-dessus, chap. 1er, page 16. Il faut bien les distinguer des autres *formules* qui remplacèrent les actions de la loi, comme je le dirai bientôt.

de la juridiction volontaire, *actus legitimi.*
J'en parlerai au chapitre suivant.

Le système des formules qui fut substitué
à l'ancienne manière de procéder, n'eut rien
de commun avec les conceptions de mots qui
avaient accompagné les actions de la loi. Ces
nouvelles formules ne furent autre chose que
la position de la question résultant du procès.

Le préteur ne jugeait pas, il donnait aux
parties un *judex*, devant lequel il les renvoyait
avec la formule de l'action (1); c'est-à-dire, avec
l'ordre alternatif de condamner le défendeur,
ou de ne pas le condamner, suivant que la
question posée serait résolue contre lui, ou
pour lui. *Si paret, condemna; si non paret,
absolve* (2).

La formule du préteur était *in jus concepta,*
lorsqu'il s'agissait d'une question de droit;
elle était *in factum concepta,* quand le *judex*
n'avait qu'un fait à vérifier.

Il est temps de revenir aux exceptions.

Elles exprimaient, en général, le contraire
de ce que le demandeur affirmait (3).

(1) Voyez ci-après, pag. 102 et 103.
(2) *Gaïus,* lib. 4, § 39 *et seq.*
(3) *Omnes autem exceptiones concipiuntur in*

Mais tous les moyens que le défendeur pouvait avoir contre l'action, n'étaient pas indistinctement proposables. Lorsqu'ils se tiraient
du droit civil proprement dit, *ipso jure* (1),
ils étaient, par leur nature même, soumis à
l'examen du *judex*. Au contraire, quand il
s'agissait des moyens d'équité fournis par le
droit prétorien (2), le *judex* ne pouvait les
prendre en considération, à moins qu'il n'y eût
été spécialement autorisé par le préteur. Il
devait se borner à déclarer, par exemple,
qu'une obligation existait ou n'existait pas;
la question de savoir si le consentement avait
été surpris par dol, ou extorqué par violence,
n'ayant pas été posée dans la formule, il ne lui
était pas permis de s'en occuper. La ligne de
son attribution était strictement limitée par cet
ordre absolu : *si paret , condemna.*

Toutefois, si le préteur, après le *con-*

contrarium ejus quod affirmat is cum quo agitur.
Gaïus, lib. 4, § 119.

(1) *Ipso jure* ne doit pas se traduire ici par ces
mots, *de plein droit.* — *Ipsum jus* signifiait le droit
civil primitif, par opposition au droit prétorien.

(2) *Sæpè enim accidit ut quis jure civili te-
neatur ; sed iniquum sit eum judicio condemnari.*
Gaïus, lib. 4, § 116.

demna, avait EXCEPTÉ le cas où le défendeur aurait été trompé par des manœuvres frauduleuses, s'il avait ajouté : *nisi, in eâ re, aliquid dolo malo factum sit,* alors le *judex* pouvait admettre la défense *per exceptionem.* Voilà l'exception du droit romain. Elle était toujours sous-entendue dans les actions de bonne foi (1).

L'usage des formules fut aboli par la fameuse constitution de Constantin, *de formulis et impetrationibus actionum sublatis.* Tous les moyens devinrent proposables de plein droit, contre toutes les espèces d'actions. La faveur de la défense fut une règle de justice, et cessa d'être une exception.

(1) *L.* 7, *ff. de pactis,* § 6.
Il faut voir, sur cette matière, l'excellent mémoire de M. Everard Dupont, couronné à Liége, en 1821, et portant pour titre : *Disquisitiones in commentarium IV institutionum Gaii, recenter repertarum. Lugduni-Batavorum,* 1822.

CHAPITRE VI.

DE LA JURIDICTION. — DE LA COMPÉTENCE. — DES TRIBUNAUX ORDINAIRES, ET DES TRIBUNAUX EXTRAORDINAIRES.

La juridiction est cette émanation de la puissance souveraine, qui est communiquée aux magistrats, pour rendre la justice au nom du prince (1).

La juridiction, *jurisdictio*, est le pouvoir du juge ; la compétence est la mesure de ce pouvoir.

On dit le ressort, le détroit (2) ou l'arrondissement d'une juridiction, pour exprimer le territoire sur lequel elle s'étend. C'est la sphère d'activité du juge.

Lorsqu'une personne est traduite devant

(1) Toute justice émane du Roi. Elle s'administre en son nom par des juges qu'il nomme et qu'il institue. Charte constit., art. 57.

(2) Du vieux mot *districtus*, district, qui a été rajeuni de nos jours.

un tribunal dont la juridiction ne comprend pas le territoire qu'elle habite, le juge est incompétent *ratione personæ*. Cette personne peut *décliner la juridiction*, et demander d'être renvoyée au tribunal de son domicile.

Il est certaines matières dont la connaissance a été distraite de la juridiction d'un tribunal, ou ne lui a point été attribuée; le juge est, quant à ce, incompétent *ratione materiæ*.

Ici se présente naturellement la distinction des diverses espèces de tribunaux.

L'autorité des tribunaux primitifs s'étendait indistinctement sur toutes les matières contentieuses. Les affaires, tournant dans un cercle étroit de mœurs et de coutumes, n'offraient ni assez de variété, ni des questions assez détachées du droit commun, pour exiger des règles particulières et des juges spéciaux.

Mais l'industrie, le commerce, les progrès de l'administration firent germer d'autres intérêts; suscitèrent des débats imprévus, ajoutèrent de nouvelles branches à la législation, et réclamèrent de nouvelles combinaisons judiciaires et des études à part. Telle fut l'origine des tribunaux extraordinaires.

Les tribunaux ordinaires ont conservé la juridiction à titre universel des tribunaux primitifs. Toutes les matières sont de leur compétence, à l'exception de celles qui en ont été spécialement distraites, pour être attribuées aux tribunaux extraordinaires.

On divise encore les tribunaux en tribunaux *de première instance* et en tribunaux *d'appel :* il faut bien que les erreurs des premiers juges puissent être réparées. Cependant il est des affaires d'une importance si mince, que l'objet du litige ne supporterait pas, sans être absorbé, le déchet inévitable des frais d'une seconde instruction et d'un second jugement. Dans ces cas, que la loi a déterminés, le recours au juge supérieur n'est pas ouvert.

Le droit de décliner la juridiction d'un tribunal incompétent *ratione personæ,* est un privilége auquel on peut renoncer. Il importe peu à la société qu'un particulier, lorsqu'il y consent, aille plaider devant un autre juge que celui de son domicile, si, abstraction faite de la question de territoire, l'affaire est d'un genre compris dans les attributions de l'un comme de l'autre.

Une personne de Versailles est assignée à

Paris, pour la restitution d'un dépôt : le tribunal de Paris n'est incompétent que parce que
le domicile de cette personne est hors de ses
limites ; car il peut connaître, comme celui
de Versailles, de la restitution d'un dépôt. Le
renvoi n'est pas demandé ; l'incompétence
est couverte, comme on dit au palais; la cause
est plaidée et jugée à Paris. Cette extension
ou prorogation volontaire de la juridiction
territoriale d'un tribunal ne fait pas ressentir
à l'ordre public la plus légère atteinte (1).

Mais je suppose qu'une action concernant
la propriété d'un domaine soit portée devant
un tribunal de commerce : il y aura incompétence *ratione materiæ*. Cette incompétence pourra-t-elle être couverte, si les parties
le veulent bien? Non. Les tribunaux de commerce, comme tous les tribunaux d'exception,
ont reçu le pouvoir spécial de juger un certain genre d'affaires; ils sont sans attribution
pour toutes les autres. Consentir à ce qu'elles
leur soient soumises, ce serait leur créer une

(1) Autrefois le juge pouvait intervenir et revendiquer la cause, pour ramener devant lui le justiciable
qui consentait à plaider ailleurs; c'est qu'alors le droit
de justice était attaché au patrimoine d'un fief, c'était
ne propriété qu'il fallait respecter.

juridiction, et non pas seulement étendre ou proroger celle qu'ils ont reçue; ce serait mettre le caprice d'une volonté particulière à la place d'une disposition d'ordre public, confondre les pouvoirs, détourner le cours de la justice et le troubler jusqu'à sa source.

Ces principes fournissent d'autres conséquences.

Il y a des juges dont la compétence est bornée à une certaine somme. Un juge de paix, par exemple, en matière purement personnelle et mobilière, ne connaît d'une cause qu'autant qu'elle n'excède pas la valeur de 100 francs (1). Toutefois les parties peuvent s'accorder pour l'autoriser à statuer sur la demande en paiement d'une plus forte somme. C'est qu'elles ne font que reculer les bornes de sa juridiction, sans lui en conférer une nouvelle ; elles développent en lui le germe préexistant d'un pouvoir qui s'étend sans usurper un autre genre de cause (2).

(1) Loi du 24 août 1790, tit. 3, art. 9.

(2) M. le président Henrion de Pansey a traité de la *juridiction* dans son excellent ouvrage DE L'AUTORITÉ JUDICIAIRE, etc. On ne peut trop le consulter. Quand on écrit sur une matière après M. le président

Ainsi la juridiction peut être prorogée d'une somme à une somme plus forte : *de quantitate ad quantitatem* (1); mais jamais d'un genre d'affaires à un autre genre.

On concevra plus facilement encore qu'il soit permis aux parties de consentir à être jugées sans appel, dans les causes où la loi ne donne au tribunal que la compétence du premier ressort (2). Chacun est libre de renoncer au droit introduit en sa faveur.

J'ai parlé de la juridiction prorogée par le consentement des parties; mais il est une prorogation forcée qui s'opère par la seule volonté de la loi.

On sait que la reconvention est la demande que forme à son tour le défendeur, en répondant à l'action principale intentée contre lui (3).

Or, si les parties ont leur domicile dans

Henrion de Pansey, il faut se résigner à copier ou à extraire.

(1) *Judex qui usquè ad certam summam judicare jussus est, etiam de re majori judicare potest, si inter litigatores conveniat.* L. 74, ff. *de judic.*

(2) Loi du 24 août 1790, tit. 4, art. 6. Code de procéd., art. 7.

(3) Voyez ci-dessus, page 79.

deux juridictions différentes, le demandeur dira-t-il au défendeur : « Votre reconvention change nos rôles; laissez juger ma demande principale par votre tribunal, où j'ai dû vous traduire; puis vous reporterez vos prétentions contre moi devant le juge de mon domicile? » Il n'en sera point ainsi : la loi, dans ce cas, soumet les deux demandes aux mêmes juges; elle couvre l'incompétence *ratione personæ ;* elle attire sur le demandeur principal l'autorité qu'il avait invoquée contre son adversaire.

Cette prorogation légale cesse, si la demande reconventionnelle appartient à un genre de cause qui n'est pas dans les attributions du tribunal saisi de la demande principale; car il y aurait alors une incompétence *ratione materiæ,* qui ne se couvre jamais.

Il est bon d'observer aussi que le juge peut disjoindre les demandes, et renvoyer la reconvention devant le tribunal qui devrait naturellement en connaître, lorsqu'elle paraît exiger une instruction beaucoup plus longue et plus compliquée que la demande principale; comme dans le cas où un défendeur assigné pour le remboursement d'un simple prêt, réclamerait reconventionnellement l'exercice d'un droit de servitude, et une application de titres sur le terrain.

La juridiction est *pleine*, *juridictio plenior*, lorsqu'elle comprend à-la-fois le droit de juger et le droit de faire exécuter les jugemens.

Les tribunaux ordinaires ont cette plénitude de juridiction.

Les tribunaux extraordinaires ou d'exception n'ont que le droit de juger ; ils ne connaissent point de l'exécution de leurs jugemens.

J'ai dit que ces tribunaux avaient été institués pour décider certaines affaires dont le genre exige des connaissances spéciales.

Leur mission est remplie, lorsqu'ils ont prononcé. Les moyens d'exécution du jugement, les voies de contrainte, et les difficultés qui peuvent en résulter, rentrent naturellement dans la direction de la justice ordinaire.

Remarquez que cette incompétence des tribunaux d'exception ne s'entend que par rapport à l'exécution de leurs jugemens définitifs, c'est-à-dire des décisions qui terminent le procès devant eux. Lorsqu'un juge de paix ou des juges de commerce, avant de

statuer et pour obtenir des éclaircissemens
utiles, ordonnent une preuve, une vérification,
une expertise, une communication de pièces
ou une comparution personnelle des parties,
l'exécution de ces mesures préliminaires doit
nécessairement leur appartenir ; car leur juridiction n'est pas encore finie, *nondùm judex
officio suo functus est* (1).

En résumé : Le droit de faire comparaître
en cause, *vocatio ;* celui d'ordonner les actes
d'instruction, *notio ;* celui de faire respecter
la dignité de l'audience, *coercitio* (2) ; celui
de juger, *judicium;* voilà la juridiction moins
pleine. C'est là que se borne le pouvoir des
juges d'exception. Ils n'ont des attributs de la
justice que la balance.

Ajoutez-y le droit de faire exécuter les
décrets de la justice, suivant les formes indi-
quées par la loi, *imperium, executio,* et
vous aurez la juridiction pleine. C'est celle
des tribunaux ordinaires. Ils ont la balance
et l'épée.

(1) *Cui juridictio data est, ea quoque concessa
esse videntur sine quibus jurisdictio explicari non
potest.* L. 2 ff. *de jurisdict.*

(2) Art. 88 et suiv. du Code de procédure ; art.
504 et suiv. du Code d'instruction criminelle.

Sous un autre aspect, la juridiction est ou *volontaire* ou *contentieuse*.

Elle est volontaire, lorsque, sur la demande d'une seule personne, ou de plusieurs qui sont d'accord, le juge consacre et légitime certains actes par le sceau de son autorité. Tels sont la dation de tutelle, l'adoption, l'émancipation, l'ouverture des testamens, l'envoi en possession des biens, etc. Là il n'y a point de contradicteur; cependant le juge pourrait de son propre mouvemens refuser la sanction, si l'acte pour lequel on la réclame ne lui paraissait pas conforme aux conditions de la loi.

La juridiction est contentieuse, quand il s'agit de prononcer sur les débats d'une contestation portée devant un tribunal.

L'une s'exerce *inter volentes*, et l'autre *inter litigantes*.

L'intervention d'un contradicteur change la juridiction volontaire en juridiction contentieuse; car alors il y a opposition, résistance et procès.

Les Romains appelaient *actes légitimes* les actes de la juridiction volontaire, *actus legitimi lege jussi aut liciti, publicè vel pri-*

vatim solemni ritu celebrandi. Ils donnaient le nom d'*actions de la loi* aux actes de la juridiction contentieuse, *actiones legis compositæ quibus homines inter se disceptavent* (1).

Des interprètes ont cru que la dénomination d'actions de la loi s'appliquait également aux actes de la juridiction volontaire, parce que l'on voit dans quelques textes du droit romain que les affranchissemens, les adoptions et les émancipations se fesaient devant les magistrats qui avaient l'action de la loi, *apud quos legis actio erat* (2).

Mais ces textes désignaient seulement le rang et la puissance des magistrats capables de conférer l'affranchissement, l'adoption et l'émancipation; comme le préteur ou le consul à Rome, et le proconsul ou le président dans les provinces. Tout ce que l'on peut en conclure, c'est qu'il fallait avoir *l'action de la loi* pour faire les *actes légitimes,* ce qui ne signifie pas que les actes légitimes étaient des actions de la loi.

(1) L. 2, § 6, ff. *de origine juris.*

(2) L. 2 et 3 ff. *de offic., procons.* 4 ff. *de adopt. et emancip.,* et 1 ff. *de offic. jurisd.*

La juridiction volontaire participe plus du droit de commandement que du droit de juger. « Tels actes de cérémonies ez quels » reluit et paroît l'autorité du magistrat, sont » dits *esse magis imperii quàm jurisdi-* » *ctionis* (1). » Il suit de là qu'ils appartiennent en général aux tribunaux ordinaires qui sont investis de l'un et de l'autre droit, et que les juges d'exception ne peuvent faire des actes de juridiction volontaire, à moins que, par une disposition expresse et spéciale, le législateur ne leur en ait donné l'attribution (2).

Les magistrats de Rome, pendant la durée de leur charge, possédaient la juridiction comme une sorte de propriété. Ils pouvaient donner des juges aux parties, et déléguer, avec le droit d'instruire et de juger, une portion de commandement réduite à une modique coercition (3). Mais il ne leur était pas

(1) Loyseau, *Traité des Offices*, liv. 1er, chap. 5.

(2) C'est en vertu de cette attribution spéciale que les juges de paix reçoivent les actes d'adoption, prononcent les émancipations et président aux tutelles déférées par les conseils de famille.

(3) Le juge délégué avait, comme tout autre juge, le droit de punir les injures qui lui étaient faites dans

permis de transférer à des mandataires l'entier exercice du commandement, la puissance qu'ils tenaient d'une constitution impériale, d'un sénatus-consulte, ou de quelque autre loi particulière (1), et par conséquent l'exercice des actes légitimes.

Je dois faire observer, en parlant de la délégation de juridiction chez les Romains (2),

l'exercice de ses fonctions. *Sine modicâ coercitione nulla est juridictio. L. ult. ff. de officio ejus cui mandata est jurisd.*

(1) L. 1. ff. *eodem tit.*

(2) Tous ceux qui avaient juridiction, et notamment tous les magistrats de Rome, pouvaient donner des juges. L. 12, §. 1, ff. *de judic. et ubi quisque agere vel conveniri debeat.* Voyez ce que j'ai dit ci-dessus, p. 85, 86 et 87, sur les fonctions du juge donné.

On ne pouvait donner pour juge ni un furieux sans intervalles lucides, ni un impubère, ni un esclave, ni un sourd, ni un muet, L. 12 ff. *eod.*, ni celui qui était demandé par l'une des parties, à moins que le prince, par égard pour le juge demandé, ne l'eût permis, L. 47 ff *eod.*

L'aveugle, le fils de famille, pouvaient être donnés pour juges. L 6 et 12 *eod.*

Le fils de famille pouvait être juge de son père,

que toute justice, en France, émane du roi, et que les juges qu'il institue pour l'administrer en son nom, ne peuvent déléguer leur juridiction. Cependant, lorsqu'il s'agit de faire des actes d'instruction que l'éloignement du domicile des parties, ou la situation de l'objet en litige, rendraient trop dispendieux, ils ont la faculté de commettre un autre juge plus rapproché pour y procéder (1). Mais ces actes sont toujours rapportés au tribunal devant lequel l'instance a été introduite, et qui seul peut rendre le jugement.

et le père de son fils, *in privatis negotiis*, c'est-à-dire dans les affaires domestiques. L. 77 *eod.*

Le juge était donné pour un temps déterminé, L. 32 *eod.* Son droit cessait par la prohibition de celui qui l'avait donné, ou par celle du magistrat supérieur, ou lorsqu'il venait à acquérir un degré d'autorité égal à celui du magistrat qui l'avait commis. L. 58 *eod.*

Le juge délégué *ne* pouvait en déléguer un autre. L. 5 ff. *de jurisdict.* C'était au magistrat qui avait donné le juge qu'il appartenait de faire exécuter la sentence rendue par celui-ci. L. 15 ff. *de re judic.*

(1) Art. 1035 Cod. procéd. civ.

CHAPITRE VII.

DE L'ORGANISATION JUDICIAIRE AVANT LA RÉVOLUTION.

Les justices seigneuriales, les justices royales, les baillages ou sénéchaussées, les présidiaux et les parlemens, étaient autrefois les tribunaux ordinaires.

La justice seigneuriale était annexée à un fief, et possédée héréditairement comme le fief, en vertu d'une concession primitive du souverain. Mais tous les fiefs n'avaient pas le droit de justice, c'est ce qui fesait dire à nos docteurs : *Fief et justice n'ont rien de commun.*

On distinguait trois sortes de justice seigneuriale : la haute justice, la moyenne justice et la basse justice. Les différences de dignité entre les possesseurs de fiefs avaient apparemment produit cette distinction.

Le bas-justicier connaissait des contestations concernant les droits dus au seigneur par les hommes de son fief.

Le juge de la moyenne justice prononçait sur les actions réelles, personnelles et mixtes mues entre les sujets du seigneur, ou intentées contre l'un d'eux.

La haute justice comprenait les deux autres; le haut-justicier pouvait de plus donner des tuteurs et des curateurs, émanciper les mineurs, apposer les scellés et faire les inventaires.

Autrefois les seigneurs rendaient eux-mêmes la justice; mais, depuis le douzième siècle, on les avait obligés de commettre des juges pour la rendre sous leur nom.

Les affaires particulières des seigneurs, pour billets, obligations, réparations d'injures et toutes autres choses que celles qui concernaient les domaines et droits de la seigneurie, n'étaient pas portées devant les officiers de leur justice (1). La délicatesse de la loi sur ce point s'explique aisément.

Les justices royales, proprement dites, étaient exercées par des juges que le roi nom-

(1) Art. 11, tit. 24 de l'ordonnance de 1667.

mait dans les terres de son domaine; ces juges connaissaient de toutes les affaires civiles entre roturiers (1). On les appelait *prévôts*; en certaines provinces, *châtelains*; en d'autres, *vicomtes*; en d'autres encore, *viguiers*; mais c'était par-tout le même pouvoir et la même autorité sous des noms différens. Ces officiers avaient remplacé les *comtes*, qui, dès les premiers âges de la monarchie, et même avant la conquête, présidaient dans chaque ville au fait de la justice (2).

(1) Edit de Crémieu, art. 20.

(2) « Les comtez premierement n'estoient dignitez de telle parure comme nous le voyons aujourd'huy; ains, de leur primitive institution, estoient mots appropriez presque à toutes manieres d'estats qui estoient autour des empereurs de Rome, rapportant, les anciens, l'effect de cette diction à sa signification latine. Pour laquelle cause, estoient appelez ceux qui avoient superintendance, ou sur le palais, ou sur l'escurie, ou sur l'espargne de l'empereur, comtes du palais, comtes d'estables, et comtes des largitions, et ainsi presque de tous les autres. Vérité est qu'à l'imitation de ceux-cy, les courtisans et gentils-hommes qui estoient pris de la suite des empereurs pour aller gouverner les provinces, prindrent semblablement en plusieurs endroits ce titre de comte : comme nous voyons estre faict assez fré-

Les baillis étaient, au moyen âge, des commissaires que le prince envoyait dans les di-

quente mention des comtes de la marche d'Orient.
Et petit à petit ce nom s'espandit de telle façon,
qu'il n'y avoit ville qui n'eust son comte pour juge;
vaulant chaque juge rapporter sa grandeur, comme
s'il eust été tiré de la suite et compagnie des empereurs. De là vint que les François arrivant aux
Gaules, y trouvèrent presque ceste générale police
plantée, laquelle ils ne vouloient changer, non plus
que plusieurs autres. De ces comtes ayant ainsi charge
et superintendance de la commune justice, vous
trouverez estre souvent faite mention dedans les loix
de Charlemagne et de Louis-le-Débonnaire son fils,
lesquelles, en la plus part de leurs chapitres, ne
chantent d'autres que la diligence que les comtes
doivent faire en leurs comtez à rendre droit à chacun..... Lorsque les comtes commencerent de là en
avant de s'arrester seulement aux bienfaicts du roi,
ils laissèrent la juridiction à leurs lieutenants, dont
les aucuns appelés furent *vicomtes* et les autres *vigniers* du mot *vicarius*, et les autres *prévosts* d'un
autre mot latin que nous appellons *præpositus;* car,
en ceste façon, les voyons-nous estre appellés ès
anciennes lettres de nos roys, lorsqu'elles s'adressoient aux prévosts. » Pasquier, recherches de la
France, liv. 2, chap. 14.

M. de Savigny pense que l'office de comte était

verses parties du royaume, pour savoir si la
justice y était bonnement et loyalement rendue. « Or furent ainsi appelez, à mon jugement, ces baillifs, dit Pasquier (1), pour autant que, de leur première origine, ils estoient
baillez et envoyez dans les provinces par nos
roys. Ou bien, sans aucune altération de
lettres, *baillifs,* comme conservateurs et gar-
diens du bien du peuple, encontre les offences
qu'il eust pu encourir des juges ordinaires.
Car le mot de *baillif* en vieil langage françois, ne signifioit autre chose que gardien; et
baillie, garde (2). »

Les baillis recevaient les griefs qui leur
étaient présentés contre les décisions des juges; ils réformaient ou confirmaient ces décisions, suivant qu'il y avait lieu. Cependant,
lorsqu'une affaire leur paraissait d'une grande
importance, ils en réservaient la connaissance
au roi ou à son conseil. Car, en ce temps-là,

d'origine germanique. *Histoire du Droit Romain,*
tom. 1.er, p. 222 et suiv.

(1) *Ibid.*

(2) Des officiers de justices seigneuriales prenaient
dans certains pays le nom de baillis; mais c'était
un abus, dit Loyseau, *Traité des Seigneuries,* chap.
8, n.° 43.

les rois jugeaient souvent eux-mêmes (1).

(1) Voyez l'Histoire de Charlemagne, par M. Gaillard, tom. 3, chap. 2.

Louis-le-Débonnaire ordonnait à ses envoyés d'avertir qu'il tiendrait une audience par semaine. *Hoc missi nostri notum faciant comitibus et populo, quòd nos in omni hebdomadâ unum diem ad causas audiendas et judicandas sedere volumus. Capitul. anni* 829, *tit.* 2.°, *cap.* 14.°

Saint Louis, après avoir entendu la messe en été, allait s'ébattre au bois de Vincennes, se seyait au pied d'un chêne pour entendre les parties, et donnait la sentence selon l'équité. (Joinville).

Les ennemis de Charles V l'appelèrent *le Praticien* et *l'Avocat*, dit Mézeray, parce qu'il se trouva souvent dans son parlement; l'histoire l'a surnommé *le Sage.*

Charles VIII s'était enquis de la forme dans laquelle ses prédécesseurs donnaient audience au pauvre peuple, et comment saint Louis y procédait. Ayant reçu les éclaircissemens qu'il demandait, il se mit à donner régulièrement des audiences à tous ceux qui se présentaient. (Voyez le continuateur de Vély).

Louis XII se rendait familièrement au palais, monté sur sa mule, sans suite et sans s'être fait annoncer. Il prenait place parmi les juges, écoutait les plaidoyers, et assistait aux délibérations. *Hist. de France*, par Garnier.

Nos annales ne citent point de rois qui, depuis Louis XII, soient venus au Parlement pour juger

Dans l'origine on donnait le nom de parlement à l'assemblée générale de la nation : *Parlamentum, mallum, concilium Francorum.* Sous la seconde race, le parlement se réduisit aux barons ou vassaux immédiats de la couronne, et autres personnes choisies parmi les clercs et les nobles ; ce qui forma la *cour* ou *conseil* du roi pour les affaires d'état et de justice. Le conseil accompagnait le prince dans ses voyages, et les plaideurs se mettaient à la suite de la cour.

Déjà saint Louis, en favorisant le cours des appels, avait entrepris de corriger les usages barbares de son siècle, et de ramener vers le trône la souveraine administration de la justice (1). Il avait commencé à détruire le mal,

des procès civils. On sait seulement que Louis XIII présida la commission nommée pour prononcer sur le sort du duc de la Vallette. Mémoires de Montrésor, p. 271 et 272.

L'étendue et la complication de l'administration générale du royaume n'ont plus permis que le monarque se livrât aux détails qu'exige le jugement des affaires.

Aujourd'hui l'exercice de l'autorité judiciaire est formellement séparé de la puissance exécutive et de la puissance législative.

(1) *Etablissemens,* liv. 2, chap. 15.

en fesant sentir le bien ; la distinction des *cas royaux* et des *cas seigneuriaux,* et l'extension progressive que reçurent les premiers, achevèrent son ouvrage.

Le nombre des affaires renvoyées au conseil du roi étant devenu trop considérable, Philippe-le-Bel donna la fameuse ordonnance du 23 mars 1302, portant, art. 62 : « Pour l'utilité de nos sujets et l'expédition des affaires, nous nous proposons de régler les choses de manière que chaque année il y aura deux tenues de parlement à Paris, deux échiquiers à Rouen, et deux grands jours à Troyes ; et qu'il y aura une tenue de parlement à Toulouse, si cette province consent qu'il n'y ait point d'appel de ceux qui présideront ce parlement(1) ».

L'échiquier de Rouen était l'ancien conseil

(1) *Prætereà propter commodum subjectorum nostrorum et expeditionem causarum, proponimus ordinare quòd duo parlamenta Parisiis et duo scacaria Rothomagi et dies Trescenses bis tenebuntur in anno, et quòd parlamentum apud Tolosam tenebitur, si gentes terræ prædictæ consentiant quod non appelletur à præsidentibus in parlamento prædicto. Rec. gén. des anc. Lois franç.,* par MM. Jourdan, Decrusy et Isambert, tom. 2, p. 754.

Il est à propos de remarquer, pour l'intelligence

des ducs de Normandie (1); François Ier voulut, en 1515, qu'on l'appelât à l'avenir le
parlement de Normandie.

Les grands jours de Troyes étaient les assises
que tenaient les comtés de Champagne pour
prononcer sur les appels interjetés par leurs
vassaux (2).

« Ces échiquiers à Rouen, les grands jours
de Troyes, dit Pasquier, étoient assises géné-

de ces dispositions, que le comté de Toulouse, conquis, en 1227, sur le comte Raimond, était réuni au
domaine royal; que la Normandie avait été soumise
par Philippe-Auguste dès l'année 1204, et que le
roi possédait une grande partie de la Champagne.

(1) Ce nom d'échiquier vient, suivant les uns, de
ce que le premier fut tenu à Rouen dans une salle
dont le pavé était noir et blanc, et ressemblait au
tablier d'un jeu d'échecs; suivant les autres, de ce
que le bureau était couvert d'un tapis échiqueté
de noir et de blanc.

(2) *Dies magni Trecenses : ità vocabant assisias
publicas et generales, quas comites Campaniæ
tenebant in urbe Trecensi, ad dirimendas et diju-
dicandas supremo judicio majoris momenti controversias, et quæ per appellationem ab assisiis
baliviarum devolvebantur ; præsertìm verò lites
baronum Campaniæ qui scilicèt nullo medio pen-
debant à comite.* Ducange, V° dies magni.

rales que l'on avoit autrefois tenues sous ces noms en Normandie et en Champagne , pendant que les ducs de Normandie et comtes de Champagne s'en étoient fait accroire ; auxquelles ils avoient leurs pairs pour juger leurs causes , tout ainsi que nos roys en leurs parlements (1).»

Lorsque la Champagne fut réunie à la couronne, le roi envoya des membres de son conseil pour tenir les grands jours de Troyes. Ducange nous a conservé les termes d'une requête que présentèrent à ce sujet les gentilshommes de la province : « *Item* requierent li gentil homme, que on tiengne les jours de Troyes deus fois l'an, et que on y envoit tels gens qui puissent et doivent délivrer les bonnes gens selon la raison. »

Il y eut souvent des grands jours *extraordinaires* en d'autres provinces éloignées, pour procurer aux habitans une expédition plus prompte et moins dispendieuse. Les grands jours de Poitiers, tenus en 1579 par le président de Harlay et par l'avocat général Brisson qui avaient fait leurs études de droit en cette ville, brillèrent d'un grand éclat.

(1) *Recherches de la France*, liv. 2, chap. 3.

1.   8

La justice commençant à se fixer, les baillis devinrent sédentaires dans les ressorts ou bailliages qui leur furent départis; ils ne jugèrent plus qu'à la charge de l'appel, et le recours contre leurs sentences fut porté au parlement.

Mais ces baillis, dont l'humeur s'accommodait mieux des aventures et des hasards de la guerre que des discussions judiciaires, déléguèrent l'exercice de leurs fonctions à des lieutenans qu'ils pouvaient d'abord révoquer à leur gré. Depuis, les commissions des lieutenans et des juges du bailliage furent érigées en titre d'offices, et les offices, déclarés inamovibles par Louis **XI**, furent déclarés vénaux par François Ier. Les baillis perdirent leur ancienne autorité; ils ne conservèrent que des prérogatives d'honneur. Les expéditions des sentences étaient toujours intitulées de leur nom; ils étaient reçus avec de grandes cérémonies, lorsqu'ils venaient à l'audience, mais ils n'y avaient plus voix délibérative (1).

Ce que j'ai dit pour les baillis s'applique aux sénéchaux; le nom seul était différent. «Quant au mot de sénéchal, qui n'a autre puissance et autorité entre nous que le baillif, quelques per-

(1) Art. 266 de l'ordonnance de Blois.

sonnages de bon sens estiment que ce soit un mot corrompu, my latin et my français, signifiant vieil chevalier (1). »

Les bailliages et les sénéchaussées avaient la juridiction pleine et entière entre toutes personnes ; mais, comme je l'ai dit, leurs jugemens n'étaient plus que de première instance ; les moindres affaires parcouraient de nombreux degrés avant d'atteindre le dernier ressort, et venaient surcharger de leur multitude les cours souveraines. C'est ce qui détermina Henri II à donner, en 1551, l'édit de création des présidiaux. « Nos sujets, est-il dit dans le préambule, font si grande coustume et habitude de plaider., qu'universellement ils se détruisent ; de maniere que c'est une maladie qui a pris son grand cours par tous les endroits de notre royaume., que l'un refuse à tout propos de faire raison à l'autre, s'il n'y est contraint par justice. Et encore pour fuir et dilayer, ne craignent d'appeller, pour quelque petite matiere que ce soit, jusques en nos cours souveraines, ce qui est cause que la plupart de nosdits sujets se ruisnent mesmement pour la variété et

(1) Pasquier, *ibid.* chap. 14, et le Dictionnaire de Trévoux, *V°* Sénéchal.

multitude des degrés de juridiction où ils
appellent et recourent. »

les présidiaux furent établis dans les principaux siéges des bailliages et des sénéchaussées.
On leur donna le pouvoir de juger sans appel
toutes les matières civiles qui n'excéderaient
pas 250 liv. en capital, ou 10 liv. de revenu.
Un autre édit du mois de novembre 1774
porta jusqu'à 2000 liv. de capital et 80 liv. de
revenu le taux de leur compétence en dernier
ressort.. Je crois que le prix progressif de l'argent laissait encore l'ampliation au-dessous de
l'attribution primitive.

Le parlement, devenu fixe d'*ambulatoire*
qu'il était, comme disent les anciens auteurs,
n'avait pourtant pas de continuité; il ne tenait
que deux séances par année, aux octaves de
Pâques et de la Touissaint; ces séances duraient
deux mois.

Comment devint-il continuel? C'est un point
assez faiblement éclairé dans nos annales. On
a dit à ce sujet : « Quand, à travers les monumens de l'histoire, vous cherchez la cause
et les premiers effets de la continuité des parlemens, vous ressemblez aux anciens qui,
voyant le Nil couvrir et vivifier l'Egypte, vou-

laient en vain découvrir sa source, et remontant aussi loin qu'ils pouvaient, voyaient ce fleuve roulant des eaux troubles, se cachant sous terre et se montrant de nouveau (1). »

Toutefois il paraît que le parlement commença de se tenir sans discontinuation sous le règne de Charles VI, et voici comment cela advint, si l'on en croit Pasquier (2).

A l'ouverture de chacune des tenues de parlement, le prince décernait des lettres patentes en forme de commissions, avec une liste des membres qui devaient y prendre séance; car celui qui avait siégé au précédent parlement n'avait pas le droit d'assister au suivant, s'il n'était inscrit sur le nouveau rôle (3).

Mais la minorité du roi, sa maladie, la division des grands et les troubles du royaume, furent cause que, les esprits étant occupés ailleurs, on ne se souvint plus d'envoyer les nouveaux rôles.

Cet oubli fut pour ceux qui étaient en exercice une prorogation indéfinie de pou-

---

(1) *Dictionnaire de Jurisprudence*, par Prost de Royer.

(2) Liv. 2, chap. 3.

(3) Cette circonstance suffirait pour prouver que le parlement fut un démembrement du conseil.

voirs. La réunion de plusieurs provinces, la diversité des coutumes multiplièrent les procès; les sessions furent plus rapprochées et plus longues ; elles se touchèrent , elles se confondirent, et le parlement resta assemblé pendant toute l'année. Enfin il fallut en créer plusieurs, pour qu'ils pussent suffire à toutes les affaires. « Ainsi vinrent-ils perpétuels ; ce qui fit , ajoute Pasquier , que les seigneurs suivant les armes furent contraints de quitter la place et de la résigner aux gens de *robe longue*. »

Les gens de robe longue étaient les jurisconsultes du temps. Ils ne jugeaient pas ; ils étaient assis aux pieds des pairs et des barons, afin de donner, au besoin, des avis et des éclaircissemens sur les ordonnances et sur les usages dont ils possédaient la tradition. De là leur était venu le nom de *conseillers*.

Juger, ce n'était plus combattre. Les pairs et les barons n'avaient ni le désir ni le loisir de se livrer à l'étude du droit, et d'apprendre les formalités de justice ; ils se lassèrent de ces discussions d'affaires dont les détails devenaient pour eux trop subtils ; ils commencèrent à trouver cette occupation peu convenable à leur rang et à leurs habitudes ;

bientôt leurs sièges furent déserts. Les conseillers jugèrent à leur place, et conservèrent
le droit de juger même en présence des pairs,
quand ceux-ci, dans certaines occasions solennelles, revenaient au parlement.

Depuis qu'il n'était plus question des rôles,
pour la désignation de ceux qui devaient
tenir le parlement, chaque place vacante était
remplie par élection. Le roi nommait sur la
présentation du parlement et du chancelier.
« Li roy a ordonné que nul ne soit mis au
lieu et nombre de l'un des esleuz, quand il
vaquera, se il n'est temoigné au roy par le
chancelier et le parlement estre souffizant à
exercer ledit office, et estre mis audit nombre et lieu (1). »

Enfin l'inamovibilité des magistrats fut consacrée par l'ordonnance du 27 octobre 1467,
dont Louis XI, sur son lit de mort, fit jurer
l'observation au jeune Dauphin. « Plusieurs officiers, y est-il dit, doutant choir à l'inconvénient de mutation et destitution, n'ont pas
tel zèle et ferveur à notre service qu'ils auroient se n'étoit ladite doute.... Statuons et

(1) Ordonnance de Philippe-de-Valois, donnée au
Val-de-Grâce, le 11 mars 1344.

ordonnons que désormais nous ne donnerons aucun de nos offices, s'il n'est vacant par mort ou par résignation faite du bon gré et consentement du résignant, dont il appert dûment; ou par *forfaiture* préalablement jugée et déclarée judiciairement, et selon les termes de justice, par juges compétens, et dont il appert semblablement (1). »

Ainsi le droit d'administrer la justice, simple commission pendant long-temps, devint un office. Dans la suite on put l'acheter; plus tard, l'établissement de *la paulette* le rendit héréditaire (2).

On a vu comment les cours supérieures de justice furent un démembrement de ces grands corps politiques, qui représentaient tous les ordres, discutaient toutes les affaires, surveillaient tous les intérêts, et comment elles héritèrent du nom de parlement.

(1) *Recueil de Fontanon*, tom. 2, pag. 1240.

(2) La paulette était un droit établi en 1604, que les titulaires des offices de judicature et de finances payaient au roi au commencement de l'année, pour conserver à leurs héritiers la propriété de ces offices. Ce droit reçut son nom de Charles Paulet, qui en fut l'inventeur et le premier fermier.

« Les hommes, dans leur raisonnement comme dans leur conduite, dit Robertson, se laissent aisément entraîner par la ressemblance des noms, et cette identité de noms donnés en France à deux corps essentiellement differens ne contribua pas peu à faire confondre leurs droits et leurs fonctions (1). »

Lorsque Louis XII, qui n'était encore que duc d'Orléans, voulut intéresser le parlement de Paris dans ses démêlés avec la dame de Beaujeu, pour la tutelle de Charles VIII, le premier président Jean de la Vaquerie répondit au prince : « que le parlement était une cour de justice établie seulement pour administrer la justice au nom du roi à ses sujets, non pour se mêler des affaires d'état et des grandes sanctions du royaume, si ce n'était par très-exprès commandement du roi. » Tel n'a point été, à toutes les époques de notre histoire, le langage des parlemens. Mais il n'est pas de mon dessein de les considérer sous d'autres rapports que ceux de l'administration de la justice civile; et cet aspect suffit pour qu'on doive reconnaître

(1) *Introduction à l'Histoire de Charles-Quint*, pag. 462, aux notes.

dans cette *justice souveraine et capitale de France*, comme disait Charles V, dans cette haute magistrature, l'une des plus importantes de nos anciennes institutions, par l'ensemble de son organisation, la grandeur de ses fonctions, l'étendue de ses lumières et l'éclat de sa dignité.

En revenant aux anciens tribunaux ordinaires, et en suivant leur hiérarchie, on trouve qu'il y avait dans certaines affaires cinq degrés de juridiction, c'est-à-dire quatre supériorités graduelles pour les appels.

La basse ou la moyenne justice seigneuriale formaient un premier degré ; là se rendait le premier jugement. On n'appelait point de la basse à la moyenne ; l'appel de l'une ou de l'autre allait directement à la haute justice, second degré. De la haute justice on pouvait appeler à la justice royale, telle que la prévôté, la châtellenie ou la viguerie, troisième degré. De la justice royale, au bailliage ou sénéchaussée, quatrième degré. Enfin du bailliage ou sénéchaussée au parlement, cinquième degré.

Les décisions des justices seigneuriales et royales, celles des bailliages et sénéchaussées, et même celles des présidiaux jugeant en dernier ressort, s'appelaient *sentences*.

Les jugemens rendus par les cours souveraines prenaient le nom d'arrêts : « ARRESTA, *quia postquam prolata sunt, ibi* SISTENDUM EST ; là se fault ARRESTER (1). »

Cependant il y avait une voie de recours contre les arrêts ; le conseil du roi les cassait, lorsqu'ils avaient été rendus contre les dispositions des lois, des coutumes, des édits, des ordonnances ou des déclarations du roi (2).

Mais ce recours ne formait point un autre degré de juridiction ; ce n'était plus qu'un procès entre l'arrêt et la loi ; la cassation était un acte de surveillance, et non un acte de juridiction. Le fond de l'affaire était renvoyé à d'autres juges, parce que l'arrêt qui avait faussé la loi ou franchi les bornes d'un pouvoir légitime, n'offrant pas le véritable ca-

---

(1) Rebuffe.

(2) Il n'est pas question ici de la *requête civile ;* elle était adressée aux juges qui avaient rendu les arrêts ou jugemens en dernier ressort, pour en obtenir la rétractation, lorsqu'il y avait lieu. La requête civile se retrouve dans le Code de Procédure ; c'est au titre qui la concerne que j'en parlerai.

ractère d'un jugement, c'était comme s'il n'en
eût pas été rendu (1).

Emules de la puissance législative, les parlemens rendaient des *arrêts de réglement*
sur des points de droit coutumier, de grande
police, de discipline, de procédure, etc. Ces
réglemens avaient force de loi dans chaque
ressort jusqu'à ce qu'il en eût été autrement
ordonné par le roi; ils étaient envoyés aux
tribunaux inférieurs, avec injonction de les
publier à leurs audiences et de les faire trans-
crire sur leurs registres. C'était comme le droit
prétorien chez les Romains, *quod prœtores in-
troduxerunt, adjuvandi, vel supplendi,
vel corrigendi juris civilis gratiâ, propter utilitatem publicam* (2). Mais les réglemens de chaque préteur expiraient avec
sa puissance, au bout d'une année (3).

_____

(1) On appelait *conseil des parties*, cette portion
du conseil du roi devant laquelle se portaient les
demandes en cassation.

La Cour de cassation a remplacé le *conseil des
parties*, comme on le verra plus loin.

(2) L. 7, § 1, *ff. de just. et jure.*

(3) L'empereur Adrien fit faire un choix de ces
réglemens, devenus très-nombreux et très-confus,

Avant le treizième siècle, les arrêts n'étaient point rédigés par écrit ; ils étaient confiés à la mémoire de ceux qui les avaient rendus. Toutes les fois qu'il y avait contestation sur ce qui avait été prononcé, et qu'il s'élevait des débats pour l'exécution, on *recordait* les juges, on fesait des enquêtes ; puis la cour, remise sur la voie, donnait une seconde décision en ces termes : *Auditis hinc inde, recordata est curia fuisse pronunciatum in parlamento,* etc. Jean de Montluc, greffier du Parlement de Paris, fit un recueil de ces *recordata* dans des registres auxquels a été donné le nom d'*Olim ;* on en voit encore quatre aux archives du royaume. Il est dit par quelques auteurs que Montluc était conseiller, et non greffier ; je le croirais volontiers, car il n'était pas besoin de greffier quand on n'écrivait point.

A partir de cette époque jusque sous le règne de François Ier, les procédures se firent en mauvais latin, et les décisions de la justice se prononcèrent de même. Il appartenait au

et il en forma l'*édit perpétuel ;* il ôta en même temps aux préteurs le droit de faire des édits.

restaurateur des lettres de bannir des jugemens et des actes l'ombre grossièrement dé-
figurée d'une langue morte, inconnue à la
plus grande partie des contractans et des plaideurs. L'ordonnance de Villers-Coterets prescrivit, article 111 : « Que dorénavant tous arrêts, ensemble toutes autres procédures, soit
des cours souveraines ou autres subalternes
et inférieures, soit de registres, enquêtes,
contrats, sentences, testamens et autres quel-
conques actes et exploits de justice, seroient
prononcés, enregistrés et délivrés aux parties
en langage maternel françois, et non autrement. »

Il fut aussi spécialement recommandé de
rédiger les arrêts si clairement, *qu'il n'y
eût aucune ambiguité ou incertitude, ni
lieu à en demander interprétation.* Art. 110.

On trouve inséré dans l'*Ancien Style du
Parlement un petit traité* écrit comme on écrivait alors, mais plein d'excellentes réflexions
sur la forme des arrêts. Il y est dit, entre autres choses, que le rédacteur doit s'expliquer
d'une manière nette, et employer, autant
que possible, une élocution élégante : *Proce-
dere debet per viam planam... Ornatè lo-
qui debet, pro posse, prout materia requi-*

rit ; qu'il doit éviter avec soin les redon-
dances, les répétitions, et n'y mettre rien de
superflu : *Item, in quantum poterit, debet
evitare concursum similium dictionum,
syllabas et dictiones superfluas.* Il faut avouer
que ces préceptes n'ont guère été suivis. La
justice n'en serait pourtant pas moins bonne,
si elle se laissait comprendre ; l'emploi des
vieux tours et des mots surannés ne sert qu'à
multiplier les équivoques, là où des expressions claires et vivantes, un esprit d'ordre et
d'analyse seraient le plus nécessaires.

« Anciennement, dit Laroche-Flavin, les
juges avaient coutume d'insérer dans leurs
jugemens la cause ou motif de la condamnation ou absolution ; mais aujourd'hui cela
n'est en usage ; et les arrêts et sentences ne contiennent que ce qui est ordonné simplement,
sans autre raisonnement, soit *en civil* ou en
criminel (1). »

Le rétablissement de cet ancien usage a
été long-temps appelé par les vœux de tous
les publicistes et de tous les jurisconsultes.

_____

(1) *Hist. des Parlemens*, liv. 13, chap. 61.

Nec decreta exeant cum silentio ; sed judices sententiæ suæ rationes adducant, idque palàm, atque astante coronâ (1).

Spifame, cet inventeur de réglemens, qui dans ses rêves semait cà et là des inspirations à la fois si ingénieuses et si utiles, a supposé deux ordonnances du roi Henri II, par lesquelles il était enjoint à tous les juges de mettre dans leurs sentences et arrêts *la cause expresse et spéciale d'iceux.*

A Naples, un édit du mois de septembre 1774 a prescrit aux magistrats de ne juger que sur le texte de la loi, et de motiver leurs décisions (2).

La publicité de l'audience ne suffit pas toujours à la gravité et à la garantie des intérêts judiciaires. Il faut, pour l'honneur de la justice, une prudence plus inquiète, des précautions plus scrupuleuses ; comme la vérité, il faut qu'elle se montre sans voile à tous les regards, qu'elle proclame les motifs de ses arrêts et qu'elle explique la loi en même temps qu'elle l'applique ; il faut *que le juste rende compte de sa justice même.*

(1) Bacon, *Aph.* 38.
(2) *Encyclop. méth.* E. Jurisprud, *verb.* Arrêt.

Les cours souveraines sentaient quelquefois ce besoin d'instruire les avocats et les parties des raisons qui avaient déterminé le jugement, dans les causes difficiles et notables. MM. les présidens, après avoir prononcé, avertissaient le barreau *de ce qu'on devait apprendre de l'arrêt,* et disaient quelle maxime avait été jugée, quelle question, quelle difficulté (1).

Je n'ai encore parlé que des tribunaux ordinaires de l'ancienne organisation.

Chaque espèce d'intérêt avait, pour ainsi dire, son tribunal extraordinaire ou d'attribution, tant ils étaient multipliés.

Il y avait les juges-consuls et les conservateurs des foires pour le commerce; les amirautés pour les affaires maritimes; les élus pour les tailles et les aides; les grenetiers pour les contraventions sur le fait du sel; la chambre du trésor pour les domaines du roi; les bureaux des finances pour la voirie; les maîtrises, les grueries, les tables de marbre pour les eaux et forêts; la connétablie pour ce qui avait rapport aux gens de guerre;

(1) Voyez la préface des arrêts en robe rouge, recueillis par Montholon.

1.   9

les officiers de la monnaie ; les chambres des comptes, etc. Quelques-uns de ces tribunaux avaient leurs cours souveraines d'exception, telles que les cours des aides, les cours des monnaies; d'autres ressortissaient par appel aux parlemens.

Les tribunaux ecclésiastiques étaient aussi des tribunaux d'exception ; on les appelait *officialités*.

Il y avait les officialités *diocésaines*, et, au second degré, les officialités *métropolitaines*.

On distinguait dans l'église deux espèces de juridiction, l'une toute spirituelle, l'autre qui était de droit humain et positif.

En 1329, Pierre de Cugnères, avocat du roi, soutint une fameuse dispute devant Philippe de Valois, à Vincennes, contre Pierre Bertrand, évêque d'Autun ; et comme il qualifia *d'abus* les entreprises des ecclésiastiques sur la justice temporelle, on rapporte à cette qualification l'origine des *appels comme d'abus*, qui étaient dévolus aux parlemens, et dont l'objet était de contenir les juges d'église dans les bornes de leur juridiction.

Je m'écarterais trop du plan que je me suis proposé, si j'entreprenais d'expliquer l'origine et les accroissemens de tous les tribunaux extraordinaires. Excepté les juridictions consulaires et les amirautés , sur lesquelles je reviendrai plus tard en parlant des tribunaux de commerce , ils se rattachaient en général à diverses branches de police ou de finances , à certains délits, à certains priviléges, et n'avaient que des rapports plus ou moins éloignés avec l'administration de la justice civile, dont je m'occupe uniquement dans cette introduction.

À cette multitude de canaux où se divisait le cours principal de la justice , il faut ajouter la complication des *committimus*.

Ce mot *committimus* (nous commettons) était consacré, dans le style de la chancellerie et du palais , pour désigner les lettres par lesquelles le roi accordait aux officiers de sa maison , aux membres des cours souveraines , aux archevêques et évêques , aux quarante de l'Académie française, à des abbayes, à des monastères, à des corps, à des communautés, à des chapitres, et même à des particuliers, le privilége de porter leurs causes devant certains juges, et d'y traduire les personnes contre lesquelles ils plaidaient.

Loiseau appelait les lettres de *committi-mus* l'oriflamme de la pratique.

Il y avait le *committimus* au grand sceau et le *committimus* au petit sceau.

Le premier donnait le droit d'attirer aux *requêtes de l'hôtel* ou aux *requêtes du palais*, à Paris, les justiciables des autres parle-mens, et de les enlever à leur ressort.

Des écrivains ont pensé que les *requêtes de l'hôtel* avaient remplacé les anciens *plaids de la porte*. Je ne le crois pas.

Dans les premiers âges, la justice se rendait aux portes des villes, des temples, ou des palais. « Quand je sortais vers la porte, passant par la ville, et que je me fesais préparer un siége dans la place, j'étais le père des pauvres, et je m'informais diligemment de la cause qui ne m'était point connue. » Job, chap. 29, 7, 16. Nos rois tenaient aussi les plaids à la porte de leurs hôtels; ils y rendaient la justice en personne, ou par des gens de leur conseil. Le sire de Joinville, en la vie de saint Louis, dit que ce prince avait coutume de le charger, avec les sieurs de Nesle et de Soissons, d'aller ouïr *les plaids de la porte ;* qu'ensuite il les envoyait quérir, et leur demandait s'il y avait

aucuns qu'on ne pût dépêcher sans lui, et
que plusieurs fois, selon leur rapport, il
fesait venir les plaidoyans, et les contentait
en les mettant en raison et droiture.

Il est évident que ces *plaids de la porte*
étaient une justice ordinaire, une justice
pour tous ceux qui la venaient demander.

Mais la juridiction des *requêtes de l'hôtel*
fut spécialement établie pour juger les causes
personnelles des officiers de l'hôtel du roi,
comme on le voit par des ordonnances de
Philippe de Valois et de Charles VI, de 1345
et 1406. Les maîtres des requêtes y tenaient
leurs audiences et servaient par quartier ;
c'était une sorte de tribunal d'exception.

Il ne serait donc pas difficile de prouver
que les plaids de la porte et les requêtes de
l'hôtel formaient deux juridictions différentes,
non-seulement par leur origine, mais encore
par leur nature.

Ce fut sans doute une distinction digne d'envie, que de participer aux priviléges créés
pour ceux qui approchaient le plus de la
personne du roi, de ne pas plaider dans la
foule, et d'avoir ses causes *commises* au tribunal particulier des serviteurs intimes de
la couronne. Chacun dut faire valoir son

rang, sa dignité, son illustration, son importance ou son crédit, pour obtenir cette haute faveur.

Au temps où le parlement n'était pas encore *continuel,* il y avait des *gens tenant les requêtes du palais,* qui restaient assemblés pour recevoir les requêtes, quoique le parlement fût fini; c'est ce qu'indique un mandement du roi de l'année 1310 : *Cum finitum esset parlamentum, rex dilectis et fidelibus gentibus suis Parisiis* REQUESTAS TENENTIBUS *mandavit,* etc.

Philippe-le-Long fit un réglement, au mois de décembre 1320, sur les requêtes du palais, savoir : qu'il y aurait trois clercs et deux laïques pour ouïr les requêtes; qu'ils viendraient à la même heure que ceux du parlement, et demeureraient jusqu'à midi; que, si on leur donnait quelque requête qu'ils ne pussent délivrer, ils en parleraient aux gens du parlement quand midi serait sonné, et qu'ils le diraient à celui qui avait présenté la requête, *afin qu'il sût qu'on ne le fesait pas attendre sans cause.*

Les gens tenant les requêtes du palais eurent donc aussi une juridiction ; ils composèrent dans la suite une chambre du parlement.

Les maîtres des requêtes de l'hôtel suivaient les princes dans les fréquens voyages de la cour. De là sortit vraisemblablement la nécessité de faire concourir les gens tenant les *requêtes du palais* fixés dans Paris, avec les maîtres ambulans des *requêtes de l'hôtel,* pour que l'expédition des affaires qui leur étaient soumises ne souffrît point d'interruption.

Les *committimus* au petit sceau donnaient seulement à ceux qui les avaient obtenus le droit de porter directement leurs causes aux requêtes du palais de leur parlement, ou devant certains autres juges du ressort. Ces *committimus* devinrent très-nombreux et très-divers; je ne puis en donner ici qu'une idée imparfaite.

Par exemple, les bourgeois de plusieurs villes jouissaient du privilége de ne pouvoir être *tirés hors des murs et clôtures de leur cité, ni tenus de plaider ailleurs, en défendant, pour quelque cause que ce fût, s'il ne leur plaisait* (1).

Nos rois avaient placé des églises sous leur protection spéciale, et leur avaient attribué

_____

(1) Coutume de Paris, art. 112.

des juges. On donnait à cette espèce de *com-mittimus* le nom de *garde-gardienne*.

Philippe de Valois mit l'université de Paris en sa garde, par des lettres patentes de 1340; et pour ne pas détourner les écoliers de leurs études, il ordonna que toutes leurs causes personnelles seraient *commises* devant le prévôt de Paris; ce qui s'appelait le privilége de *scolarité*.

Les autres universités obtinrent des faveurs pareilles. Le juge qui leur était attribué prenait la qualité de *conservateur des priviléges royaux de l'université*. Cet office était joint ordinairement à celui de président du bailliage ou de la sénéchaussée.

On sentit jusqu'à quel point les *committimus* étaient contraires au droit commun et à l'ordre naturel des juridictions. Les ordonnances et les arrêts tendirent à en resserrer les limites par toutes sortes de restrictions et de modifications.

On déclara que les *committimus* ne seraient pas valables après l'année de leur expédition, s'ils n'avaient été renouvelés (1). Ils ne durent plus subsister que pour les causes

_____

(1) Ordonnance d'août 1669, art. 7.

purement personnelles (1); ils cessèrent pour les affaires commerciales (2). Tout ce qui tenait à la juridiction volontaire, comme les tutelles, les émancipations, en fut affranchi (3).

Des privilégiés auraient pu consentir à paraître cessionnaires de créances, par le moyen de transports simulés, et prêter leur nom, avec leur droit de *committimus*, à des personnes qui n'en jouissaient pas : *judicis mutandi causâ vel aliàs vexandi libidine*. On y pourvut en statuant que le privilége, dans ce cas, ne serait point exercé, *si ce n'était pour dettes véritables*, si les transports n'avaient pas été passés devant notaires, et s'ils n'avaient pas été signifiés trois ans avant l'action. On excepta de cette rigueur les cessions et transports faits par contrat de mariage, partage ou donations (4).

Lorsque celui qui avait le droit de *com-*

---

(1) Déclaration de février 1771 , art. 2. Cette déclaration n'était pas suivie.

(2) Ordonnance du commerce de 1673, tit. 12, art. 13.

(3) Arrêt du parl. de Paris, rapporté au Journal des Aud., t. 6, part. 2 , p. 323.

(4) Art. 21 et 22 de l'ordonnance de 1669.

mittimus ne s'en était pas prévalu avant la contestation en cause, il était présumé y avoir renoncé (1).

- Henri IV avait eu le projet de supprimer tous les *committimus* (2).

De même qu'il y avait des priviléges de plaideurs, de même il y avait des priviléges de juges.

Il fut un temps de désordre et de détresse où la prévôté de Paris et toutes les justices royales étaient données à ferme ; le prévôt avait alors, comme les autres magistrats, un sceau particulier, qu'il apposait sur ses actes; ce qui suffisait pour les rendre authentiques.

Mais à peine saint Louis eût-il acquis sa majorité, qu'il sépara la prévôté de Paris des fermes de son domaine ; Paris eut le roi pour prévôt. Le magistrat qui en remplissait les fonctions ne prit d'abord d'autre titre que celui de *gardien de la prévôté*, et ses jugemens, et les actes reçus par les notaires de sa juridiction, furent scellés du scel royal.

(1) *Ubi acceptum est semel judicium, ibi finem accipere debet.* L. 30 ff. *de judiciis.*

Voyez, sur cette matière en général, l'ordonnance d'août 1669, tit. 4.

(2) Mémoires de Sully, liv. 26.

De là vint que tous les procès relatifs à l'exécution de ces actes furent exclusivement attribués au Châtelet de Paris, qui était le siége de la prévôté.

Ainsi, par exemple, lorsqu'un testament avait été fait devant les notaires du Châtelet, les légataires, s'il y avait contestation pour la délivrance des legs, plaidaient contre les héritiers du testateur devant le prévôt de Paris, quelque fût le lieu de l'ouverture de la succession, ou le domicile des intéressés (1).

Le scel d'Orléans et celui de Montpellier étaient également attributifs de juridiction.

Ce privilége n'étoit point une faveur accordée aux contractans; il était attaché au scel, et *le juge du scel* avait le droit de revendiquer la cause, lorsque ni l'une ni l'autre des parties ne demandait son renvoi devant lui.

Les priviléges et les *committimus* ne s'étendaient pas sur les provinces dont les habitans avaient stipulé, dans les capitulations et traités de réunion à la couronne, qu'ils ne seraient, sous aucun prétexte, distraits de leur ressort.

(1) Bacquet, des *Droits de Justice*, chap. 8.

Je ne dois pas passer sous silence cette magistrature si remarquable qui fut établie près
des cours et des tribunaux pour représenter
la société dans toutes les affaires où elle était
intéressée, pour veiller au maintien de l'ordre
et pour requérir l'application et l'exécution
des lois. Elle s'appelait et s'appelle encore *le
ministère public;* elle étoit exercée dans les
cours par un procureur général du roi, des
avocats généraux et des substituts; dans les
tribunaux inférieurs, par un procureur du roi,
des avocats du roi ou des substituts; dans les
justices seigneuriales, par un procureur-fiscal.

Chez les Romains, le droit de surveiller et
d'accuser était confié à chaque citoyen, *cui-
libet è populo.* Ils n'eurent donc pas de ministère public.

Leurs formes républicaines, en ce point
comme en beaucoup d'autres, survécurent
à la république.

On conçoit également qu'il n'était pas besoin chez nous de partie publique, lorsque
les procès se vidaient par les épreuves ou
par le combat judiciaire. Mais aux premières
lueurs de la civilisation, on s'avisa de chercher pour la justice de meilleurs instrumens

que le hasard, l'adresse ou la force, et le
ministère public dut son origine à cette espèce d'instinct qui, dans ses essais, donna
souvent au génie des germes précieux à fé-
conder.

Le temps avait perfectionné et ennobli cette
belle institution; elle diffère peu aujourd'hui
de ce qu'elle était avant la révolution : j'en
parlerai avec plus de détail dans un des
chapitres suivans.

En 1788, à cette époque où la France, inquiète, agitée, voyait se rallumer entre le
ministère et les parlemens ces luttes impru-
dentes d'où sortit la convocation des états
généraux, deux édits parurent à la fois sur
l'administration de la justice.

Le premier supprima les bailliages et les
sénéchaussées, et les fondit dans les présidiaux;
la compétence de ceux-ci fut portée jusqu'à
la somme de quatre mille livres, sans appel.
De nouveaux siéges intermédiaires entre les
présidiaux et les parlemens furent créés sous
le nom de grands baillages, et reçurent le
pouvoir de juger en dernier ressort jusqu'à
vingt mille livres. On ne conserva des justices
seigneuriales que le nom, car les plaideurs

furent autorisés à franchir ce premier degré de juridiction, et à porter immédiatement leurs causes devant les présidiaux.

Voici quelques passages du préambule : « Nous avons reconnu que, s'il était de notre justice d'accorder à nos sujets la faculté d'avoir, dans la discussion de leurs droits, deux degrés de juridiction, il était aussi de notre bonté de ne pas les forcer d'en reconnaître un plus grand nombre. — Nous avons reconnu qu'en matière civile, des contestations peu importantes avaient eu quelquefois *cinq à six jugemens à subir;* qu'il résultait de ces appels multipliés une prolongation inévitable dans les procès, des frais immenses, des déplacemens ruineux, et enfin une continuelle affluence de plaideurs, du fond de leurs provinces, dans les villes où résident nos cours, pour y solliciter un jugement définitif.

» Nous avons cherché dans notre sagesse des moyens de rapprocher les justiciables de leurs juges.... »

Le second édit supprimait la plus grande partie des tribunaux d'exception; le garde des sceaux le présenta en ces termes :

« Il existe dans le royaume une multitude de tribunaux particuliers qui sont autant d'exceptions à l'administration de la justice ordinaire.

» Les sujets du roi se méprennent souvent sur la juridiction à laquelle leurs diverses causes appartiennent, et ne savent à quel tribunal demander justice. Il en résulte des procès continuels de compétence.

» Tous ces offices de judicature dont la nécessité doit seule fixer le nombre, sont également onéreux aux peuples, par les exemptions dont les titulaires ont droit de jouir, et au roi lui-même, par la dépense annuelle qu'ils imposent au domaine de sa majesté.

» Pour simplifier l'administration de la justice , le roi veut que l'unité des tribunaux réponde désormais à *l'unité des lois.*

» Sa majesté supprime donc aujourd'hui dans ses états les tribunaux d'exception , comme corps de judicature, et elle réunit les juridictions particulières aux justices ordinaires.

» Mais, en retirant des tribunaux d'exception la juridiction contentieuse qui trouble le cours de la justice, la sagesse de sa majesté conserve et confirme la plénitude de leurs pouvoirs dans la partie d'administration relative à la police et au bon ordre qui leur est confiée, et que les juges ordinaires ne pouraient ni surveiller ni régler avec le même succès. »

Malheureusement ce qu'il y avait de sage dans ces édits fut méconnu ; ils s'annoncèrent moins comme les mesures d'une réformation utile, que comme une espèce de châtiment infligé par l'irritation du pouvoir à des magistrats environnés de cette popularité que donne trop souvent la résistance. Une foule d'intérêts étaient blessés ; l'opposition fut vive, hostile, opiniâtre ; les édits furent révoqués ; le volcan de la révolution s'ouvrit, et le trône et les parlemens roulèrent dans l'abyme.

CHAPITRE VIII.

DE L'ORGANISATION JUDICIAIRE DEPUIS LA RÉVOLUTION. — BASES NOUVELLES.

J'ai tâché de donner une idée des divers corps judiciaires, de leur nature, de leur juridiction, des règles de compétence et des priviléges d'attribution qui composaient autrefois le système d'administration de la justice civile, afin de faire mieux comprendre les nouvelles théories. Un édifice, qui semblait le patrimoine indestructible des siècles, a été démoli, dans un jour, depuis le faîte jusques aux fondemens; il faut savoir quels matériaux ont été rejetés, quels matériaux ont été employés, quelles vues, quels plans ont été successivement proposés et admis pour la reconstruction.

Des bases essentielles, indépendantes de

I.   10

l'amovibilité, de la classification et de la gradation des juges, furent d'abord reconnues et adoptées. Toutes les variations dans les formes et dans les instrumens par lesquels l'autorité judiciaire s'est exercée depuis, ont été opérées sur ces bases; elles subsistent encore : il suffit ici de les énoncer.

La vénalité et l'hérédité des offices de judicature abolies (1) ;

La justice rendue au nom du roi (2);

Les priviléges en matière de juridiction anéantis ; mêmes formes, mêmes juges pour tous, dans les mêmes cas (3) ;

La justice rendue gratuitement; les juges salariés par l'Etat (4) ;

(1) Loi du 14 août 1790, tit. 2, art. 2.

(2) *Id*. art. 1. Toute justice émane du Roi. Charte const., art. 57.

(3) *Id*. art. 16.

(4) *Id*. art. 2.

La justice est une dette sacrée du souverain ; ceux qu'il délègue, pour l'acquitter en son nom, ne doivent rien recevoir que de l'Etat.

Dans un temps très-reculé, les juges recevaient des présens auxquels on donnait le nom d'*épices*.

Les épices furent converties en argent, et devinrent un droit que les parties payaient pour l'examen des

Les jugemens motivés (1);

La publicité des audiences, des rapports et des jugemens (2);

procès par écrit, c'est-à-dire des procès dont les détails, trop difficiles à saisir sur de simples plaidoiries, exigeaient particulièrement une discussion écrite et le rapport d'un juge.

Il y a des écrivains qui font remonter, très-sérieusement, l'origine des épices jusqu'au siége de Troie, parce que, disent-ils, Homère, dans la description du jugement figuré sur le bouclier d'Achille, a placé au milieu des juges deux talens d'or pour celui qui opinerait le mieux.

Une loi des Visigots permettait aux juges de prendre un vingtième de la valeur du procès : *vigesimum solidum, pro labore et judicatâ causâ ac legitimè deliberatâ.*

Innocent III défendit aux juges d'église de percevoir aucun droit sur les plaideurs, sauf les cas où ils seraient obligés d'aller aux champs pour l'examen de l'objet litigieux. Chap. 10, aux Décrétales, *de vitâ et honestate clericorum.*

Suivant nos ordonnances, les épices étaient taxées comme frais du procès, et distribuées entre le rapporteur et les autres juges, d'après l'usage de chaque compagnie.

(1) Loi du 24 août 1790, tit. 5, art. 15.

(2) *Id.* art. 14. *Ut quod ipsâ potestate sit liberum, famâ tamen et existimatione sit conscriptum.* Bacon, aphor. 38.

La séparation absolue du pouvoir judiciaire et du pouvoir administratif (1) ;

La défense aux juges de prendre aucune part au pouvoir législatif, et de faire des règlemens (2).

Ces principes posés, les législateurs s'engagèrent dans un grand nombre de questions que soulevaient à la fois, les craintes, les défiances, les souvenirs tout récens de la puissance des grands corps judiciaires, l'amour des nouveautés, l'impatience des réformes, et l'engouement des usages anglais.

Les premières questions furent celles-ci :

Etablira-t-on des jurés?

Les établira-t-on en matière civile et en matière criminelle ?

---

(1) Loi du 24 août 1790, tit. 2, art. 13. Il était fort sage de séparer ces pouvoirs ; mais il fallait tracer entre eux une ligne marquée, facile à distinguer et à suivre : c'est ce qu'on ne fit pas.

(1) *Id.* art. 12. « Il est défendu aux juges de prononcer, par voie de disposition générale et réglémentaire, sur les causes qui leur sont soumises. » Code civil, art. 5.

CHAPITRE IX.

DE L'ORIGINE DU JURY.

Je m'effraie de ma témérité en disant que je vais exposer mes vues sur l'origine du jury, et je demande grâce pour cette digression.

Le *juré* est celui qui, sans avoir aucun caractère public de magistrature, est appelé devant un tribunal pour y rendre le témoignage de sa pensée *sur un fait,* et donner une déclaration suivant laquelle les juges appliquent les dispositions de la loi.

Le *jury* est la réunion légale des jurés.

Les uns ont vu des jurés, à Rome, dans les juges que le préteur donnait aux plaideurs ; d'autres ont dit que le jury était une coutume importée dans la Grande-Bretagne par les Anglo-Saxons. Celui-là revendique le mérite de l'invention pour Regnier, qui régna sur le Da-

nemarck et sur la Suède; celui-ci l'attribue à
Alfred-le-Grand, roi d'Angleterre, parce que,
dit naïvement Blackstone (1), il est assez ordinaire de faire honneur à ce prince de toutes
les belles institutions, comme l'ancienne Grèce
rapportait à son Hercule tous les prodiges de
force et de valeur. Il en est qui veulent que
le jury nous soit venu des forêts de la Scan-
dinavie, par les Normands qui s'établirent en
Neustrie sous leur duc Raoul, et que Guil-
laume-le-Conquérant l'ait ensuite donné aux
Anglais (2). Quelques écrivains du siècle dernier ont cru que les pairs des anciens plaids
féodaux n'étaient autres que des jurés (3); et
la cour des pairs, qui siégeait au sein du parlement de Paris, s'est découverte à leurs yeux
comme un débris et une preuve de notre antique jury (4). Le savant M. Meyer a trouvé

(1) Comm. on the laws of england, t. 3, chap. 38.
(2) *Histoire d'Angleterre*; par Henry, t. 3, p. 354.
M. Legraverend, *Traité de Législation criminelle,*
t. 2, p. 56 à la note.
(3) *Les Quatre Ages de la Pairie;* par Goezmann,
sous le nom de *Zemganno,* t. 1er, p. 4. *Observation
sur l'Histoire de France;* par Mably, t. 3, p. 254.
(4) L'avocat général Servan, *Réflexions sur quelques points de nos lois.*

le modèle du jury dans les assises du royaume de Jérusalem ; il estime que l'usage en fut introduit et perfectionné en Angleterre par les croisés du pays (1).

Je pense qu'il n'était point question de la procédure par jurés, en Angleterre, avant l'invasion des Normands (2). C'est donc vainement qu'on en chercherait des traces chez les Anglo-Saxons et chez les Danois : ces peuples n'apportèrent dans la Grande-Bretagne qu'une jurisprudence sauvage, telle qu'elle était sur les rives de l'Elbe et sur les bords du Rhin, et telle qu'elle vint couvrir alors, dans le reste de l'Europe, les ruines de l'empire romain.

La conquête de Guillaume changea peu de chose aux mœurs judiciaires des Anglais ; le vainqueur dut reconnaître les lois de son pays dans les coutumes des vaincus. C'était partout à peu près le même fonds : les compositions pour meurtres, le serment, les compurgateurs, les épreuves et les duels.

Long-temps encore après la conquête, le

(1) *Institutions judiciaires*, t. 2, p. 188.

(2) Ce point a été parfaitement démontré par M. Meyer, liv. 3, chap. 10.

jury fut inconnu en Angleterre; car, lorsque les barons prirent les armes et formèrent cette ligue fameuse qui fit signer la grande Charte par Jean-Sans-Terre, ils n'auraient pas manqué de mettre en première ligne, dans leurs stipulations de garantie, la conservation du jugement par jurés, si déjà ce mode de jugement eut été établi.

A la vérité, il est fait mention dans la grande Charte des jugemens par pairs, *judicium parium*, et de la loi du pays, *lex terræ*. Mais le jugement par pairs était le jugement des vassaux immédiats de la couronne, par d'autres vassaux immédiats, et des arrière-vassaux de chaque baron, par d'autres vassaux du même baron. *Lex terræ*, ce n'était autre chose que l'ancienne procédure saxonne (1).

Le jugement par pairs était de droit commun dans toute l'Europe. Les francs hommes de fief, ces *pairs*, qui étaient obligés de venir juger dans la cour de leur seigneur, ne ressemblaient guère aux jurés; à moins qu'on ne veuille prendre pour une similitude cette idée d'égalité de condition entre les juges et

(1) M. Meyer, *Ibidem.*

les parties que présente, à la première vue, le nom de pairs, *pares*, égalité qui ne se retrouve que très-vaguement dans l'institution du jury. Il ne serait pas difficile de faire évanouir cette illusion.

Une antique maxime disait qu'un homme seul ne pouvait juger : « un hons seul en se personne ne puet jugier (1). » Le seigneur appelait des hommes de son fief pour garnir sa cour, et c'était un devoir de s'y rendre, comme de venir se ranger autour de sa bannière quand il fallait guerroyer. «Se ainsi n'était, le seigneur ne pourrait cour tenir, telle comme il doit, ne les gens avoir leur raison (2). »

Mais ces hommes n'étaient pas convoqués seulement pour donner leur déclaration sur un fait, ils jugeaient le fond des procès; *ils disaient le droit*, en appliquant la loi ou la coutume, suivant leur prud'homie; de même que, lorsqu'il y avait lieu, ils ordonnaient des épreuves, ou faisaient ouvrir la lice du combat, *Vadiate pugnam.*

Une question de droit ayant été portée à la cour de l'abbé de Saint-Amand et devant les

(1) Baumanoir, chap. 67.
(2) Assises de Jérusalem.

pairs de son fief, comme la chose paraissait ardue, ils répondirent, pour jugement et pour droit, qu'*ils n'étaient mie sages, ne droit ne savaient dire ne jugier; par quoi ils demandèrent à se conseiller en la cour du roi le chief seigneur* (1). Ce n'étaient pas là des jurés.

Quant au nom de pairs, il faut encore savoir que le supérieur ne pouvait être jugé par l'inférieur; c'était une autre maxime de ce temps-là. « Li hommes ne doivent pas *jugier* lor seigneur, mais doivent *jugier* l'un l'autre et querelles du quemun peuple (2). »

Les barons jugeaient les barons, et les bourgeois jugeaient les bourgeois; il y avait des cours de *baronnie* et des cours de *borghésie*. « Se li jugement fut fé par borjois, li baron puet répondre : Je ne tieng pas che pour jugement, car il est fé par chaux qui ne peuvent ne ne doivent jugier (3). » Pour cette raison, dit La Thaumassière, en ses Notes sur les coutumes de Beauvoisis, Louis, Ier du

(1) *Origine de l'ancien gouvernement de la France, de l'Allemagne et de l'Italie*, t. 3, p. 125.

(2) Baumanoir, chap. 1er.

(3) Baumanoir, chap. 67.

nom, comte de Sancerre, ayant été appelé en
l'assise de Bourges, proposa déclinatoire, sous
prétexte que les bourgeois de cette ville assis-
taient aux jugemens, disant qu'il ne lui était
ni sûr ni honnête de soumettre sa baronnie au
jugement des bourgeois; et demanda son renvoi à l'assise d'Aubigny, en laquelle n'assis-
taient que des nobles: ce qui lui fut octroyé (1).

Dans les premiers âges de la monarchie,
tous les Francs étaient pairs. Bientôt les di-
gnités acquises par des faits d'armes durent
établir des distinctions personnelles et des
degrés de supériorité; puis l'on attacha les
titres militaires aux terres ou fiefs qui devinrent la récompense de la valeur et de la
fidélité.

Les possesseurs de ces premiers fiefs en
donnèrent, à leur tour, des portions à ceux
dont ils voulaient consacrer les services et le
dévouement. Il y eut donc des fiefs *dominans*
et des fiefs *servans*.

Or, la pairie était inhérente à la tenure
d'un fief.

Les barons, dont les fiefs relevaient immé-

(1) En l'an 1259.

diatement de la couronne, étaient les pairs de France; ils étaient juges les uns des autres à la cour du roi.

Les possesseurs des fiefs inférieurs, pareils entre eux, composaient la cour du seigneur dominant. Le même système régissait la pairie des arrière-fiefs et des sous-inféodations décroissantes.

Plus tard, les pairs féodaux firent place aux gens de robe longue (1). La dignité de pair du royaume cessa d'être commune à tous les vassaux immédiats du roi, elle fut exclusivement réservée à quelques grands feudataires qui composèrent la cour du prince; et lorsque la cour du prince et le parlement vinrent à s'unir et à se confondre, le parlement s'appela la cour des pairs (2).

Que si l'on vient encore me dire, avec l'avocat général Servan : « Ne baissons point la tête devant une loi anglaise, mais adorons une loi vraiment humaine. N'est-on pas content?

(1) Voyez ci-dessus, pages 118 et 119.

(2) Les pairs de France avaient conservé entrée, séance et voix délibérative au parlement; ils étaient toujours censés y être présens, avec le roi, dans toutes les causes que l'on y jugeait.

cette loi est Française. Fouillez dans les dé-
combres de notre féodalité, et vous retrouverez
ses cendres. Que dis-je, elle vit encore, elle
est assise auprès du trône, et la prérogative
de nos pairs n'est que l'image du droit commun de tous les citoyens. » Je répondrai qu'il
y a du patriotisme dans cet enthousiasme, de
la chaleur dans ce mouvement, de l'éclat dans
ces expressions, mais que tout cela porte à
faux; je répondrai que je ne puis reconnaître
des analogies avec le jury anglais, dans la
pairie de nos anciens plaids féodaux, et dans
la cour de parlement garnie des pairs de France.

Ceux qui cherchent des traces de jurés chez
les peuples du nord, ont été particulièrement
frappés de l'emploi du nombre *douze* que l'on
remarque dans la composition des tribunaux
de la vieille Germanie, et que l'on retrouve
dans le système du jury.

Il faut convenir que la prédilection pour
le nombre duodénaire était fort généralement
répandue.

Les Suédois et les Norwégiens choisissaient
douze des personnages les plus considérés de
leurs tribus, pour juger les procès, lorsque

les parties ne produisaient pas de témoins. Ces juges s'appelaient *nembdæ* (1).

Un capitulaire de Louis-le-Débonnaire ordonnait au comte de se rendre à certains plaids avec douze *scabini* (2), ou de compléter ce nombre en convoquant les meilleurs hommes du comté (3).

Dans chaque canton de l'Angleterre, douze thanes formaient, avec le shérif, l'une des cours de justice établies sous le règne d'Ethelred II (4).

Les romans de chevalerie célèbrent les douze

---

(1) *Si nulli adfuerint testès, nembdæ sive duodecim virorum judicio res committatur. Leg. urb. Sueonum, cap.* 11, *n°* 1. Spelman, Glossary, *v° jurata.*

Nembda, in jure Sueonum vetusto, judicem significat. Stiernhoock, *de jure Sueonum et Gothorum vetusto,* p. 31, 52; et Ducange, *v° nembda.*

(2) *Judices proprii, quòd cives et incolæ eos sibi in judices eligerent.* Ducange.

(3) *Vult dominus imperator ut in tale placitum quale ille nunc jusserit, veniat unusquisque comes et adducat secum duodecim scabinos, si tanti fuerint, sui autem de melioribus hominibus illius comitatus suppleat numerum duodenarium. Capitul.* 2 *Ludovici pii, anno* 819, *cap.* 2.

(4) *Leges Ethelredi,* p. 125.

preux de Charlemagne, et l'histoire nous donne les noms des douze pairs qui assistèrent au sacre de Philippe-Auguste.

Cette préférence et cette vénération tenaient vraisemblablement à des traditions sur les propriétés mystiques des nombres.

Quoi qu'il en soit, et en admettant que le nombre des jurés ait été fixé sous l'influence de ces vieux souvenirs, une aussi faible considération ne suffirait point pour attribuer aux Scandinaves l'institution du jury : car leurs douze *nembdæ*, comme les douze thanes d'Ethelred et les douze *scabini* de Louis-le-Débonnaire, ne servaient pas uniquement à donner un témoignage de conviction sur le fait en litige, ils étaient juges ; encore une fois, ils disaient le droit.

L'opinion de M. Meyer, qui place le berceau du jury dans les assises de Jérusalem, ne me séduit pas davantage.

« Quand la cité sainte fut conquise sur les ennemis de la croix, est-il dit au chap. 1er des Assises, et que les princes et barons eurent élu à roi et à seigneur le duc Godefroy de Bouillon, il ne voulut être sacré et porter couronne d'or là où le Roi des rois porta couronne d'épines; et, afin de mettre le nouveau royaume en bon point et en bon état, il désigna sages hommes pour s'enquérir des gens de diverses terres qui là étaient, des usages de leur pays. Il concueillit dans les écrits qu'ils lui remirent ce qui bon lui sembla, et en fit assises et usages que l'on dût maintenir au royaume de Jérusalem, par lesquels lui, ses gens, son peuple, et toutes autres manières d'hommes allans, venans et demeurans, fussent gouvernés et menés à droit et à raison.»

Toutefois, le plus grand nombre des croisés était venu de France : un Français fut le premier roi de Jérusalem; il est donc assez naturel de croire que les lois qui composèrent le code donné par Godefroy au nouvel empire, furent tirées des coutumes de France. Les chapitres 293 et suivans des assises contiennent *les erremens dou roi Hugues et dou comte de Braines, sur le fait du baillage dou royaume de Jérusalem;* c'est-à-dire le procès des deux nobles cousins sur leurs prétentions au trône (1). On y voit que le comte de Braines disait dans son plaidoyer : «*C'est*

_____

(1) En Normandie, on disait *erremens,* pour procès; *errementer,* pour procéder. *Dictionnaire de Trévoux.*

fort chose (difficile) à croire qu'il y ait usage, en ce royaume, qui soit contraire àl usage de France, d'autant que ceux qui le établirent au conquest de la terre furent Français (1). »

Ainsi, nos vieilles institutions féodales firent le voyage d'outre-mer. L'Orient vit nos baillis et nos sénéchaux assis à la place de ses cadis, et l'Arménie, Chypre, Antioche, Japhe et Ascalon, érigés en fiefs seigneuriaux.

Godefroy établit deux cours : l'une, la haute cour, dont il se fit le gouverneur et le

---

(1) « Les assises de Jérusalem sont les lois que les Français ont données aux peuples de Jérusalem et de Syrie, lors du premier voyage d'outre-mer. » *Brodeau*, sur l'article 20 de la Coutume de Paris, p. 162, 2ᵉ *édit.*

« Nous avons une preuve authentique des usages de notre pays, dans le Recueil des statuts et réglemens faits par Godefroy de Bouillon, après la conquête de Jérusalem, et par Baudouin, son successeur, pour le gouvernement et discipline de ses sujets ; lesquelles lois furent prises de la police et observance gardée en France. » *Delalande*, sur l'article 1ᵉʳ de la Coutume d'Orléans, p. 4.

« Les Français, après la conquête de Jérusalem, établirent leurs usages, tant pour les héritages féodaux, que censuels de la Syrie et autres provinces de l'Orient. » *Le même.* sur l'article 23, p. 194 et 195.

justicier; l'autre, la cour des *borghés* ou bourgeois, sous la présidence du vicomte. Le roi,
ses hommes et leurs fiefs, furent *menés* par
la haute cour, et toutes *borghésies menées* par
la cour des borghés (1).

C'était l'image de cette pairie féodale que
j'ai déjà expliquée. Sauf quelques changemens
dans les noms et dans les formes, vous y voyez
le même fond.

Le jury n'était pas encore dans l'Europe, je crois l'avoir démontré; il ne fut donc
point apporté en Orient; et certes on ne l'y créa
pas.

Il est vrai que les membres de la *cour de
borghésie* prenaient le nom de *jurés*; mais
c'était à cause du serment auquel ils étaient
tenus, en entrant dans leur charge. Sous ce
nom ils étaient de véritables juges, des magistrats *permanens*, comme l'avoue M. Meyer
lui-même, qui donnaient *défaut* contre ceux
qui ne comparaissaient pas, et qui souvent
ordonnaient le combat judiciaire.

Le mot ne fait rien à la chose. Les *jurés
de Cattel,* qui étaient une espèce de notaires
dans les Pays-Bas, les échevins qu'on appelait

(1) Assises, chap. 2.

bourgeois jurés à Caen, et *jurats* à Bordeaux, ressemblaient-ils à nos jurés d'aujourd'hui?

Mais si je voulais incliner à croire que le jury prit naissance dans la Palestine, au temps des croisades, qui me dira comment il advint que l'idée de cette institution fut apportée, dans la Grande-Bretagne seulement, par les croisés de ce pays, et que ceux de France, d'Allemagne et d'Italie, n'en gardèrent pas le moindre souvenir, lorsqu'ils revinrent dans leur patrie?

Il faut bien que je rende compte à présent de mes excursions dans ce vaste champ des conjectures que chacun sillonne à sa manière, et de l'opinion que j'en ai rapportée. Le chemin que je me suis fait n'est pas aussi merveilleux que beaucoup d'autres; mais je crois qu'il m'a conduit plus près de la vérité, si la vérité est la conformité d'une idée avec son objet.

Dans tous les procès, deux choses sont à considérer: le fait et le droit.

Si les parties sont d'accord sur le fait, il reste seulement à savoir quelle loi doit être appliquée, et comment elle doit être appliquée.

Dans le cas contraire, il faut, avant de s'occuper du droit, tâcher d'établir l'existence du fait, c'est-à-dire chercher les preuves.

La plus ancienne des preuves fut la preuve par témoins. Dans le moyen âge surtout, peu de gens savaient lire et écrire; il suffisait de posséder ce talent si rare pour mériter le nom de clerc ou savant. Au neuvième siècle, Herbaud, comte du palais, juge suprême de l'empire, en vertu de sa charge, ne savait pas écrire son nom. Cinq cents ans plus tard, Duguesclin, l'un des premiers personnages de l'état, étant assiégé dans Rennes, et recevant un héraut du duc de Lancastre qui lui apportait un sauf-conduit, pour venir parler à ce prince, « prit le sauf-conduit et le bailla à lire, car rien ne savait de lettres, ne oncques n'avait trouvé maistre de qui il se laissast doctriner, mais les voulait toujours férir et frapper (1). » Plus près de nous encore, le connétable de Montmorency méprisait fort *cette chicanne-là de lire et d'écrire.* Henri IV qui avait été le parrain de son fils, disait un jour : « Avec mon compère qui ne sait pas lire, et mon

_____

(1) Ste Palaye, Hist. de la Chevalerie, tit. 2, pag. 84.

chancelier qui ne sait pas le latin, il n'y a rien
que je ne sois en état d'entreprendre. »

On n'écrivait guères que les traités des
princes entre eux, les chartes qu'ils accordaient à leurs sujets, et les conventions de
la plus grande importance. Les conventions
ordinaires se faisaient par promesses verbales,
sur la place publique, et sans autre garantie
que la présence de plusieurs témoins. La
preuve testimoniale était donc la seule possible pour constater tous les actes de la vie
commune.

La mauvaise foi donna naissance au premier procès, et la mauvaise foi ne le soutint
qu'à l'aide du mensonge; mille passions, mille
intérêts divers firent germer la corruption
dans le témoignage des hommes. C'était une
opération trop subtile et trop compliquée pour
la science des premiers âges, que de fixer la
nature d'une preuve positive, de comparer
les rapports de plusieurs témoins, et de composer une mesure légale de confiance pour
chacun d'eux. La preuve testimoniale tomba
dans le mépris.

On trouva plus simple et plus sûr de faire
gagner le procès à celui qui offrait de consacrer son droit par le serment.

Ce fut en vain qu'on environna le serment de toutes les solennités propres à frapper les coupables d'une terreur religieuse ; l'impunité, l'habitude, affaiblirent par degrés les premières impressions, et bientôt la profanation ne connut plus de frein. « Si la chartre de quelque héritage était attaquée de faux, celui qui la présentait jurait sur les saints Évangiles qu'elle était vraie, et, sans aucun jugement préalable, il se rendait propriétaire de l'héritage. Ainsi les parjures étaient sûrs d'acquérir (1). »

Les législateurs imaginèrent alors de faire *pleiger* le serment du plaideur par le serment d'un certain nombre d'hommes libres, ses parens ou ses voisins ; on les appelait *consacramentales* ou *compurgateurs*. Leur nombre devait être plus ou moins grand, selon l'importance de l'affaire (2), ce qui ne servit qu'à multiplier les parjures : car il y avait une sorte de point d'honneur qui ne permettait pas d'abandonner, dans ses querelles, le chef auquel

(1) *Loi des Lombards*, liv. 2, tit. 55, chap. 34.

(2) M. de Montesquieu, l. 28, ch. 13 de l'*Esprit des Lois*, dit que le nombre des compurgateurs allait quelquefois à soixante-douze. Il allait bien au-delà, si l'on en croit Grégoire de Tours, qui rapporte

on s'était attaché, ou l'homme auquel on tenait
par les liens du sang ; on se croyait obligé de
le défendre de toutes manières et de lui vouer
son bras pour jurer, comme pour frapper.

La justice de ces temps, forcée d'abdiquer
sa vaine puissance, remit au jugement de Dieu
le sort de tous les cas litigieux. On se per-
suada que le ciel s'interposerait d'une manière visible dans le choc des intérêts et
des passions d'ici-bas, pour donner à la vérité
le signe du triomphe, et la force au champion
de l'innocence. Ce fut l'époque des épreuves et
du combat judiciaire.

La loi des Bourguignons justifiait en ces
termes la pratique du combat : « Afin que les
» hommes ne fassent plus de sermens sur des
» faits obscurs, et ne se parjurent point sur
» des faits certains (1). »

Et il était dit au livre des Assises de Jéru-

dans son Histoire, liv. 8, l'exemple de 300 personnes
jurant avec Frédégonde, que Clotaire était fils de
Chilpéric.

(1) *Multos in populo nostro et pervicatione cau-
santium, et cupiditatis instinctu ita cognoscimus
depravari, ut de rebus incertis sacramenta ple-
rumquè offerre non dubitent, et de cognitis jugiter
perjurare.* Cap. 45.

salem : « Se n'estait la bataille de preuve de
parenté, moult de maus en poraient à venir,
et de gens estre déshérités à tort et sans raison.... Car de legier, troveroit-on deus homes
ou femes de la loy de Rome, ou autre nation,
qui s'en parjureroient pour monoie, puisqu'il
seroient seurs que il n'auroient autre péril que
de eaus se parjurer (1). »

Les épreuves furent abandonnées aux plaideurs d'un rang inférieur, et disparurent insensiblement. La preuve par le combat convenait mieux au génie guerrier de nos pères;
elle subsista long-temps.

La lice n'était pas ouverte seulement pour
la preuve des faits, on combattait aussi pour
résoudre des questions de droit. Lorsque le
témoignage des hommes avait encore quelque
crédit, si les plaideurs ne s'accordaient pas
devant les juges sur un point de droit, on faisait des enquêtes pour vérifier les *usages de
la cour*. Mais quand on vint à ne plus vouloir de la preuve testimoniale, il fallut bien en
chercher une autre; on s'en remit, comme
pour les faits, à l'événement du combat, et le

(1) Chap. 167.

vrai texte de la coutume fut écrit sur l'arène avec le sang du vaincu.

Il s'éleva, vers le dixième siècle, un débat sur le droit de représentation dans les successions. C'était un sujet de doute et de dispute, dit l'historien (1), que de savoir si les enfans du fils décédé devaient être comptés parmi les enfans de la famille, et pouvaient hériter avec leurs oncles dans la succession de l'auteur commun. L'empereur Othon ordonna que la question serait vidée par le combat entre deux champions. Celui qui combattit en faveur du droit de représentation fut victorieux, et ce droit fut établi par un décret perpétuel. On dit qu'Alphonse, roi d'Espagne, marié à la fille du duc d'Aquitaine, voulant substituer les lois romaines aux coutumes de son pays, nomma un champion de chaque côté, et que celui des lois romaines fut vaincu (2).

Le clergé fit des efforts inutiles pour rendre au serment sa pureté, pour ramener les plaideurs devant les autels, car le serment judiciaire se faisait dans les églises, et pour re-

(1) Witikind, abbé de Corbie, cité par Pasquier, *Recherches de la France*, liv. 4.

(2) En 1038. Dom Bouquet, *Recueil des Hist.*, t. 11, p. 221.

pousser l'usage du combat. Mais l'influence des
mœurs fut si puissante et si opiniâtre, qu'elle
l'emporta sur l'autorité de la loi canonique;
et, quoiqu'en ait dit M. de Montesquieu (1),
on vit, jusque dans les tribunaux ecclésiastiques, des champions combattre pour la possession des monastères ou des droits qui en
dépendaient (2).

Il suffira de citer entre autres un fait que
je trouve dans l'histoire d'Angleterre du docteur Henry (3). « Le prieuré de Tinmouth dans
le Northumberland, était une dépendance de
l'abbaye de Saint-Alban. Un certain Simon de
Tinmouth prétendit avoir le droit de faire
nourrir deux personnes dans le prieuré, ce
que nièrent le prieur et les moines. La cause
fut portée devant le tribunal de l'abbé de
Saint-Alban, et ses barons ordonnèrent le
combat. Ralf Gubion, prieur de Tinmouth,
parut au lieu et au temps désignés, avec son
champion, qui fut vaincu; il perdit son procès, et il en fut tellement affligé, qu'il résigna
sur-le-champ sa place. Ce combat judiciaire

_____

(1) *Esprit des Lois*, liv. 28, chap. 18.
(2) Dom Bouquet, *Recueil des Hist.*, t. 9, p. 612.
(3) Liv. 3, chap. 3, sect. 1re.

est d'autant plus remarquable, ajoute l'auteur, qu'il se fit dans la cour d'un baron spirituel, et que l'une des parties était un prêtre. »

Le vrai nom de ces champions, qui relevaient le gage de bataille pour ceux que leur faiblesse, leur âge, ou leur qualité, dispensaient de se présenter en personne, était celui d'*avoués*.

« Se chil qui apéle ou qui est apelé veut avoir *avoué* qui se combatte pour lui, il doit montrer son *essoine* (exoine, dispense). Pluriex essoines sont par les quiex, ou par l'une des quiex, l'on peut avoir *avoué*. Un des essoines est se chil qui veut avoir avoué, montre que il li faille aucun de ses membres. Le second essoine est se l'on a passé l'aage de soixante ans. Li tiers essoine, si l'on est accoutumé de maladie qui vient soudainement. Li quart essoine, est se l'on est malade de tierchaine ou de quartaine, ou de autre maladie apertement scûe et sans fraude. Li quint essoine, si femme apéle ou est apelée, car femme ne se combat pas (1). »

Plus tard, et lorsque les beaux jours du

(1) Beaumanoir, *Coutume de Bauvoisis*, chap. 16, pag. 308.

combat furent passés, tout le monde put se
donner, moyennant un prix, la commodité
de se battre par procuration. L'abus fut même
poussé au point que l'on en vint à louer des
champions à l'année, qui s'obligeaient de combattre pour toutes les causes du maître. « Li
aucuns louaient campions, en tèle manière que
ils se devaient combattre pour toutes les querelles que ils auraient à fère, *ou bonnes ou
mauvaises* (1). »

Je ne m'arrête point à considérer le fond de
ces usages ; je traverse rapidement d'épaisses ténèbres pour faire entrevoir, aux premières clartés de la civilisation, le but où je veux arriver.

Rien n'est destructeur comme l'excès. On
se dégoûta du combat comme des épreuves,
comme des *compositions* de la loi salique,
ces tarifs de la valeur des hommes et de leurs
membres. On sentit enfin que des lois qui
donnaient gain de cause au plus fort ou au
plus adroit, ou qui permettaient au plus riche
d'assassiner à meilleur marché, parce que l'argent lui coûtait moins, étaient d'une hideuse
barbarie.

(1) *Idem*, chap. 28, pag. 203.

Cette révolution dans les mœurs judiciaires marcha lentement. C'était un de ces événemens qui doivent nécessairement arriver, mais sur lesquels le temps se réserve deux secrets : l'époque, et les moyens.

Parmi ces moyens que les résultats nous ont dévoilés, on remarque surtout l'influence des croisades, de ce grand mouvement qui sembla détacher l'Europe de ses fondemens pour la précipiter sur l'Asie, comme disait Anne Comnène.

Le tumulte des guerres entre les princes et des guerres entre les particuliers, retentissait partout, lorsqu'une inspiration subite entraîna au loin, vers l'orient, une foule de chefs et de soldats. La *trève de Dieu* n'avait jamais pu produire un calme pareil à celui qui suivit le départ des croisés. *Tout à coup la terre entière se tut,* dit un contemporain (1). Les serfs respirèrent dans les campagnes; les bourgeois des villes profitèrent des circonstances pour obtenir des chartes d'affranchissement;

(1) Othon de Frisingue, *gesta Frid. imp., lib.* 1, *cap.* 29. Voyez l'*Essai sur l'Influence des Croisades de Hééren,* traduit de l'Allemand, par C. Villers, pag. 255 et suiv.

d'autres secouèrent le joug des officiers que les seigneurs avaient laissés pour maintenir leur domination. Des communautés municipales se formèrent; la liberté, l'esprit de propriété, l'industrie, donnèrent plus de prix à la vie et à l'honneur des individus; les mœurs commencèrent à s'adoucir, et la législation suivit la pente des mœurs. L'opposition du clergé à la pratique du combat eut moins de résistances à surmonter. On vit poindre une sorte d'ardeur pour l'étude du droit romain; Ravenne et Bologne eurent des écoles dès le onzième siècle (1), et vers le même temps on composait en France un livre intitulé : *Petri exceptiones legum romanarum* (2). Enfin Saint-Louis donna ses *établissemens*. « Nous défendons les batailles partout notre domaine;

(1) M. de Savigny, *Histoire du Droit romain dans le moyen âge*, chap. 26.

(2) *Introduction à l'étude du Droit romain*, par Étienne, pag. 156. Je me suis mal expliqué ci-dessus, chap. I, pag. 17, en disant : *La découverte des pandectes*, etc. ; cette découverte que l'on a cru généralement avoir été faite à *Amalfi* en 1125, et la disparition entière du droit romain dans l'Occident, pendant le moyen âge, sont loin d'être prouvées.

en toutes querelles, disait le bon roi, et, en lieu de batailles, nous mettons preuves des témoins ou des chartes, selon droit escrit en code el titre *de pactis* (1). »

Les barons des pays, *hors l'obéissance le roi*, luttèrent long-temps contre un exemple si dangereux pour ce qu'ils appelaient leurs priviléges. L'appel des jugemens à la cour du souverain était une conséquence inévitable de l'abolition du combat, et leur fière indépendance frémissait de se soumettre à l'autorité de la couronne. Mais une nouvelle puissance s'était formée; des règles justes et fixes durent l'emporter sur la violence et le hasard, et les seigneurs furent obligés de reconnaître un juge suprême entre eux et leurs vassaux.

On pense assez généralement que le règne de Philippe-le-Bel vit s'éteindre, chez nous, la pratique du combat.

Cependant Robertson et M. Meyer citent comme le dernier combat judiciaire, en France, celui de Jarnac contre la Châtaigneraie, au mois de juillet 1547. Je crois qu'il n'y eut rien de judiciaire dans ce duel fameux. Un démenti

(1) Liv. 1er, chap. 2.

avait été publiquement donné; Henri II eut la
faiblesse de permettre à l'offensé d'en demander
raison, mais le gage de bataille ne fut point
relevé sur les marches d'un tribunal. Les mémoires du temps nous ont transmis la teneur
du cartel, les apprêts chevaleresques de la lice,
et les profonds regrets du roi. On y voit qu'un
astrologue prédit à ce prince, que son règne
finirait comme il avait commencé, par un
combat singulier.

Il fallut donc revenir à la preuve par témoins; c'était et ce sera toujours une loi de
nécessité sociale. L'art d'en perfectionner l'u-
sage et d'en prévenir les dangers appartient à
la loi positive.

« Dans le commerce habituel de la vie, le
oui ou le non, concernant une multitude de
faits se présentent sous une variété infinie de
formes. Le plus souvent nous éprouvons que
les assertions sur l'existence de tels ou tels
faits sont conformes à la vérité, le témoignage
s'étant trouvé vrai dans le plus grand nombre
de cas pour le passé, nous avons un penchant
à nous y fier pour le présent et pour le fu-
tur. Delà, en un mot, la disposition *à croire*.

» D'un autre côté, il y a eu des cas, et ces cas

ne sont pas très-rares, où nous avons éprouvé que les témoignages étaient trompeurs; de là la disposition à douter ou à ne *pas croire*.

« Mais comme les assertions vraies l'emportent de beaucoup en nombre sur les fausses, la disposition à croire est l'état habituel, le *non croire* est un cas d'exception : pour refuser de croire, il faut toujours une cause spéciale, une objection particulière.

» S'il en était autrement, les affaires sociales ne marcheraient plus; tout le mouvement de la société serait paralysé, nous n'oserions plus agir : car le nombre des faits qui tombent sous la perception immédiate de chaque individu, n'est qu'une goutte d'eau dans le vase, comparé à ceux dont il ne peut être informé que sur le rapport d'autrui. »

« On croit au témoignage humain en vertu d'une expérience générale, confirmée par celle de chaque individu. Agissez d'après la présomption que ce témoignage est le plus souvent conforme à la vérité, vous continuerez à faire ce que vous avez fait jusqu'à présent; la suite de votre vie ira son train ordinaire : agissez d'après la présomption que ce témoignage est toujours faux, vous serez arrêté, dès le premier pas, comme dans un pays perdu, dans un désert : agissez comme si ce temoignage était beaucoup plus souvent faux que vrai, vous allez souffrir dans tous les points de votre existence; et la continuation de votre vie, dépouillée de toutes ses douceurs, ne sera plus qu'un supplice (1). »

Ces réflexions, appliquées à l'état calme et paisible des habitudes de la vie, à l'étude de l'histoire, ou à des communications désintéressées entre les contemporains, sont, en général, d'une justesse parfaite. Les siècles ne font leur confession que par le témoignage des hommes; et nous ne pouvons connaître autrement ce qui se passe loin de nous, ce que nos sens ne perçoivent pas. Mais dans les luttes judiciaires où toutes sortes d'intérêts sont agités, où les passions sont armées, où la mauvaise foi prend à sa solde l'inimitié, l'indigence, l'envie, et jusqu'à l'esprit de parti, il faut plus de défiances et de restrictions; il faut que la pénétrante sagacité du juge fasse de sa conscience comme un creuset où vienne s'éprouver l'alliage impur du faux avec le vrai.

(1) Bentham, *Traité des Preuves judiciaires*, chap.

Voyons ce que l'on fit en France et en Angleterre, à la renaissance de la preuve testimoniale, si je puis ainsi m'exprimer.

Pour ce qui concerne la France : je remarque d'abord que la faveur de la preuve par témoins décrut en proportion des progrès de l'art d'écrire.

Cet art était peu répandu, je l'ai déjà dit. Quand on voulait faire écrire un contrat, le clerc ou scribe en traçait les clauses, devant des témoins, sur deux peaux de parchemin d'une égale grandeur, et il en remettait une à chacun des contractans.

L'exécution de l'acte donnait-elle lieu à quelques difficultés, le juge appelait les témoins, et s'en rapportait à leurs dépositions sur les circonstances de la convention, et même sur les expressions des parties. De là cette maxime : *Témoins par vive voix détruisent lettres ;* voici son développement.

« S'il advient que en jugement l'une partie se veuille aider de *lettres* en preuve, et l'autre partie se veuille aider de tesmoins singuliers, sçachez que la vive voix passe vigueur de lettres, si les témoins sont contraires aux lettres, et se doit le juge plus arrester à la déposition des tesmoins, qui, de saine mé-

moire déposent et rendent sentence de leur
déposition, que à la teneur des lettres qui ne
rendent cause. *Cod. de fide instrument. L.
in exercendis litibus.*

« Encore est à sçavoir que s'il est aucun
qui se vante de prouver son cas par lettres,
et si le deffendeur veut dire : Toutes ces
lettres je reproche de vive voix ; sçachez
qu'il est à recevoir, et vaudra le reproche de
vive voix contre les lettres. Et si reproche y a
suffisant, les lettres seront destruites et ne
vaudront. *C. lib. quarto, rubricâ dictâ, et
rubricâ de probationibus, L. cum precibus.* S'il advient que aucun se vante que je
luy ay donné aucune chose, et de ce me fasse
querelle en jugement, et l'offre à monstrer et
prouver par lettres, sçachez que si je veux
dire et exposer par vifs témoins contre ses
lettres, que je luy vendis, je y seray à recevoir. *C. de probationibus L. cum precibus.*
Si aucun disait aucune chose être notoire et
manifeste, sçachez que plus est action sur ce
vive voix de tesmoins, que lettres (1). »

Ces lettres n'étant point signées, on vint

_____

(1) *Somme rurale de Bouteiller*, tit. 106. La loi

à s'apercevoir qu'il était facile de substituer une fausse copie à la place de la véritable, et qu'il n'était pas impossible que la fraude trouvât, chez les témoins, une complaisante protection. On s'avisa, pour plus grande sûreté, d'écrire le même acte deux fois sur la même peau de parchemin, en deux colonnes séparées, et de remplir l'intervalle de quelque passage de l'écriture sainte tracé en gros caractères. On coupait cette peau de telle sorte, que ce qui occupait l'intervalle des deux colonnes se trouvait divisé par la moitié (1). En cas de contestation sur la foi de l'acte, chacun rapportait la moitié qui lui avait été remise ; on les rapprochait l'une de l'autre, et l'on examinait si les lettres

in exercendis n'avait pas été sainement entendue par l'auteur, lorsqu'il la citait à l'appui de sa proposition ; car elle ne dit point que les témoins doivent l'emporter sur les écrits, mais qu'ils doivent obtenir la même foi. *In exercendis litibus eamdem vim obtinent, tam fides instrumentorum, quam depositiones testium.*

(1) On découpait le plus souvent le milieu de la peau en dentelures, et ces actes s'appelaient *Chartœ indentatœ.* (Ducange.)

coupées s'adaptaient parfaitement les unes aux autres.

C'est de là, dit-on, qu'est venu le nom de *Charte-partie,* qui se donne aux polices d'affrétement des navires (1).

Toutefois les clercs ou scribes, dont j'ai parlé, n'avaient point de caractère public, et leurs écrits étaient simplement des actes privés.

Les actes authentiques se faisaient devant les juges, ou devant les évêques ; on les appelait *notitias publicas* ou *lettres en ferme,* parce que leur double était renfermé dans un dépôt public.

L'usage de passer les contrats devant les juges dura jusqu'au treizième siècle. On attribue à Saint-Louis la création des premiers notaires. Il y avait dans la justice de Paris soixante greffiers ou clercs occupés à écrire les actes. Les magistrats ne pouvant suffire aux détails immenses dont ils étaient surchargés, finirent par laisser à leurs clercs le soin de rédiger les conventions. Ces clercs, dont la science consistait uniquement dans la pratique des formes, faisaient les actes

(1) Art. 273 du Code de commerce.

comme ils le pouvaient, et leur ignorance était une source de procès. Saint Louis sentit la nécessité de mettre un terme à ce désordre : il ôta aux juges le droit de recevoir les contrats volontaires, et conféra ce pouvoir à des officiers qui furent nommés notaires ou tabellions; c'était dans les salles du Châtelet qu'ils exerçaient leur ministère. Les ordonnances des règnes suivans (1) dégrossirent et perfectionnèrent cette ébauche.

La maxime : *Témoins par vive voix passent lettres*, perdit sa puissance destructive à l'égard des actes marqués d'un scel authentique (2). Plus tard, ce vieil adage disparut tout à fait dans les ténèbres du moyen âge ; les écritures privées et *reconnues* partagèrent la faveur d'être mises hors des atteintes de la preuve testimoniale. Ainsi avaient fait les Romains (3).

(1) De Philippe-le-Bel, en 1302; de François Ier, en 1542; de Henri II, en 1554; de Henri III, en 1575, et surtout de Henri IV, en 1597.

(2) *Somme rurale*, tit. 106 et 107.

(3) *L. 1 et 18 Cod. de Testibus*. Inutile sans doute de faire observer qu'il n'est point question ici des lois sur le faux.

Cependant aucune loi ne prescrivait d'écrire les actes ; aucune loi ne distinguait leur nature et leur importance. La preuve des naissances, des mariages, des décès, des degrés de parenté, de toutes les conventions alléguées, de tout ce que l'on avait négligé de fixer par écrit, quelle que fût d'ailleurs la valeur de l'objet litigieux, était abandonnée aux souvenirs trompeurs et à la vive voix des hommes.

Mais nous touchons au siècle de l'Hôpital, de Cujas, de Dumoulin de Pithou, de Loiseau.

La civilisation avait fait un pas de géant ; l'imprimerie était inventée, et déjà le nouvel art avait payé son tribut aux belles-lettres, par une édition des *Offices de Cicéron*. La lumière perçait et chassait les ombres ; le talent de lire et d'écrire, devenu moins rare, n'était plus un secret de *clergie*. Le droit romain sortait de l'Italie pour se répandre une seconde fois dans l'Europe ; une ardeur d'étude et de recherches enflammait les esprits : la France vit se former dans son sein des trésors d'érudition, et fleurir les plus grands jurisconsultes qu'elle ait jamais produits.

Des réclamations s'élevèrent de toutes parts

contre l'extensibilité désordonnée de la preuve testimoniale. L'abus fut porté jusqu'à un tel point, que les parlemens envoyèrent des députés au roi pour s'en plaindre (1).

Ces plaintes ne pouvaient être stériles sous le ministère de l'Hopital, de l'auteur de ces belles ordonnances dignes d'un meilleur règne, et dont Pasquier disait, en son vieux langage, qu'elles passèrent d'un *long entrejet* tout ce qu'on avait vu précédemment en ce genre.

L'ordonnance de Moulins, pour la réformation de la justice, fut donnée en 1566 (2); l'article 54 est conçu en ces termes : « Pour obvier à la multiplication des faits que l'on a vu ci-devant être mis en avant en jugement, sujets à preuve de témoins et reproches d'iceux dont adviennent plusieurs inconvéniens et involutions de procès, avons ordonné et ordonnons que dorénavant, de toutes choses excédant la somme ou valeur de

(1) *Danty sur Boiceau,* pag. 2.

(2) Le chancelier remit les sceaux deux ans après, et se retira, en disant *que les affaires du monde étaient trop corrompues pour qu'il pût encore s'en mêler.*

cent livres pour une fois payer, seront passés
contrats par-devant notaires et témoins, par
lesquels contrats seulement sera faite et reçue
toute preuve desdites matières, sans recevoir
aucune preuve par témoins, outre le contenu
audit contrat, ni sur ce qui serait allégué avoir
été dit ou convenu avant icelui, lors et depuis;
en quoi n'entendons exclure les conventions
particulières et autres, qui seraient faites par
les parties, sous leurs seings, sceaux et écritures privées. »

Dès l'année 1539, l'ordonnance de Villers-
Cotterets avait prescrit, par son article 51, « la
tenue des registres en forme de preuve des
baptêmes, contenant le jour et l'heure de
la nativité, pour servir à prouver le temps
de majorité ou minorité, et faire pleine foi à
cette fin. »

Il est à remarquer que cette ordonnance
n'avait rien statué à l'égard des mariages et
des décès. Je ne sais si l'on avisa d'y suppléer
en ce temps-là; ce qu'il y a de plus certain
c'est que ces réglemens auraient été fort mal
exécutés pendant quarante années, si l'on s'en
rapporte à l'article 181 de l'ordonnance de
Blois publiée en 1579. Voici cet article:

« *Pour éviter les preuves par témoins, que*

l'on est souvent contraint de faire en justice,
touchant les naissances, mariages, morts et
enterremens des personnes, enjoignons aux
greffiers en chef, de poursuivre par chacun
an les curés ou leurs vicaires, du ressort de
leurs siéges, d'apporter dedans deux mois,
après la fin de chacune année, les registres
des baptêmes, mariages et sépultures de leur
paroisse, faits en icelle année. »

Je reviens à l'ordonnance de Moulins. Une
innovation aussi tranchante choqua d'abord les
préjugés des praticiens; mais elle fut accueillie
par les cours de justice avec des marques extraordinaires d'approbation : *Summo cum*
studio et exactissimâ devotione... nulla
toto hoc sæculo constitutio aut lex regia
sanctior ac probatior visa fuit, dit Boiceau.
La nécessité d'une restriction sévère dans l'u-
sage de la preuve testimoniale était si profondément sentie, et la loi était si impatiemment
désirée, que le parlement l'appliqua même
aux provinces du ressort les plus éloignées, à
compter du jour de sa promulgation à Paris (1).

(1) *Ex quo edocti sumus sacratissimum senatum*

Les mêmes causes produisirent les mêmes effets en Italie et dans les Pays-Bas (1).

Mais les législateurs du continent ne remédièrent point aux formes vicieuses qui s'étaient introduites pour la réception des enquêtes, ni à l'abus des principes que la justice avait adoptés pour leur appréciation. Ils laissèrent subsister les règles d'une conviction artificielle, et la conscience des magistrats resta soumise à la maxime *Testis unus Testis nullus.* Il leur fut défendu de prendre en considération un fait attesté par la déposition isolée de l'homme le plus grave, le plus recommandable par ses mœurs et par sa dignité (2) ;

hanc legem summo cum studio et exactissimâ devotione amplecti voluisse, ab ipsâ die promulgationis et publicationis in curiâ. Commentaire de Boiceau, sur l'article 54 de l'ordonnance de Moulins, pag. 43.

(1) Voyez, au commencement du *Traité de la Preuve testimoniale*, par Danty, les statuts de Bologne, de Milan, de Naples, et l'édit perpétuel des archiducs de Flandre.

(2) *Ut unius omnino testis responsio non audiatur, etiamsi præclaræ curiæ honore præfulgeat,* l. 9, § 1, *cod. de testibus.*

de même qu'il leur fut prescrit de tenir pour une preuve sûre, les dépositions conformes de deux témoins échappés aux motifs de re- proches déterminés par la loi. Dans quelques endroits (1), le témoignage de deux femmes ou filles, était estimé *autant et ni plus ni moins* que celui d'un homme, et celui de quatre femmes ou filles, autant que celui de deux hommes.

Le secret des enquêtes et leur rédaction par écrit, remontent à la désuétude des gages de bataille (2). Cette pratique fut conservée sous le prétexte de donner aux témoins plus de li- berté; si c'était la liberté de dire, non ce qu'ils savent, mais ce qu'ils veulent, on avait raison.

Un commissaire entendit les dépositions, à huis-clos, comme par le passé; le greffier qui les avait écrites fut chargé de les envoyer au tribunal closes et cachetées, et les juges con- tinuèrent de prononcer sur ce qu'elles renfer- maient, sans avoir vu les témoins, leur physio-

(1) Dans le pays de Vaud, par exemple. Voyez l'*Exposé des motifs de la loi sur la procédure ci- vile, pour le canton de Genève*, par M. Bellot, page 137.

(2) Beaumanoir, chap. 39, pag. 218, et Montes-

nomie, leur attitude, leur gêne ou leur naï-
veté, et sans avoir pu observer toutes cés
nuances de la manière d'être et de dire, qui
sont si précieuses pour la découverte de la
vérité (1).

Les dispositions de l'article 54 de l'ordonnance de Moulins ont passé, sauf quelques
légers changemens de rédaction dans l'article 2 du tit. XX de l'ordonnance de 1667;
elles se retrouvent aujourd'hui dans l'article
1341 du Code Civil (2).

quieu, liv. 28, chap. 34, et 44. On craignit peut-être
que la publicité n'amenât des provocations, et que
l'audience ne redevînt un champ de bataille. Peut-
être aussi le secret fut-il introduit dans les juridictions
séculières, à l'imitation des tribunaux ecclésiastiques.

(1) Les enquêtes par écrit subsistent encore dans
notre Procédure civile, *en matière ordinaire.* La
seule innovation qu'on ait faite consiste dans la faculté accordée aux parties et à leurs avoués d'y assister et d'en avoir communication avant le jugement.
Était-ce assez ? Je répondrai à cette question au titre
des enquêtes.

(2) Le Code civil permet d'admettre la preuve par
témoins jusqu'à 150 fr., mais son système n'en est
pas moins restrictif; car les 150 fr. d'aujourd'hui ne

Ainsi la législation civile sur cette matière se réduit, en France, aux règles suivantes :

La preuve par témoins de toutes choses dont on veut traiter ou disposer, et qui excèdent la somme ou la valeur de 150 francs, ne peut être reçue, toutes les fois qu'il a été possible de se procurer une preuve écrite.

La preuve par témoins ne peut être reçue, quoiqu'il s'agisse d'une somme ou d'une valeur moindre de 150 francs, contre et outre le contenu aux actes, ni sur ce qui serait allégué avoir été dit *avant, lors, et depuis* (1).

Les juges prononcent à la fois sur le fait et sur le droit.

En Angleterre, ce fut une autre direction.

Les Anglais ont toujours été singulièrement attachés à leurs habitudes nationales; la voix du présent, chez eux, n'est que l'écho des siècles passés. Il n'est pas rare aujourd'hui de voir leurs orateurs, soit au parlement, soit dans les cours de justice, remonter jusqu'aux

valent certainement pas les 100 livres de 1566 et de 1667.

(1) Je développerai ces principes et les exceptions qu'ils admettent au titre des enquêtes.

articles de la grande Charte, et même par-
delà l'époque de la conquête. Leur caractère
est rebelle aux innovations, et leur cri est
encore, comme au temps d'Henri III : Nous
ne voulons pas changer nos vieilles lois : *No-*
lumus leges angliæ mutare.

Les progrès du bon sens et l'adoucissement
des mœurs ont fait tomber, en Angleterre,
comme partout, l'usage du combat; mais
l'impérieuse autorité des *précédens* y a maintenu beaucoup plus long-temps cette justice
sauvage du champ clos et du gage de bataille.

En l'année 1571, sous le règne d'Elisabeth,
les juges des *plaids communs* ordonnèrent
un combat; il fut engagé à Wert dans la plaine
de Tothil : *non sine magna jurisconsulto-*
rum perturbatione, dit Spelman qui était
témoin de la cérémonie. En 1631, la lice fut
encore ouverte par la cour de chevalerie, sous
l'autorité du grand connétable et du grand
maréchal; enfin, on cite le nouvel exemple
d'un combat offert, en 1638, pour la décision
d'un procès civil (1).

Le combat fut défendu, en France, par les

_____

(1) Blackstone, tome 5, chapitre 22 ; Robertson,
Introduction à l'Histoire de Charles-Quint, p. 379.

ordonnances de nos rois; en Angleterre,
on ne connaît point de disposition législative
qui l'ait interdit.

Il y a même encore telle ancienne action,
notamment le *writ* de droit (1), pour la revendication de la propriété d'un immeuble,
qui admet la preuve par le duel, lorsque le
tenancier ou défendeur soutient qu'il est
mieux fondé à retenir, que le *demandeur* à
recouvrer; et l'on doute fort, dit Blakstone,
que le combat pût être refusé dans ce cas,
s'il était formellement requis.

(1) Les Anglais ont rejeté le droit romain, qui,
si l'on en croit Fortescüe, *de Laudibus legum Angliœ*,
est de beaucoup inférieur à leur *common law*. Cependant ils lui ont emprunté les *actiones legis*, ou les
formules, car leurs *writs* y ressemblent beaucoup.
Ce sont des espèces de passe-ports délivrés par la
chancellerie, pour introduire les parties dans le temple de la Justice. Il est aussi dangereux, en Angleterre, de ne pas suivre les termes du *writ*, qu'il
l'était, à Rome, de ne pas employer les mots consacrés de la *formule*. « Les *writs* doivent être bien
adresssés, ou ils sont nuls..... Dans tous les *writs*,
il faut avoir soin de les coucher et de les dresser
suivant l'exigence du cas, et ils doivent être suivis
conformément dans tout le cours de l'action. » Jacob,
Dictionnaire de Droit, v° *Writ*.

L'hypothèse de Blakstone est devenue naguère, à l'occasion d'un autre genre d'action, une réalité très-remarquable. En 1817, un nommé Torthon fut gravement soupçonné d'avoir assassiné une jeune fille : le frère de la victime porta une accusation privée contre lui (1); l'accusé offrit de se justifier par le combat, et les juges, après en avoir délibéré, se crurent obligés d'accueillir ce moyen de défense : la loi commune, avec son cortége des *précédens,* était là. Mais l'accusateur, moins sûr de sa force que de son droit, prit le parti de se désister. Hallam, qui rapporte ce trait (2), ajoute que l'affaire de Torthon fit presque autant de bruit en Angleterre, que celle de Fualdès en faisait en France à la même époque.

(1) Lorsqu'une personne accuse en son nom et dans son intérêt particulier, il n'y a pas lieu à l'accusation *strictement régulière* ou publique ; néanmoins, si l'accusé est trouvé coupable, il subit le jugement, comme si l'on eût procédé contre lui au nom de la société ; mais le roi ne peut lui faire grâce. *Blakstone, liv.* 4, *chap.* 25. Ces actions privées, auxquelles on donnait le nom d'*Appeal,* étaient d'une extrême rareté ; elles ont été abolies en 1819.

(1) *L'Europe au moyen âge,* tom. 2, pag. 421.

Cependant il fallait un autre *criterium* à la place de la preuve par le duel, et tout naturellement la preuve par témoins reprit son empire.

Elle conserva, chez les Anglais, la faveur d'une application illimitée (1); leur esprit national repoussa l'idée d'une innovation restrictive, mais leur génie spéculatif chercha une théorie de perfectionnement.

Toute la difficulté consistait à trouver la meilleure forme pour l'examen et la fixation du point de fait en litige, c'est-à-dire, le moyen d'atteindre le plus haut degré de certitude morale.

Ils placèrent la vérification du fait hors de la compétence des magistrats chargés de l'application du droit.

Mais comment cette division servit-elle à rectifier l'incertitude des jugemens humains sur

---

(1) Ce fut sous le règne de Charles II seulement, que le vingt-neuvième statut, chap. 2, défendit la preuve testimoniale pour les conventions matrimoniales, les aliénations immobilières et tous les engagemens fondés sur un fait qui ne doit pas être accompli dans le délai d'une année.

13.

l'existence d'un fait? Quelle garantie nouvelle
fut donc découverte contre les illusions de
l'erreur? Quel instrument fut employé pour
extraire la vérité d'une foule de déclarations
qui se contrarient et se heurtent; de cette variété d'impressions que produisent les témoins,
et de la confusion que jette au milieu de tout
cela l'artifice des plaideurs? C'est ce qu'il faut
expliquer.

J'ai besoin, pour y parvenir, de remonter
à la première période d'amélioration dans les
mœurs judiciaires de l'Angleterre, c'est-à-
dire, à l'institution des grandes assises.

Originairement, la juridiction de la cour
du roi ne s'étendait guère qu'aux procès dans
lesquels la couronne était intéressée; les particuliers qui plaidaient entre eux, trouvaient
une justice plus prompte et moins dispendieuse dans leur comté, ou dans leur *hun-*
dred (1). Cette juridiction devint par degrés plus familière; elle était plus éclairée,
plus impartiale et plus indépendante que la
cour des barons dans les comtés. C'était un
avantage qui valait bien le surcroît de quelques dépenses et de quelques embarras: l'au-

(1) On appelait ainsi les divisions du comté.

torité royale elle-même favorisa ces dispositions (1).

Cependant l'avantage était tout au profit
des gens riches; les autres en souffraient et
réclamaient hautement leur privilége d'être
jugés par les francs tenanciers du voisinage,
*omnis causa terminetur comitatu vel
hundredo* (2). Henri II sut à la fois fixer
dans sa cour l'éclat et l'influence d'une juridiction exclusive sur les affaires civiles et criminelles du royaume, et ménager l'ombrageuse susceptibilité des Anglais pour le maintien de leurs anciens droits. Des juges furent
détachés de la cour du monarque, pour aller,
à certaines époques de l'année, tenir la grande
assise dans les comtés : c'était à peu près
comme les *missi dominici,* en France, du
temps de Charlemagne.

Mais la grande assise n'était point encore
le jury. On y conserva long-temps les formes
de la féodalité, le jugement des pairs qui
prononçaient à la fois sur le fait et sur le
le droit , et le serment des compurgateurs.

(1) *L'Europe au moyen âge*, par Hallam, tit. 2
pag. 101.
(2) *Leges Henr.* I. , c. 9.

Henri II , en substituant le jugement par l'assise à l'épreuve du combat , avait bien préparé la désuétude de cette pratique douteuse et meurtrière , comme l'exprimait le grand justicier Glanville (1), mais il ne l'avait pas fait disparaître.

J'étendrais beaucoup trop les limites d'une discussion déjà trop longue peut-être, si j'entreprenais ici de suivre le cours de la révolution qui commença sous le roi Jean, donna aux Anglais leur grande charte, et se précipita vers son terme sous le règne de Henri III.

Après ces grandes agitations politiques, les lois déposent leur lie; les excès de l'arbitraire, les haines ou les faveurs des partis, les subornations, tous les abus, toutes les atteintes, toutes les violations, viennent se retracer dans de pénibles souvenirs, et les temps d'orage donnent aux jours de calme des idées de sûreté pour l'avenir.

(1) Liv. 2, chap. 7 : *est autem magna assisa regale quoddam beneficium clementiâ principis de consilio procerum populis indultum, quo vitœ hominum et status integritati tam salubriter consulitur, ut in jure quod quis in libero soli tenemento possidet retinendo, duelli casum declinare possunt homines ambiguum.*

Les *remèdes de droit*, pour me servir des termes du pays, s'étaient successivement multipliés, les formes s'étaient compliquées, et les fictions imaginées afin de concilier les nouveaux procédés avec les vieux usages, avaient fait de l'administration de la justice une science trop subtile pour les pairs assemblés dans les assises.

D'un autre côté, la preuve par témoins ne s'était pas montrée sous un bel aspect au milieu des troubles et des factions; l'expérience avait mis à nu tous ses dangers : il fallait donc ou abroger ou corriger.

Abroger n'est pas anglais : on corrigea. Les francs tenanciers du voisinage ne cessèrent point de concourir au jugement; mais leurs fonctions furent limitées à l'examen du fait litigieux et à la déclaration de la vérité sur son existence. Les juges restèrent chargés d'appliquer le droit aux conséquences de cette déclaration.

La preuve testimoniale ne fut point restreinte, car la loi commune la mettait au premier rang; mais on la soumit à l'analise d'une sorte de spiritualisation, on la quintessencia, s'il est permis de parler ainsi. On établit en principe que l'instinct de plusieurs hommes réunis et désignés par le sort, ne peut jamais les tromper tous ensemble; que la décision unanime de ces hommes représentant le pays, appelés à écouter des témoins et à former leur conviction sur ce qu'ils entendent, sur ce qu'ils observent, sans aucune règle précise, sans aucune gêne, sans aucune condition déterminée par la loi (1), mais dans toute l'étendue et toute la liberté de leur raison, doit être considérée comme infaillible.

Voilà comment l'assise fut convertie en jury. On trouve les premières traces de cette

(1) « Les jurés, disait le *chief justice* Hale, dans
» son *Histoire de la commune Loi*, chap. 12, doivent
» peser la crédibilité des témoins, la force et l'effica-
» cité de leurs dépositions; ils ne sont pas obligés
» d'avoir deux témoins pour prouver chaque fait, ni
» de rejeter un témoin parce qu'il est seul, ni de
» croire toujours deux témoins, si la probabilité se
» trouve, ensuite d'autres circonstances, leur être
» contraire : car le jugement ne se rend pas simple-
» ment ici sur la déposition des témoins, mais aussi
» sur celle des jurés, vu qu'il est possible qu'ils aient
» en leur particulier connaissance de la fausseté d'une
» chose qu'un témoin a déposé être vraie, ou qu'un
» témoin est inadmissible, et ne mérite aucune
» créance, quoique rien n'ait été objecté contre lui,
» et qu'ils donnent leur suffrage en conséquence. »

conversion dans le livre de Bracton, qui était un des juges d'Angleterre, vers la fin du règne de Henri III, *assisa versa fuit in juratum.* C'est donc à cette époque que je crois pouvoir fixer son origine.

Le jury ne se fit pas d'un seul jet; son allure, d'abord timide et mal assurée, se raffermit par l'usage : l'intelligence s'accroît avec l'attention; et à mesure que l'attention se fixa de plus près, les esprits se pénétrèrent plus intimement de sa direction et de ses fins.

Si j'osais hasarder une autre conjecture, je dirais que le jury ne dut atteindre sa perfection qu'après l'avénement d'Edouard Ier. On nomme encore ce prince le Justinien de l'Angleterre; il fit de la jurisprudence l'objet principal de ses soins. Le *chief justice* Hale nous apprend que « les lois arrivèrent tout à coup, et *quasi per saltum,* au plus haut degré d'amélioration, et qu'il se fit des choses plus prodigieuses, à cet égard, pendant les treize premières années de ce règne, que pendant toutes celles qui l'ont suivi. »

J'arrive à ma conclusion. Le jury appartient aux Anglais, c'est chez eux qu'il prit naissance; il n'altéra point profondément le

type révéré de leurs vieux usages, ni le concours du pays à la décision de toutes les
affaires, ni la preuve testimoniale dans toute
la latitude de son ancienne application, ni la
publicité des jugemens : ce fut moins une
révolution dans les lois, qu'un perfectionnement de leurs instrumens judiciaires.

Ne cherchons point dans le demi-jour du
moyen âge l'invention de ce mécanisme délicat
de la pensée, pour l'extraction des preuves.
Laissons aux beaux-arts, qui vivent d'illusions,
les vagues rêveries et les gracieux souvenirs de
la vieille France, le jury ne fut jamais là.

Cependant la divergence des avis, les doutes
des historiens et des jurisconsultes anglais eux-
mêmes, ne me permettent pas de présenter
mon opinion comme une certitude; j'indique
seulement ce qui m'a paru le plus probable.

CHAPITRE X.

DU JURY EN MATIÈRE CIVILE. — CE QU'IL EST
EN ANGLETERRE. — DES DISCUSSIONS QUI ONT
EU LIEU SUR LA PROPOSITION DE L'INTRODUIRE
EN FRANCE.

L'INSTITUTION du jury, pour le jugement des
affaires criminelles, fut adoptée, en France,
par un décret du 30 avril 1790 (1). L'article
65 de la charte l'a conservée : *les changemens qu'une plus longue expérience fera
juger nécessaires ne pourront être effec-
tués que par une loi.*

Le jury convient essentiellement aux matières criminelles, où les preuves se forment
presque toujours par l'examen des témoins;
mais il faut qu'il soit bien compris, qu'il

(1) Elle ne fut organisée que par la loi du 29
septembre 1791. Voyez aussi le *Code d'instruction
criminelle de* 1810.

soit franchement organisé , et que l'esprit du pays s'y attache avec un profond sentiment d'intérêt et de conservation. L'expérience a-t-elle recueilli un assez bon nombre de remarques pour qu'il soit temps d'aviser à des *changemens nécessaires?* Ce n'est point ici le lieu de traiter cette question.

Je me propose seulement de rapporter ce qui a été dit à diverses époques, depuis la révolution, pour ou contre l'emploi du jury dans l'administration de la justice civile, et de comparer le déchet de la pratique avec les calculs et les brillantes promesses de la spéculation.

Voici la théorie du jury, en Angleterre, pour le jugement des matières civiles : Pierre forme une demande contre Paul, et pose le fait ou le titre de son action. Paul dénie le fait ou le titre; le juge fixe l'état de la question; il ordonne au shérif de former la liste des jurés et de les convoquer. Le jury assemblé entend, en présence de l'assise, les preuves respectives des parties et le résumé du juge; il se retire, il délibère et donne son *verdict*, c'est-à-dire qu'il prononce si c'est le demandeur ou le défendeur qui a véritablement allégué : *vere dictum;* et le juge applique la loi sur les conséquences du *verdict.*

Mais la preuve dont l'appréciation est confiée au jury, ne peut jamais porter que sur le point auquel la cause a été réduite par la demande et la défense. « Ainsi, lorsque le défendeur assigné en paiement d'une obligation, plaide que l'obligation n'a pas été faite, *non est factum*, l'examen et la décision du jury se réduisent à ces termes : L'obligation existe, ou bien elle n'existe pas ; elle est, ou elle n'est pas du défendeur. Ce point, qu'on appelle l'*issue de la cause*, étant fixé, le défendeur ne peut plus produire ni quittance ni décharge, parce que la quittance ou la décharge ne détruiraient pas le fait mis en question (1). »

Au premier aspect, on ne voit, dans cette théorie, qu'une austère simplicité. Mais si l'on se reporte à l'entrée du procès, c'est toute autre chose ; on se perd dans la complication des formes, dans les distinctions des différentes espèces de *writs*, dans la variété des fictions et dans le labyrinthe de ces détours, qui se croisent en sens divers, avant d'amener les plaideurs devant le jury. C'est, dit Blakstone (1), un château gothique bâti dans le

---

(1) *Blakstone*, liv. 3, chap. 23.
(2) Liv. 3, chap. 17.

siècle de la chevalerie, qui a été arrangé pour les Anglais d'aujourd'hui. Des remparts inutiles, des fossés secs, des tours ruinées, des trophées rouillés! Mais si l'on y trouve, dans quelque partie, un logement commode et sûr, qu'importe que les avenues soient tortueuses, embarrassées et difficiles? Je pense que cela importe beaucoup, car le commentateur des lois anglaises est obligé d'avouer que leur système judiciaire peut bien paraître le plus embrouillé, le moins naturel, et le moins fait pour un peuple éclairé et libre : *The most intricate and unnatural that ever mas adapted by a free and enlightened people.*

Je vais jeter un coup d'œil rapide sur ce système.

Les rois d'Angleterre avaient, comme ceux de France, un conseil permanent chargé d'administrer et de percevoir leurs revenus, de rendre la justice et d'expédier toutes les affaires publiques; dans la suite, ce conseil, qui s'appelait *aula regis,* fut divisé en trois cours : la cour de l'*échiquier,* pour les causes du fisc; celle *du banc du roi ;* pour les affaires criminelles, et celle *des plaids communs,* pour les affaires civiles. Chacune de ces cours fut composée de quatre juges; ce sont les douze juges de l'Angleterre.

Un procès ne peut être intenté si le demandeur n'a point obtenu de la chancellerie un *writ original*, lequel indique l'espèce d'action qu'il a choisie. Le *writ* est un ordre du roi, scellé du grand sceau, adressé au shérif du comté où le tort est supposé avoir été commis, pour que le défendeur ait à faire réparation ou à comparaître devant la cour. Le demandeur doit donner caution qu'il poursuivra son action, parce que celui qui annonce une prétention en justice, et qui ne la soutient pas, est passible d'une amende envers la couronne. Mais ce cautionnement ne consiste plus que dans une vaine et ridicule formalité; on désigne, comme garans, deux êtres fictifs, *John Doe* et *Richard Roe:* ces noms sont en possession, depuis un très-long temps, de figurer dans toutes les causes de l'Angleterre, comme ceux de *Numerius Negidius* et d'*Aulus Agerius* figuraient dans les formules des Romains (1). On ne se donne même pas le souci d'en imaginer d'autres.

Le procès est porté soit à l'une, soit à l'autre

(1) *Gaius., Inst. Comment.* 4. 39.

des cours; car on se joue fort aisément des
règles de la compétence, par le moyen des plus
étranges fictions.

Le demandeur veut-il plaider pour avoir
le remboursement d'un prêt, devant la cour
de l'*échiquier ?* Il se transforme en fermier ou
débiteur du roi; il expose que le tort qui lui
est fait diminue ses moyens pour payer au roi
sa dette ou sa rente, et il obtient le *writ de
quo minus sufficiens existit.*

Veut-il plaider à la cour du banc du roi,
pour le recouvrement d'une dette quelconque? Il suppose que son adversaire est sous
le poids d'une accusation criminelle, qu'il
court çà et là, qu'il se tient caché, *latitat et
discurrit.* On sait bien que cela est faux de
tout point; mais l'usage le permet ainsi. Le
défendeur est censé mis sous la garde de
l'huissier de la cour à laquelle la plainte a
été présentée; dès qu'il appartient à cette
cour, il peut y être poursuivi pour toute autre
espèce de réparations; alors les fictions disparaissent, et l'affaire commence à prendre sa
véritable physionomie.

Régulièrement, le défendeur doit être averti
de comparaître devant la cour par deux messagers du shérif; mais procéder ainsi serait

trop uni; il y faut des entortillemens. On suppose un rapport du schérif constatant que le
défendeur se cache, puis l'on obtient un *writ
d'attachment* qui autorise à saisir et à prendre
des gages. Un second rapport de *nihil* cons-
tate qu'il ne s'est rien trouvé à saisir; c'est
alors que vient le *writ* de *capias*, qui enjoint
au schérif d'arrêter le défendeur et de le garder, afin de le représenter à la cour.

Il existe un moyen plus expéditif d'obtenir
un *capias*, c'est de commencer le procès par
un *writ original* de délit, en supposant que
le défendeur s'est introduit de force dans
l'enclos du demandeur, *clausum fregit*, sauf
à parler aux juges de toute autre chose lorsque l'affaire sera introduite.

Le *writ* de *quo minus*, dont j'ai déjà fait
mention, et qui sert à attribuer une cause à la
cour de l'échiquier, entraîne également le
capias.

Le défendeur peut éviter la prise-de-corps
en donnant des sûretés suffisantes pour sa
comparution; mais ici le cautionnement n'est
plus une fiction (1).

_____

(1) Un statut de Georges Ier défendit *les préalables
arrêts personnels* pour des dettes au-dessous de deux

On accorde à la personne assignée quelques jours au-delà de celui marqué par *le writ*, pour se présenter; car c'est une tradition de l'antique Germanie, qu'il ne convient pas à un homme libre de se rendre à jour fixe, sur un appel (1).

Les parties sont rendues devant la cour. Là commencent d'éternelles discussions par écrit sur les exceptions dilatoires, sur les imperfections du *writ* original, sur les incapacités, sur les priviléges et sur les innombrables incidens que fait pulluler chaque genre d'action.

Il y a l'exposition du demandeur; l'exception du défendeur; la réplique du demandeur; la duplique du défendeur, *rejoinder*; le *surrejoinder* du demandeur, ou réponse à la duplique; puis le défendeur a le droit de *rebutter*, et le demandeur celui de *sur-rebutter*; ce qui renchérit encore, comme on le voit, sur les *actio*, *exceptio*, *replicatio*, *duplicatio*, et *triplicatio* des Romains : *Quarum*

livres sterlings; depuis, un bill passé sur la proposition de milord Beauchamp a étendu cette défense à tous les cas de dettes au-dessous de dix livres.

(1) *Illud ex libertate vitium quod non simul nec jussi conveniunt; sed et alter et tertius dies cunctatione coeuntium absumitur.* Tacite de Mor. Germ.

omnium exceptionum usum varietas ne-
gotiorum introduxit (1).

On arrive enfin à l'*issue générale*, c'est-
à-dire, à la conclusion du fait ou du droit.

Si le fait n'est pas contesté, et s'il n'y a lieu
qu'à l'application du droit, la cour prononce;
si le fait est dénié, ou s'il s'agit de fixer des
dommages-intérêts, l'une des parties offre
l'*issue* pour s'en remettre à l'examen du pays :
Trial by the country : c'est le jury.

Des préparations si longues, des voies si
tortueuses, des fictions si bizarres, forment
déjà un désaccord choquant avec cette simple droiture et ce naïf emblème de vérité que
présente à la pensée l'institution du jury.
Mais ce n'est pas tout; une nouvelle procédure de *postea* va se diriger contre le *verdict*,
et achever de détruire l'enchantement.

Dans la pureté des principes, ce mystère
de la conscience, cette conviction à laquelle
les lois ne demandent aucun compte de ses
élémens, et n'imposent aucunes règles extérieures; cette réponse unanime sur l'existence d'un fait, demandée à douze hommes
désintéressés, épurés par des récusations et

(1) Inst, l. 6, 4 tit. 24.

14.

liés par un serment, devait être inattaquable, souveraine. Comment appeler d'une
conviction à une autre conviction? Quel
signe fera reconnaître la supériorité d'un
nouvel examen et le dernier ressort de la vérité? Si l'unanimité des jurés représente la
voix du pays tout entier, quel juge va donc
réformer l'opinion du pays tout entier?

Maintenant la partie contre laquelle les jurés
ont prononcé, peut revenir à Westminster,
s'opposer à ce que la cour rende le jugement,
et demander un nouvel examen.

Autrefois, le *verdict* ne pouvait être an-
nullé qu'en conséquence d'un *writ d'attaint*
(de conviction), c'est-à-dire, qu'il fallait accuser les jurés de parjure; et s'ils étaient trouvés
coupables, ils devenaient infâmes à jamais,
leurs maisons étaient rasées, leurs prés la-
bourés et leurs arbres déracinés.

Le *writ d'attaint* n'est plus en usage. Blakstone n'en a pas trouvé un seul exemple dans
les auteurs, depuis le 16e siècle.

Il ne faut point aujourd'hui tant de solem-
nité pour la cassation d'un *verdict*. Outre les
moyens résultant de l'inobservation des formes, on peut en puiser une foule dans l'influence que l'une des parties a exercée sur le

jury, dans la *malversation* des jurés, dans la fausse appréciation qu'ils ont faite des preuves, dans la mauvaise direction qui leur a été donnée par le juge, dans l'exorbitance des dommages qu'ils ont accordés, enfin dans toute critique *raisonnable* de leur déclaration.

La cour, en cassant un premier *verdict,* ordonne un nouvel examen par d'autres jurés; elle pourrait de même annuler le second *verdict,* et par conséquent ordonner un troisième examen; la loi n'a point fixé de limites à cet égard.

C'est une maxime de la jurisprudence anglaise, que la sentence n'est pas la détermination particulière des magistrats, mais le jugement de la loi, et le style y est conforme. Ainsi celui qui prononce ne dit point : il a été jugé par la cour, mais il a été considéré, *consideratum est per curiam* que le demandeur recouvre sa possession, sa créance, etc.

Les Anglais appellent *latin technical,* l'idiôme qu'ils ont adopté pour leurs formules judiciaires. C'est le latin des chartes du onzième siècle, enrichi de quelques barbarismes successivement forgés par la nécessité. Ils le conservent avec toute sa rudesse, comme un langage fixe et destiné à perpétuer dans les âges les plus reculés l'esprit et les règles de leur procédure. « Ainsi, dit Blakstone, les pyramides informes de l'Égypte ont bravé les injures du temps, tandis que les élégans édifices d'Athènes, de Rome et de Palmyre n'ont pu s'en garantir. »

Je ne parle point des petites justices locales qui ne connaissent que des causes au-dessous de 40 schellings, ni des juges de paix qui n'ont en Angleterre aucune attribution civile (1), ni des tribunaux d'exception, comme les cours ecclésiastiques, celle de l'amirauté, les cours des universités et les cours martiales; je m'éloignerais trop de mon sujet. Je dirai seulement un mot des cours d'équité.

La Chancellerie et l'Echiquier sont les cours d'équité; on a comparé leur juridiction à celle des Préteurs de Rome, mais c'est à tort; elles n'ont point été instituées pour adoucir et modifier le droit; elles ne peuvent s'attribuer les cas que les lois écrites, ou non écrites, ont déjà prévus, et dont il est

(1) Voyez le traité de la compétence des juges de paix, par M. Henrion de Pansey, chap. 1ᵉʳ §. 3.

possible que les cours ordinaires prennent connaissance. Delolme est de tous les auteurs qui ont écrit sur la législation anglaise, sans excepter Blakstone lui-même, celui qui passe pour avoir donné l'idée la plus juste de la compétence des cours d'équité. « On peut les définir, a-t-il dit, comme une espèce de législation *inférieure et expérimentale*, continuellement occupée à découvrir et à pourvoir aux réparations par voie de droit, dans les cas auxquels ni les tribunaux ordinaires, ni le corps entier des jurisconsultes, n'ont encore trouvé à propos ou praticable de fixer aucune loi ; et, ce faisant, elles doivent s'abstenir de s'immiscer dans les cas auxquels elles trouvent qu'on a déjà pourvu en général. Un juge d'équité doit aussi adhérer dans ses décisions au système des sentences déjà prononcées dans son tribunal, et dont, à cet effet, on conserve scrupuleusement les registres.

« De cette dernière circonstance, il s'en suit encore qu'un juge d'équité, par l'usage même qu'il fait de son pouvoir, en diminue continuellement la partie arbitraire ; vu que chaque nouveau cas qu'il décide, et chaque proposition qu'il fait, devient une borne qu'on a droit d'attendre que lui et ses successeurs en charge, ne franchiront pas.

« Pour conclure, on peut encore ajouter ici que les appels des sentences passées dans les cours d'équité, sont portés à la chambre des pairs; cette seule circonstance peut faire voir qu'un juge d'équité est assujéti à de certaines règles fixes, outre celles *de la simple nature et de la pure conscience;* un appel étant naturellement fondé sur la supposition que quelques règles de cette espèce ont été négligées (1). »

Les cours d'équité n'admettent point de jurés; elles subviennent par elles-mêmes au jugement des actions pour lesquelles il faudrait créer une nouvelle espèce de *writ*, et qui, par cette raison, ne pourraient pas être reçues dans les tribunaux ordinaires. Elles entretiennent le cours de la justice qui se trouverait interrompu. Elles ont la faculté de nommer une commission pour recevoir les dépositions des témoins absens, et le privilége de déférer le serment soit à l'une, soit à l'autre des parties.

_____

(1) Constitution de l'Angleterre, liv. 1er, chap. 10.

En résumant ce qui vient d'être dit, on est forcé de convenir que le jury *civil* des Anglais se recommande faiblement par son utilité. Cela tient-il à l'appareil des formes, aux involutions des procédures qui l'enveloppent, aux ouvertures de recours qui le dégradent, ou bien au vice essentiel de son application, dans les procès civils? Je vais essayer de répondre; je rattacherai à la question l'analyse des débats qui se sont élevés chez nous, en 1790, lorsqu'on a proposé d'y introduire cette institution.

L'ordre judiciaire était détruit, on voulait reconstruire à neuf, et le terrain ne manquait pas aux nouveaux plans.

Depuis quelques années les publicistes anglais étaient en grande vogue; on les traduisait, ils se répandaient et commençaient à faire connaître leurs usages et leur jurisprudence. On vantait prodigieusement la législation criminelle de la Grande-Bretagne, parce que les idées se dirigeaient plus généralement vers cet objet; et, il faut en convenir, la nôtre ne gagnait pas à la comparaison. Nous devions à l'humanité de Louis XVI l'abolition de la question préparatoire; mais le cruel isolement de l'accusé, la privation d'un conseil, le secret de la procédure, l'arbitraire des peines, révoltaient encore les esprits contre la dureté de l'ordonnance de 1670; on chargeait d'imprécations la mémoire de Poyet et de Pussort (1), et l'on évoquait partout les ombres plaintives des victimes, auxquelles la justice en deuil ne pouvait offrir d'autres expiations de ses erreurs, que des arrêts de réhabilitation.

Les circonstances étaient favorablement préparées pour l'admission du jury en matière criminelle; il fut reçu avec enthousiasme, et peu de voix essayèrent de le repousser.

Mais ce n'était point assez pour l'ardeur des réformateurs; ils proposèrent l'établissement des jurés au civil. Ce fut une des discussions les plus remarquables de l'assemblée constituante, et, pour l'éloquence et le pro-

_____

(1) Le Chancelier Poyet fut l'auteur de l'ordonnance de 1532 : « En matière criminelle, portait l'art. 162, ne seront les parties aucunement ouïes par conseil ni ministère d'aucune personne. « *Vide tirannicam istius impii Poyeti opinionem.*» (Dumoulin.) Quelques années après, Poyet, accusé de péculat,

fond savoir de M. Tronchet, l'occasion d'un beau triomphe.

Les partisans du jury, à la tête desquels se montra M. Adrien Duport, puisaient leurs principaux argumens dans les exemples de l'Amérique et de l'Angleterre, c'était la magie du temps ; cependant ils avaient trop d'habileté pour ne pas dégager leur système de l'entourage monstrueux des procédures anglaises. Ils firent donc une critique assez rude de toutes les fictions surannées et de toutes les complications judiciaires de nos voisins, de leurs formules d'actions, de leurs remèdes de

de violence et d'abus de pouvoir, réclama de la commission chargée de le juger, l'assistance d'un conseil, »parce qu'il craignait beaucoup n'avoir pas puissance et entendement suffisans, étant mal-aisé de beaucoup parler sans faillir, et que ce qu'il avait à dire ne pouvait être sans impertinence et ineptie, comme fait d'un homme troublé par la captivité. »On lui répondit : *patere legem quam ipse tuleris* : C'est toi qui l'as faite, souffre-la. » Il aurait dû la souffrir le dernier. Il fut dégradé et condamné à 100,000 livres d'amende. Cette ordonnance de 1539 servit de base à Pussort, pour la rédaction de celle de 1670 : Lamoignon s'y opposa de toutes ses forces, et d'Aguesseau n'a pas eu le courage de l'abolir !

loi ; et planant au-dessus de ces imperfections,
ils remontèrent vers le principe des opérations de l'entendement, pour réduire l'art de
juger à sa plus simple expression.

Ils disaient : on n'est pas assez accoutumé
à considérer que la décision d'un procès n'est
autre chose qu'un syllogisme, dont la majeure
est le fait, la mineure la loi, et le jugement la
conséquence. Il est d'une évidente nécessité
qu'on soit d'accord sur la majeure, avant de
pousser plus loin le raisonnement; une première opération est donc indispensable pour
la détermination du fait; la seconde consiste
dans la comparaison du fait à la loi.

La question n'est plus que de savoir si ces
deux opérations doivent être confiées aux
mêmes personnes.

Pour tout ce qui n'est pas *la loi* et ce qui
n'exige pas une étude particulière, pour tout
ce qui est *le fait,* où le bon sens et des connaissances locales suffisent, il faut en revenir
aux idées primitives, au jugement des pairs,
qui, placés dans les mêmes circonstances que
les parties, exposés aux mêmes accidens, doivent
être justes autant par intérêt que par devoir.

Charger un tribunal de prononcer à la fois
sur le fait et sur le droit, c'est forcer, pour

ainsi dire, le juge à se séparer de lui-même et à détruire toute harmonie entre les facultés de son intelligence ; il est difficile de supposer qu'un homme veuille et puisse appliquer franchement la loi à un fait dont l'existence lui aura paru douteuse ; il disputera sur le droit, sur ses rapports avec l'espèce ; de là naîtront les subtilités, les équivoques et les incertitudes dans les jugemens, au lieu d'une décision simple et naturelle.

Mais si les jurés ont prononcé *vere dictum* sur le fait, ce sera alors comme une révélation de la vérité ; et le juge, élevé dans une sphère d'impassibilité, n'ayant pris aucune impression dans un examen qui lui est étranger, n'aura plus qu'à laisser tomber les paroles de la loi, sans que sa conscience en murmure.

J'emprunterai au discours de M. Duport, une observation plus imposante et qui, dans tous les systèmes, méritait d'être recueillie ; ses adversaires eux-mêmes n'en ont pas méconnu la gravité.

« Je pars de la supposition que les jugemens doivent toujours être rendus à la pluralité des suffrages (1), et je dis que lorsqu'on va

(1) Cette supposition était vraie, elle l'est encore.

aux voix, sans que le fait soit constaté, il est très commun que celui qui a la majorité en sa faveur perde son procès. En effet, chaque juge, en donnant son avis, peut être déterminé. soit par la vérité des allégations, c'est-à-dire par le fait, soit par la force des principes, c'est-à-dire par la loi. Un certain nombre de juges peut être déterminé par la première de ces considérations, les autres par la seconde; et cependant, lors de la collecte des voix, ils sont obligés de se réunir à l'un des deux avis, sans quoi la majorité relative, ou la minorité réelle déciderait les questions : alors le juge qui croit le fait sûr et la loi douteuse, et celui qui croit la loi claire et le fait douteux, sont comptés ensemble pour la même opinion, quoiqu'ils diffèrent d'avis du blanc au noir, et le plaideur qui a eu en sa faveur la majorité sur le droit, et la majorité sur le fait, perd son procès.

» Prenons un exemple. Pierre veut se soustraire au paiement de créances dues par son grand-père. Ses moyens, pour cela, sont de dire : 1° que son père a renoncé à la succession de son grand-père; 2° que les créances demandées ne sont pas légitimes. Paul au contraire prétend, et qu'il n y a pas eu de renonciation, et que les créances sont légitimes. Voilà deux questions, l'une de fait, et l'autre de droit. Maintenant il faut savoir qu'excepté sur les nullités et fins de non-recevoir, il est défendu aux juges d'opiner par moyens, et qu'ils doivent donner leur avis sur les conclusions des parties, lesquelles sont toujours tendantes en général à adjuger la demande ou à la rejeter.

» Il y a douze juges. Sept sont d'avis qu'il n'y a pas eu de renonciation, mais de ces sept quatre pensent que les créances ne sont pas légitimes : les cinq autres juges pensent que les créances sont légitimes, mais qu'il y a eu renonciation. Paul avait donc en sa faveur, sur la question de fait, sept juges contre cinq; il avait sur la question de droit, huit juges contre quatre. On prend les voix : les quatre juges qui pensent que les créances ne sont pas légitimes, mais qu'il n'y a pas de renonciation, et les cinq qui pensent que les créances sont légitimes, mais qu'il y a renonciation, sont comptés ensemble. Paul perd son procès, avec une majorité de neuf contre trois. »

L'orateur citait d'autres exemples et présentait d'autres combinaisons;et il en concluait que deux choses naturellement simples peuvent se

changer, par leur amalgame, en un tissu de difficultés, et redevenir, par une heureuse division, ce qu'elles étaient d'abord.

Le système du jury s'accommodait parfaitement avec les craintes de ceux que le souvenir des parlemens obsédait encore; ils trouvaient une garantie contre le pouvoir et les
entreprises de la magistrature, dans son isolement et dans l'amoindrissement de son importance. Car avec des jurés on n'aurait point
eu de cours d'appel, point de grands corps judiciaires; seulement on aurait établi des juges
chargés spécialement de maintenir l'intégrité
de la loi et de casser les jugemens rendus contre ses dispositions, sans qu'il leur fût permis
d'entrer dans le fond des affaires.

Les uns proposaient d'attribuer à des juges
de paix, dans chaque canton, la connaissance
des causes d'une mince valeur, et de leur
donner en même temps les scellés, les tutelles
et les émancipations. Les autres s'opposaient
à ce que l'on fît de ces juges un élément ou un
degré de la juridiction contentieuse; ils voulaient les revêtir seulement du caractère de conciliateurs ou d'arbitres volontaires, et n'y point
mêler la rigidité et le pouvoir de la loi; ils re-
jetaient toutes les distinctions de compétence,

pour le premier ou le dernier ressort, et de
justices particulières pour les procès de telle ou
telle valeur. Ils voulaient des magistrats aussi
éclairés, aussi nombreux, et tout autant de
précautions pour obliger un pauvre à quitter
sa chaumière et le champ qui le fait vivre,
que pour contraindre le riche à s'imposer
quelques privations.

Le projet d'un autre mode de jury fut présenté; on lui fit l'honneur de dire qu'il était
ingénieux. Le temps change les aspects, et je
doute fort aujourd'hui que les plus vifs amans
de la nouveauté fussent assez éperdus pour
ratifier un pareil jugement.

Voici ce projet avec ses principaux détails :
» On formerait chaque année une liste de jurés
sur laquelle tous les hommes de loi seraient
enregistrés. En matière civile, les hommes de
loi entreraient pour les cinq sixièmes dans la
composition du jury; on convoquerait un jury
spécial pour les causes importantes et difficiles,
et les affaires ordinaires seraient décidées par
le jury commun.

» Ces jurés prononceraient sur la question
de fait et sur la question de droit; le juge
n'aurait à faire aucune opération de jugement;

simple directeur de justice, il ne serait que l'organe authentique de la décision arrêtée par les jurés.

» Dans le chef-lieu du département, les jurés seraient toujours en exercice; on établirait même deux chambres pour suffire à l'expédition des affaires. Dans les districts, on tiendrait seulement des assises à trois époques de l'année.

» Les jurés seraient au nombre de dix en matière civile, et de quinze en matière criminelle; mais à chaque formation, et dans la prévoyance des récusations, il faudrait en présenter dix-huit pour le civil, et vingt-sept pour le criminel. »

Pour peu que l'on aborde le fond de ce système, on voit que l'auteur prenait des *jugeurs* pour des jurés; car ses hommes de loi, décidant le fait et le droit, ne ressemblaient pas plus à des jurés, que les *Scabini* et les francs hommes de fief dont j'ai parlé dans le chapitre précédent. Il en faisait des instrumens d'une judicature mobile, sans responsabilité aucune, et perdus dans la foule après le jugement. Le nombre nécessaire des hommes de loi venant à manquer, la fortune des

plaideurs, l'honneur, la liberté, la vie des
accusés, tout était abandonné aux lumières
douteuses du reste de la cité sur l'application
du droit. Tous les hommes de loi étant mis
en réquisition pour juger, les parties ne pouvaient plus trouver ni guides ni conseils pour
leur défense.

Mais ce n'était pas la plus grande difficulté.
Suivant le projet, dix-huit personnes auraient
été prises sur la liste pour former chaque jury
civil, et vingt-sept pour chaque jury criminel:
total, quarante-cinq; il en aurait fallu habituellement le double, pour le service de deux
chambres dans le chef-lieu du département,
sans compter ce qu'auraient exigé, de temps à
autre, les jurys spéciaux. Or, il n'est pas
possible de garder les mêmes personnes en
exercice durant toute l'année; et c'est déjà
beaucoup de les arracher à leurs travaux et
à leurs affaires pendant un mois. La liste des
jurés aurait donc dû se composer, dans chaque
chef-lieu, de douze fois quatre-vingt-dix noms,
c'est-à-dire de mille quatre-vingts, et, dans
chaque district, en se bornant à n'y tenir des
assises qu'à trois époques de l'année, de
quatre cent cinquante environ. Pouvait-on
raisonnablement se flatter de réunir dans

chaque chef-lieu de département, et dans
chaque chef-lieu de district, un pareil nombre
de gens instruits, éclairés, capables de juger et
les questions de fait et les questions de droit?

Il est vrai que les spéculateurs promettaient
de rendre la législation assez simple pour que
tout le monde fût en état de la comprendre
et de l'appliquer, et pour qu'il fût permis de
prendre au hasard des juges dans la foule.

Je passe sur les doctrines politiques qui
occupèrent une grande place dans cette discussion. La plupart de ceux qui *semèrent le
vent* ont péri dans la tempête, lorsque les fu-
reurs de l'anarchie sont venues, sur leurs pas,
s'établir entre la destruction des anciens pouvoirs et la création des nouveaux.

Cependant le principe de l'établissement du
jury, en toutes matières, avait pris une grande
faveur, et l'assemblée paraissait impatiente de
le décréter, lorsque M. Tronchet vint apporter
à la tribune le calme de la raison, les conseils
de la sagesse et l'autorité d'une expérience
révérée.

« Abstraction faite de tous les abus de la
procédure et de la législation des Anglais la
forme particulière de leur jugement par jurés.

en matière civile, est et sera toujours impraticable parmi nous.

Voilà la proposition de M. Tronchet; je regrette de ne pouvoir donner ici que les principaux traits de sa démonstration.

« L'obstacle invincible, disait-il, résulte des principes fondamentaux qui différencient notre législation de celle d'Angleterre.

» En Angleterre, toutes les actions ont leur formule particulière; et presque tout, en fait, se décide par la preuve testimoniale. En Angleterre, cette preuve est supérieure à la preuve par écrit; son autorité est telle, qu'on y a adopté pour principe qu'un seul témoin peut suffire.

» Chez nous, au contraire, c'est un principe fondamental que la preuve par écrit est la seule admise pour toute demande qui excède 100 livres; si l'on excepte le *retrait lignager* (1), nos actions ne sont point soumises à

(1) Le retrait lignager était le droit accordé aux parens de celui qui avait vendu quelque héritage propre, de le retirer des mains de l'acquéreur, en remboursant le prix et les loyaux coûts du contrat; ce droit était admis dans toutes les coutumes, sauf diverses modifications relatives aux choses qui pouvaient en être l'objet, et aux personnes qui pouvaient l'exercer.

des formules propres, et dont leur succès puisse dépendre.

» De la différence de ces principes fondamentaux, sort la conséquence que ce qui, en Angleterre, peut se pratiquer facilement, quoique non sans de grands inconvéniens, devient absolument impraticable en France.

» En Angleterre, l'objet sur lequel doit porter le jugement est toujours un point simple et unique fixé par l'issue de la cause, c'est-

---

Les auteurs se sont épuisés à rechercher l'origine du retrait lignager; il est vraisemblable que c'était une conséquence de la règle qui défendait anciennement, en France, de vendre à d'autres qu'aux proches parens son *aleu*, ou bien patrimonial, et qui ne laissait que la libre disposition des acquêts. Pour aliéner son *aleu*, il fallait le consentement des héritiers présomptifs.

L'assignation en retrait devait contenir *offre de bourse, deniers, loyaux coût et àparfaire*. L'huissier se présentait avec une bourse à la main, et les offres étaient réitérées à toutes les époques de la procédure : ces formalités et beaucoup d'autres qu'il serait inutile de rappeler étaient tellement de rigueur, que la moindre omission entraînait la déchéance du retrait, et l'on disait : *qui cadit à sillaba, cadit à toto.* Le retrait lignager a été aboli par la loi du 13 juillet 1790.

à-dire par la question prise entre les parties. Ainsi, les témoins devant être entendus sur ce fait unique, fixé et déterminé par un acte préparatoire, les jurés n'ont jamais autre chose à résoudre si ce n'est : *le fait est vrai* ou *non prouvé*.

» Maintenant voyez, au contraire, quel est, parmi nous, l'effet de ce principe sage qui n'admet que les titres pour preuves des conventions au-dessus de 100 liv.

» Il en résulte qu'à l'exception des actions possessoires et de quelques autres qui exigent la vérification d'un fait matériel, tout ce que nous appelons des questions de fait, ne forme véritablement que des questions mixtes qui appartiennent plus au droit qu'au fait.

» S'agit-il d'une convention? La question n'est pas de savoir si elle est prouvée en fait, car il faut qu'il en existe un acte, dès-lors que la convention excède 100 liv. : la question sera si les parties étaient capables de contracter, si la convention doit être entendue en tel sens ou en tel autre, etc.

» S'agit-il d'une donation, d'un testament? Le fait n'est pas douteux qu'il existe une donation, un testament; mais on demandera si le donateur avait la capacité de donner; si le

donataire avait celle de recevoir; si les biens
donnés étaient disponibles; quelle est la chose
que le donateur a voulu donner; si la condition sous laquelle il a donné est accomplie;
toutes questions qui dépendent de l'application des lois et de quelques principes de
droit.

» S'agit-il d'une succession? La question de
savoir si j'y puis prétendre, dépendra quelquefois du point de savoir si je prouve ma parenté
et mon degré; mais ce sont des actes qui doivent prouver ce point de fait; et les difficultés
que feront naître ces actes dépendront presque toujours des principes du droit.

» La question même de savoir si j'ai renoncé
ou non à une succession, n'est point en général une question de fait. La loi dit que le
fils est héritier de son père, s'il ne justifie
point d'une renonciation par écrit : si je représente cette renonciation, la question n'est
plus qu'une question de droit. Ma renonciation est-elle régulière en la forme? N'ai-je
point fait acte d'héritier auparavant? Les actes
que l'on m'impute étaient-ils de nature à supposer la volonté d'accepter la succession?

» Un plus long détail serait inutile; il suffit
de dire qu'il n'est pas un homme, ayant quel-

que expérience des affaires, qui ne convienne
que, d'après la nature de celles qui se présentent dans nos tribunaux, il n'en est pas
une sur cent, de celles que nous appelons
questions de fait, dans lesquelles la question
de fait soit matériellement divisible de la question de droit (1).

(1) M. Tronchet ajouta à son opinion la note
suivante :

« Je n'ai jamais prétendu qu'en jugement on ne
pouvait pas séparer la question de fait de la question
de droit, dans une affaire qui présente à la fois deux
questions de cette nature à résoudre ; et, par conséquent, que l'on ne puisse pas trouver un expédient,
pour remédier à l'inconvénient de l'usage qui assu-
jétit les juges à confondre leurs opinions sur les
deux questions, en n'opinant que sur la demande
au soutien de laquelle on emploie un moyen de fait
et un moyen de droit.

» J'ai dit et je soutiens que, d'après le principe
fondamental de notre jurisprudence française, qui
n'admet en général que des preuves écrites sur un
fait, ce que nous appelons *question de fait* ne peut
être du ressort des jurés, lesquels nulle part ne sont
et ne peuvent être des juges, mais de simples vé-
rificateurs de preuves extérieures et matérielles,
d'après lesquelles ils doivent se borner à attester
qu'un fait existe ou non. »

» Si l'on me demande : pourquoi donc les jurisconsultes distinguent-ils si fréquemment les jugemens de question de droit et ceux de question de fait? je réponds (et ma réponse achèvera d'éclaircir la matière) : nous appelons un jugement en point de droit, un jugement qui décide une pure question de coutume ou d'ordonnance, tellement indépendante des circonstances de fait que sa décision peut s'appliquer à tous les cas semblables; nous appelons au contraire un jugement de fait, celui qui, quoiqu'il soit fondé sur une loi ou sur des principes généraux de justice et de morale, ne peut avoir d'application particulière qu'aux parties et à la circonstance dans laquelle elles se trouvent.

» Que l'on cesse donc d'équivoquer sur cette manière, peut-être impropre, de distinguer les affaires et les jugemens, pour en conclure la possibilité de la séparation du fait et du droit, dans la pratique de nos tribunaux.

» S'il est certain que cette théorie est impraticable, jamais l'inconvénient trop réel que l'on a relevé dans la forme en laquelle les juges opinent, jamais cet inconvénient ne deviendra un argument véritable en faveur du système que je combats.

» Avoir prouvé qu'il existe un inconvénient, c'est avoir prouvé qu'il y faut chercher un remède; mais ce n'est pas avoir prouvé qu'il y faut appliquer un remède démontré impraticable; il en est d'autres possibles : on vous en a déjà indiqué... »

Plus timide que M. Tronchet, dont l'austère gravité aborda franchement la question, M. Thouret avait proposé, comme par accommodement, de l'ajourner jusqu'à la réforme de nos lois, et de disposer l'organisation judiciaire d'une manière propre à recevoir le jury, lorsqu'il en serait temps. Cependant, il est aisé de voir que l'avis de M. Thouret, très-zélé partisan des jurés au criminel, n'était point favorable à leur établissement en matière civile; sa réponse au principal argument de M. Duport, tiré des dangers de la confusion du fait et du droit dans les délibérations des tribunaux, expliquera les dernières paroles que j'ai citées de l'opinion de M. Tronchet.

« Si l'institution des jurés présente la théorie de la séparation du fait et du droit réduite en pratique, elle n'établit pas cependant l'impossibilité de parvenir au même résultat sans les jurés : on voit bien que, par eux, le fait est jugé séparément du droit; il reste à examiner si, sans eux, on ne peut pas obtenir la même rectitude dans la forme des jugemens.

» L'intérêt de cet examen se trouve ici réduit aux seuls jugemens des causes civiles, car il est toujours entendu que, pour les matières criminelles, l'admission du jury ne fait pas de question. Il ne s'agit, au civil, que de rendre commune aux questions de fait, dans tous les procès, la disposition de l'ordonnance de 1667, qui oblige les juges à prononcer séparément et préalablement sur les *nullités* et les *fins de non-recevoir*. Lorsqu'ils seront obligés de même à prononcer sur le fait de chaque procès, avant de pouvoir ouvrir aucune opinion sur le droit, le vice du mode de délibération qui a eu lieu jusqu'ici sera pleinement anéanti, et l'abus qu'il produisait dans le résultat des opinions ne pourra jamais se renouveler.

» Il est trop sévère de prononcer que ces deux opérations ne peuvent pas être confiées utilement aux mêmes personnes. Je crois qu'en matière criminelle il serait en effet bien pénible pour le juge qui, en opinant sur le fait, n'aurait pas trouvé l'accusé coupable, de le condamner à mort dans le second tour d'opinions pour l'application de la loi; mais cette difficulté, qui ne devient pressante que par le respect qui est dû aux sentimens de la nature et de l'humanité, ne reçoit ici aucune application, puisque, encore une fois, nous sommes d'accord sur l'établissement du juré au criminel.

» Cette même difficulté se trouve dénuée, au civil, de la gravité des motifs qui la rendent imposante dans le cas des jugemens à mort. Chaque juge est obligé individuellement par les jugemens rendus même contre son avis : ce principe est reconnu et pratiqué dans tous les tribunaux. Ainsi, le juge qui a pensé qu'une enquête est nulle, opine sans scrupule sur le fond de la demande lorsqu'il a été jugé, contre son avis, que l'enquête est valable. Il en est de même de celui qui a pensé qu'un demandeur n'est pas recevable; il opine pour lui adjuger sa demande, lorsqu'il a été décidé que la fin de non-recevoir n'est pas fondée. La même chose aura lieu, lorsqu'il sera enjoint aux juges de prononcer préalablement sur la question de fait, et surtout si la loi porte que ceux contre l'avis desquels le fait aura été jugé, ne pourront, par cette raison, s'abstenir de délibérer sur l'application de la loi. »

Le 30 avril 1790, le président proclama les deux décrets suivans :

« L'assemblée nationale a décrété et décrète qu'il y aura des jurés en matière criminelle. »

« L'assemblée nationale a décrété et décrète qu'il n'y aura point de jurés en matière civile. »

Dans la même séance, les comités de constitution et de jurisprudence furent chargés de rédiger le projet de loi portant réglement de la procédure par jurés, dans les matières criminelles.

Un rapprochement assez curieux va nous dévoiler le véritable motif de ceux qui voulaient le jury en toutes matières.

Trois ans plus tard, la Convention se mit à discuter le projet hideux d'une démocratie toute nue, de cette constitution de 1793, qui n'apparut qu'eu jour de sa burlesque inauguration, et se perdit le lendemain dans les fondemens fangeux du *gouvernement révolutionnaire.*

Quand on arriva aux articles de *la justice,* il y eut des opinans qui, toujours séduits par

les prestiges du jury, renouvelèrent la proposition de l'établir au civil. La jurisprudence allait devenir si commode désormais :
plus de dîmes, plus de matières bénéficiales,
plus de droits féodaux, plus de retraits, plus
de substitutions! Comme si leurs lois sur les
successions, sur l'abolition des substitutions,
sur les enfans naturels, sur la suppression des
rentes nobles, sur les remboursemens, sur
la dépréciation des assignats, sur la mort
civile des émigrés, etc., ne devaient pas enfanter
une foule de procès et d'inextricables difficultés! Toutefois ce fut un grand sujet d'étonnement que d'entendre des voix qui, en 1790,
avaient appuyé de toutes leurs forces les plans
de M. Duport et de M. Sieyes, les repousser
cette fois comme impraticables et les traiter
comme les rêves d'un beau délire. Un décla-
mateur obscur à l'Assemblée constituante,
après avoir parlé des alarmes que devaient
inspirer l'esprit de corps et le pouvoir trop
redoutable des tribunaux permanens, avait
dit : « Quand ma fortune dépendra d'un juré,
je me rassurerai en pensant qu'il va rentrer
dans la société, je ne craindrai plus le juge
qui, réduit à appliquer la loi, ne pourra jamais s'en écarter ; je regarde donc comme un

point incontestable que les jurés sont la base
la plus essentielle de la liberté ; sans cette institution, je ne puis croire que je sois libre,
quelque belle que soit votre constitution. » Le
même, c'était ce farouche dictateur que la
France, noyée dans le sang et dans les larmes,
a vu s'élever sur le pavois de la terreur, le
même prescrivit d'autres vues à la Convention ; il lui apprit que , « si l'établissement
des jurés au civil avait paru d'un grand intérêt
autrefois, *c'était moins par sa nature, que*
par la position où l'on se trouvait en sor-
tant de l'oppression des corps judiciaires ;
qu'il fallait raisonner dans l'état actuel des
choses, et que le jury ne serait qu'une complication dangereuse et une charge inutile
pour le peuple......» Il fut donc encore décrété
qu'il n'y aurait point de jurés au civil.

Nous le savons maintenant : c'était moins
un hommage que les novateurs de 1790 voulaient rendre à la théorie du jury, qu'un coup
mortel qu'ils se proposaient de porter au pouvoir judiciaire. L'idée d'une puissance rivale
les poursuivait et leur était insupportable ; ils
songeaient à se fortifier, en dépouillant la magistrature de son éclat et de son influence, et
en créant des personnages de juges, non pour

juger, mais pour assister à des jugemens et pour les prononcer. En 1793, ce n'était pas la peine de prendre tant de précautions : les envoyés de la convention avaient tout *épuré* à leur manière; la bassesse et l'ignorance étaient installées. Existait-il alors dans le prétoire une ombre de magistrature, quelque vertu à flétrir, quelque indépendance à redouter, quelque dignité à avilir?

Laissons ces déplorables souvenirs. Il n'est pas besoin de les consulter pour résoudre la question que j'ai établie.

Toute législation qui restreint la preuve testimoniale à des cas rares et à de minces intérêts, qui prescrit des formes pour la régularité ou pour la substance de certains actes, qui définit le lien des obligations et les modes de libération, qui interprète les conventions par des règles de droit, est incompatible avec l'emploi du jury civil. C'est dire qu'il ne pouvait convenir à la France.

Je vais plus loin : le jury civil n'est, en Angleterre, qu'une vieille décoration que l'orgueil national entretient, et que la justice trouve chaque jour plus embarrassante. « Les causes les plus graves, dit Blakstone (1), la

(1) Liv. 3, chap. 24.

valeur des titres, les questions de propriété,
sont examinées par les jurés : mais souvent les
faits sont obscurs et les preuves contradictoi-
res; le droit vient y mêler des doutes et des
points délicats; l'une ou l'autre des parties
peut être surprise par la déposition de certaines circonstances qu'elle aurait pu expliquer
ou combattre, si elle y eût été préparée; dans
le désordre d'un examen, le juge peut donner
une fausse direction au jury, ranger les preuves dans un mauvais ordre, et laisser subsister
les impressions produites par un habile avocat.
Cependant il faut que les jurés opinent *instan-
ter,* et il arrive que les hommes les plus intel-
ligens et les plus purs font un rapport qu'ils
voudraient eux-mêmes pouvoir annuler, après
une plus mûre délibération. » William Paley
a vanté le jury comme un Anglais, mais,
en observateur de bonne foi, il n'a point dis-
simulé ses imperfections. Il les a remarquées
« principalement dans les disputes où il intervient quelque passion ou préjugé populaire :
tels sont les cas où un ordre particulier d'hommes exerce des demandes sur le reste de la
société, comme lorsque le clergé plaide pour
la dîme; ceux où une classe d'hommes remplit
un devoir incommode et gênant, comme les

préposés au recouvrement des revenus publics; ceux où l'une des parties a un intérêt commun avec l'intérêt général des jurés, tandis que celui de l'autre partie y est opposé, comme dans les contestations entre les propriétaires et leurs fermiers, entre les seigneurs et leurs tenanciers. » Ces cas peuvent se diversifier à l'infini.

M. Meyer a fait un chapitre sur *les grands avantages des lois anglaises*, et il en a écrit un autre à côté sur les *défauts des lois anglaises*. C'est dans ce dernier qu'il parle de l'usage de la procédure par jurés en matière civile (1). «Quelque avantage qu'il puisse y avoir, dit-il, à ne point passer condamnation sur la vie, l'honneur et la liberté d'un citoyen, sans que sa culpabilité n'ait été déclarée par un certain nombre de ses concitoyens, impartiaux à l'égard de l'accusation même, étrangers à toute influence comme à toute considération personnelle, dont les occupations habituelles n'ont pas émoussé la sensibilité, et qui, non familiarisés avec les instructions et poursuites criminelles, ne voient pas un coupable dans chaque accusé; aussi peu de raison peut-il

(1) Institut. judic., tom. 2, pag. 302.

16.

exister de confier l'examen d'une affaire civile à des personnes qui n'en ont pas l'habitude. Le civil présente, avec beaucoup moins d'intérêt pour celui qui est appelé à en connaître, une bien plus grande variété que le criminel..... On ne peut disconvenir qu'il ne faille beaucoup plus de sagacité pour pénétrer la vérité au civil qu'au criminel. Un accusé ne cherche qu'à se disculper, soit sur la non-existence du fait dont il est prévenu, soit sur la part qu'il y a prise, soit sur les motifs qui rendent son action excusable ou légitime. Un défendeur au civil peut également discuter la vérité des faits allégués, ou chercher à en modifier les circonstances, mais il peut à dessein omettre une partie de la vérité; et comment un jury, composé de personnes absolument étrangères à l'espèce qui leur est soumise, comme à la marche ordinaire de la justice, pourra-t-il juger de ce qui s'est passé? Supposé que le défendeur ait un garant quelconque, et que, par collusion avec le demandeur, il recèle les faits qui sont à sa décharge, pour partager les dépouilles de celui qui doit l'indemniser de ses condamnations; comment un pareil manége sera-t-il découvert par un jury qui n'a pas, comme un juge permanent, l'habitude des affaires, et qui ne peut avoir aucuns motifs de soupçonner les parties?'

» D'ailleurs, en Angleterre, la procédure par jurés n'est qu'une institution illusoire... Quelle est la liberté d'un jury qui voit un premier *verdict* cassé, parce qu'il n'a pas eu l'approbation du juge qui préside à l'instruction, lorsqu'après un résumé conforme au premier, il sait que son *verdict* sera soumis aux mêmes juges qui ont déjà infirmé la décision d'un jury précédent? et l'intervention en matière civile d'un jury, sujet à la correction du tribunal permanent, n'est-elle pas le moyen de jeter du ridicule sur cette institution, et d'en faire révoquer en doute l'utilité, même en matière criminelle? »

On dit qu'un avocat à la chancellerie, M. Miller, a publié l'année dernière, à Londres, des recherches sur l'état actuel des lois civiles de la Grande-Bretagne : *An inquiry into the present state of the civil law of England,* et qu'il y signale surtout les vices de l'organisation judiciaire de son pays. On assure également que ce livre a produit beaucoup de sensation au barreau, et même à la chambre des communes. L'Angleterre, plus accessible

aux idées de réforme, finira peut-être par
convenir, avec ses publicistes modernes, que
la législation britannique n'est pas, comme l'a
écrit lord Coke, la perfection du bon sens:
the perfection of reason.

J'ai senti qu'il fallait m'appuyer sur des
autorités imposantes pour obtenir un crédit
auquel mon opinion isolée n'aurait pu prétendre; on voudra donc bien me pardonner
ces nombreuses citations, car il existe encore
dans quelques esprits une grande prévention
en faveur du jury appliqué à toutes matières.

M. Meyer lui-même a cru devoir modifier,
dans le cinquième volume de son ouvrage,
ce qu'il avait écrit dans le second, sur les
dangers et l'inutilité des jurés au civil. Il ne
conteste point la nécessité de restreindre l'usage
de la preuve par témoins; mais il voudrait
que, dans les cas où la loi la permet, et où les
juges la croient utile, les questions de fait
fussent résolues par un jury dont la déclaration serait toujours spéciale.

Cette spécialité a besoin d'être expliquée.

Lorsque la question soumise aux jurés est
complexe, c'est-à-dire mêlée de fait et de droit,
ils peuvent s'expliquer uniquement sur ce qui
est de fait, et laisser à la Cour le soin de fixer ce

qui est de droit. Par exemple, le demandeur a intenté une action pour avoir la remise d'une chose qu'il soutient avoir prêtée au défendeur; celui-ci dénie, et les jurés sont consultés sur la question de savoir s'il y a eu un prêt; ils reconnaissent que le défendeur a reçu la chose, mais ils ne s'estiment pas assez éclairés pour décider à quel titre il l'a reçue, s'il y a eu prêt, ou vente, ou donation, etc.; ils s'en rapportent donc aux lumières des magistrats sur la détermination de la nature du contrat : *to the court above*. Voilà ce que les Anglais appellent un jury spécial. Chez eux, c'est une faculté accordée aux jurés; dans le système de M. Meyer, c'est une obligation qui leur serait imposée dans tous les cas.

Le prisme de M. Meyer donne à sa proposition des couleurs plus brillantes encore : il voudrait assortir les jurés au genre des affaires. Ainsi, lorsque les faits à prouver se rattacheraient à une branche d'industrie, à des usages concernant une profession déterminée, comme le commerce, les manufactures, l'agriculture, les métiers; on composerait le jury de commerçans, ou de fabricans, ou d'agriculteurs, ou d'artisans. Les expertises deviendraient à peu près inutiles; on supprimerait les tribunaux d'exception; l'administration de la justice se concentrerait dans les tribunaux ordinaires; et la source des incidens sur la compétence, sur les conflits, sur les réglemens de juges serait tarie. La magistrature, placée au-dessus de l'individualité des questions, serait moins exposée aux soupçons injustes et aux plaintes importunes des plaideurs.

Telles sont les vues que M. Meyer a développées dans un autre chapitre intitulé : *De l'admission restreinte du jury au civil* (1).

Il y aurait beaucoup de choses à dire sur tout cela. Je ne me permettrai point d'opposer M. Meyer à lui-même; je me contenterai de présenter quelques-unes de mes réflexions.

Dans ce système d'amalgame du jury civil avec une législation qui restreint l'usage de la preuve testimoniale, les affaires les plus graves, les questions de succession, de testament, de donation, de dot, de transaction, d'hypothèque, etc., etc.; toutes les causes, enfin, qui n'admettent que des preuves écrites, seraient jugées suivant les formes ordinaires; le jury serait convoqué uniquement pour les cas où il est permis de faire entendre des témoins,

(1) Institut. judic., tom. 5, pag. 511 et suiv.

et où le fait peut être nettement séparé du droit. Comme M. Meyer ferme tout recours aux parties contre la déclaration des jurés, il s'ensuivrait que les questions de propriété, qui reçoivent la preuve par témoins d'une possession trentenaire, à défaut de titres; que les affaires commerciales du plus haut intérêt, les causes d'interdiction, les questions d'état. et toutes celles où des enquêtes peuvent être ordonnées, seraient jugées sans appel; tandis que les décisions des tribunaux rendues sans assistance de jurés, sur des valeurs au-dessus de 1,000 fr., ne seraient qu'en premier ressort. Mettant à part la délicatesse de la séparation du fait et du droit, cette manière de justice mi-partie offrirait déjà une bigarrure assez choquante.

La spécialité du verdict que M. Meyer établit comme une condition du jury et comme une sauve-garde contre ses inconvéniens, ne me semble propre qu'à démontrer son inutilité, et à faire disparaître le beau idéal de l'institution. Le procès ne porte guère sur l'existence du fait, lorsque les parties en sont à disputer pour savoir quelle est la nature de la convention que le fait a formée. La faculté laissée aux jurés, en Angleterre, de donner une déclaration spéciale, lorsqu'ils se défient de leurs lumières, prouve combien il est difficile de ne pas mêler, dans les questions de fait, des points de droit trop sérieux pour des personnes étrangères à la jurisprudence civile.

Si, dans les matières criminelles, les jurés n'étaient pas juges de l'intention, s'ils étaient interrogés nûment sur l'existence du fait, et s'il appartenait à la Cour, dans tous les cas, de prononcer sur la culpabilité, le jury ne serait plus qu'un entourage superflu (1). Le jury convient au criminel, parce que le bon sens et la conscience suffisent presque toujours

(1) On ne pose pas ainsi la question aux jurés : L'accusé a-t-il commis tel ou tel fait? Mais on leur demande : L'accusé *est-il coupable* d'avoir fait telle ou telle chose? Le jury, après avoir reconnu l'existence du fait, doit donc examiner encore si l'accusé a eu un dessein criminel, et cet examen est la plus sainte et la plus importante de ses fonctions.

Cependant, qui le croirait? on vit, à une certaine époque, s'élever en Angleterre des difficultés sur ce point; on y agita sérieusement la question de savoir s'il n'appartenait pas aux juges de qualifier l'intention, et de chercher les caractères du crime dans les secrètes pensées de l'accusé? Ce fut lord Erskine, dans son beau plaidoyer pour le doyen de Saint-Asaph, qui renversa cet absurde système.

pour répondre : L'accusé est ou n'est pas coupable; il ne convient pas au civil, parce que le bon sens et la conscience ne suffisent pas pour résoudre que de tel fait, ou de tel mot, résulte une vente, ou une donation, ou un dépôt, ou un prêt.

Quant à l'élévation de la magistrature au-dessus de l'individualité des questions, ce serait une fort belle idée, si elle n'était pas contraire à la nature des choses : le jugement du droit, comme le jugement du fait, ne peut se rapporter qu'à une cause individuelle. Cette idée serait encore inconciliable avec la spécialité obligée du *verdict*. Ne faudra-t-il pas que le magistrat descende toujours dans l'individualité des causes, pour interpréter l'intention des parties, d'après le fait que le jury aura spécialement déclaré; pour examiner, par exemple, si telle circonstance présente le caractère du dol ou d'une simulation frauduleuse? C'est ainsi que, dans les affaires où la preuve par témoins est prohibée, le tribunal interprète les actes, qu'il en extrait la pensée des contractans, et qu'il interroge ces témoins muets. Ici la loi s'en rapporte, avec une digne confiance, à l'impartialité du juge pour l'appréciation des documens écrits; et là, elle attribuerait à des jurés l'examen des témoins ! Pourquoi donc cette assistance d'un jury dans des cas particuliers? Pour que les magistrats entendent sa déclaration sur l'existence toute nue d'un fait, et qu'ils décident après ce que c'est que ce fait ! Ce serait un appareil en pure perte.

M. Meyer se persuade que les combinaisons de ce plan produiraient l'heureux effet d'élever le jury dans l'opinion, et de lui donner une admirable popularité. Je ne sais si je me trompe, mais il me semble qu'on pourrait en tirer des conséquences tout opposées.

Il est bien entendu que le tribunal, avant de renvoyer la question de fait à l'examen d'un jury, devra juger que le fait est *admissible et pertinent*, c'est-à-dire que la loi n'en défend pas la preuve, et qu'il se rattache utilement au point litigieux. Mais supposez qu'en se décidant ainsi, le tribunal ait mal jugé; il faut que cette erreur soit réparée, et M. Meyer trouve juste qu'un appel puisse être interjeté. Cependant il y a urgence, on craint le dépérissement des preuves, le jugement est exécutoire par provision, l'enquête doit être faite *nonobstant l'appel;* les jurés sont convoqués, ils donnent leur *verdict.* A quelque temps de là, un arrêt *infirmatif* vient en saper la base et dire qu'il n'y avait pas lieu d'admettre la preuve du fait; la cour évoque le fond du procès, elle prononce, et la déclaration du jury reste comme non-avenue.

Autre hypothèse : le jugement qui autorisera la preuve du fait et la convocation du jury, sera ce qu'on appelle au palais un *interlocutoire*, c'est-à-dire une disposition du juge manifestée dans l'intervalle de la demande à la décision définitive : *Judex inter loquitur.* L'interlocutoire ne termine pas la contestation; il n'énonce qu'un préjugé, une tendance du tribunal à donner gain de cause à celui qui aura fait la preuve offerte. Or, c'est un principe incontestable que le juge n'est pas lié par son interlocutoire; il pourra n'avoir aucun égard à la déclaration des jurés sur le fait qui d'abord avait fixé son attention, et trouver d'autres motifs pour trancher la question du procès dans un sens tout contraire (1). Le jury n'aura donc été rassemblé que pour voir son verdict se perdre, comme un papier inutile, dans la poussière du greffe.

Il ne faut pas croire que ces deux cas soient

_____

(1) L. 14, *ff de re judic. et de effectu sentent. et inter loc.*

rares; ils le seront peut-être moins encore dans un système de jurés, par la raison qui a fait créer, en Angleterre, tant de remèdes extraordinaires pour la réparation de leurs méprises. Des hommes arrachés à leurs affaires pour venir s'occuper de celles des autres, et renvoyés avec leur besogne qui ne sert à rien, ne prendront ni ne donneront une haute idée de l'institution. Leur inutilité jugée, leur importance blessée, leur temps perdu et leur zèle éteint, voilà les résultats qu'il est permis d'opposer à ceux que promet M. Meyer (1).

Quant à la partie du plan qui consiste à former le jury selon l'espèce des causes, à convoquer des cultivateurs lorsqu'il s'agirait d'agriculture, des commerçans lorsqu'il s'agirait d'opérations commerciales, et de même, en procédant par analogie pour les autres états de la société qui ont des usages particu-

_____

(1) Remarquez que ces résultats ne peuvent jamais arriver dans les affaires criminelles, parce que la loi qui les régit a été faite pour le système du jury; parce que les preuves peuvent y être faites de toutes manières et sans restrictions, et parce que la cause est irrévocablement fixée par les questions soumises aux jurés.

liers, ce serait faire revivre au civil les jurys
spéciaux que les lois de septembre 1791 et de
brumaire an IV avaient établis, pour certaines
matières criminelles, et que l'expérience a fait
effacer de notre législation. Les grands intérêts
de l'agriculture sont ordinairement du ressort
de l'administration ; les tribunaux n'ont guère
à s'occuper de ses travaux et de ses usages, que
dans les contestations entre les propriétaires
et les fermiers. Les agriculteurs qui compose-
ront le jury spécial seront-ils propriétaires ou
fermiers? Alors on retombera dans les dangers
que William Paley a si bien signalés : les jurés
propriétaires auront un intérêt commun avec
le propriétaire plaidant contre le fermier, et
les jurés fermiers inclineront en faveur du
fermier plaidant contre le propriétaire. Il en
sera de même dans les causes entre les artisans
et ceux qui les emploient, entre les négocians,
les armateurs, et les capitaines de navire,
entre les assureurs et les assurés.

Combien d'autres objections se présente-
raient, si je voulais parler des récusations contre les jurés, qui viendront se joindre aux
reproches contre les témoins, et surcharger
la procédure de nouveaux incidens; si je faisais
l'énumération de toutes les difficultés que

feront naître la composition du jury commun et le choix du jury spécial ; si je traçais le tableau des débats qui s'élèveront pour l'attribution d'une affaire à l'un plutôt qu'à l'autre, et si j'y ajoutais toutes les résistances des hommes et des choses à l'organisation d'une machine réservée pour certains cas, qu'il faudra tenir arrangée de manière à ce qu'elle puisse, au besoin, s'engrener dans des rouages qui n'ont pas été faits pour elle.

La pratique est la véritable pierre de touche de ces théories qui brillent de loin ; il n'est pas si simple qu'on le croit de les faire passer d'un pays dans un autre. Le répéterai-je encore ? Le jury civil ne soutiendrait pas cette épreuve en France, à moins qu'on ne voulût lui sacrifier tout-à-fait une législation incomparablement au-dessus de toutes celles qui nous environnent.

Si j'avais, comme M. Meyer, à présenter ici *les résultats de l'expérience pour les legislations futures*, je ne demanderais donc point l'application du jury aux affaires civiles, quelque restreinte qu'elle fût. La seule amélioration qui me paraîtrait importante pour la preuve des faits en justice, serait la publicité des enquêtes dans toutes les causes où la

loi permet de faire entendre des témoins (1).
J'y reviendrai.

On peut ne pas être d'accord avec M. Meyer
sur quelques-uns des points qu'il a traités
dans ses *Institutions judiciaires;* mais on
doit toujours s'empresser de rendre hommage
à la savante composition et aux précieux détails
de ce vaste tableau, qui développe à nos
regards les vicissitudes, les mœurs, les usages
et la législation des peuples de la vieille et de
la nouvelle Europe.

(1) Voyez le *Droit civil* de M. Toullier, tome 9,
page 519.

CHAPITRE XI.

SUITE DE L'ORGANISATION JUDICIAIRE DEPUIS LA RÉVOLUTION.

On a vu, au chapitre 8, l'exposition des principes constitutifs qui furent adoptés pour le nouvel ordre judiciaire.

Il ne faut pas confondre ces principes, qui n'ont point cessé de nous régir, avec les diverses formes d'organisation qui se sont succédées depuis.

Les justices seigneuriales avaient été supprimées le 4 août 1789 : jusque-là ce n'était qu'une conséquence de l'entière destruction du régime féodal ; mais, le 17, M. Bergasse présenta son fameux rapport sur l'organisation du pouvoir judiciaire, et il annonça la nécessité d'un changement absolu dans le système des tribunaux.

La magistrature reçut quelques éloges sur le courage qu'elle avait déployé et sur les persécutions qu'elle avait essuyées pour le soutien des droits de la nation, dans des circonstances difficiles; mais l'existence de ces corps antiques, fiers de leurs souvenirs, de leurs priviléges et de l'influence redoutable de leur pouvoir, était devenue incompatible avec le nouvel ordre de choses : on voulait des juges pour juger les procès, et non pour délibérer sur les affaires de l'état; des juges pour appliquer la loi, et non pour la contrôler. Cependant d'autres objets occupèrent l'assemblée jusqu'au 24 octobre 1790; ce jour-là seulement elle décréta que l'ordre judiciaire serait *reconstitué en entier*.

Avant d'organiser, on avait tout désorganisé; les justices seigneuriales n'étaient point remplacées dans les campagnes. Dans les villes, les tribunaux royaux, avertis de leur suppression, laissaient languir le cours de la justice, quand les événemens ne venaient pas l'interrompre, et les parlemens avaient été mis en vacances. Telle était la situation des choses, lorsque la discussion s'ouvrit sur les questions que faisaient éclore chaque jour la diversité des plans. et la nouveauté des doctrines politiques. Les articles qui furent *préliminairement* arrêtés ont été refondus dans les décrets d'organisation; j'en parlerai suivant l'ordre des matières auxquelles ils appartiennent.

Le système de tribunaux permanens ayant prévalu sur celui du jury civil, on établit les maximes suivantes, comme les conditions essentielles d'une bonne administration de la justice : 1° Les tribunaux ne doivent pas être plus nombreux que ne l'exige la nécessité réelle du service; 2° ils doivent être assez rapprochés des justiciables, pour que la dépense et l'incommodité des déplacemens ne leur soient pas trop onéreux; 3° hors les cas où la faculté de l'appel est, à cause de la petite valeur de l'objet litigieux, plutôt une aggravation qu'une ressource, il faut deux degrés de juridiction, mais jamais plus de deux.

Partant de ces points, on rendit à la juridiction ordinaire tout ce qui en avait été détaché en faveur du fisc et des priviléges; on supprima cette foule parasite de tribunaux d'exception, au milieu desquels les plaideurs ne savaient à qui demander justice.

Cependant il y a une telle complication

et une telle variété d'intérêts dans un grand
état, qu'il faudra toujours des juges spéciaux
pour certaines matières, soit à raison de la
modicité de la demande, soit à raison de la nature des affaires. Pour les unes, on créa une
sorte de justice primaire, celle des juges de paix;
et pour les autres, des tribunaux de commerce.

On plaça dans chaque district un tribunal
ordinaire : c'est la circonscription actuelle de
nos tribunaux de première instance.

Ces règles étaient bonnes, mais elles furent
trop étroitement appliquées. Les préventions
contre la haute magistrature, dont j'ai déjà
expliqué les causes, et les souvenirs de son
ancien esprit d'opposition, firent que l'on re-
construisit l'ordre judiciaire dans les proportions les plus mesquines.

Les tribunaux furent composés de cinq à
six juges au plus.

On ne créa point de cours supérieures; on
inventa une combinaison d'égalité pour rendre
les tribunaux de district juges d'appel les uns
à l'égard des autres : il résultait de cette réci-
procité, qu'un tribunal se trouvait souvent
chargé de prononcer sur le mérite du jugement de tel autre tribunal qui venait de mettre
le sien au néant.

On attribua au peuple l'élection des magistrats chargés de rendre la justice au nom du roi;
on fut jusqu'à refuser au monarque le droit
de choisir parmi des candidats qui lui seraient
présentés. C'est à cette occasion que M. de Cazalès disait : « S'il m'était permis d'énoncer la
seule opinion juste et sage, je dirais que le roi
seul doit nommer les juges; mais vous avez
décrété le contraire; mais la contagion des
principes démocratiques a fait des progrès
si étonnans, que cette opinion paraîtrait con-
damnable, même aux sages de cette assemblée.
Je réduis donc mon opinion, et je demande
du moins qu'il soit présenté au roi trois candidats, parmi lesquels il fera son choix.»

Les juges ne furent élus que pour un temps.
On permit au roi de nommer ses officiers du
ministère public, mais avec la condition qu'ils
seraient à vie; c'est-à-dire que l'on mit les juges
dans la dépendance du peuple, et le ministère
public hors de la dépendance du roi. La part du
roi, dans le pouvoir judiciaire, se trouva
réduite, à peu près, au mandement adressé
aux agens de la force publique pour l'exécution des jugemens et des actes: on voulait en
faire le premier huissier de son royaume,
comme disait encore M. de Cazalès; c'était le

commencement de la lutte de la république contre la monarchie.

Je rendrai compte, dans les chapitres suivans, des détails de l'organisation de chacune des parties du nouvel ordre judiciaire, et des variations qu'elles ont successivement éprouvées.

Une conception heureuse de cette époque fut l'établissement d'un tribunal de cassation chargé de maintenir dans le royaume l'unité de la législation et de la jurisprudence; seul il a été respecté au milieu du froissement de toutes les combinaisons politiques que la France a épuisées. «Immuable sur sa base, cette création nouvelle, autour de laquelle tout a changé, a vu passer dix gouvernemens qui se sont renversés les uns sur les autres (1). »

(1) Rapport à la chambre des députés, le 17 décembre 1814.

CHAPITRE XII.

DES JUSTICES DE PAIX. — DE LA CONCILIATION. — DES TRIBUNAUX DE FAMILLE. — DE L'ARBITRAGE FORCÉ.

UNE juridiction paternelle, bornée aux affaires les plus simples, exercée au milieu des champs, sans formalités, sans longueurs, *pacis præses, amicitiæ custos;* des juges chargés de la douce mission d'entretenir dans leur canton la paix et la concorde, de prévenir les procès, de veiller à la conservation des droits des mineurs et des absens, allaient remplacer « les anciennes *mangeries* de village, où les frais étaient plus grands qu'aux amples justices des villes; où non-seulement la justice était longue et de grand coût, mais encore plus mauvaise (1). » Telle fut présentée l'in-

(1) Loiseau, *Discours sur l'Abus des Justices de village.*

stitution des justices de paix, parée à la fois de l'attrait de la nouveauté et du charme des premiers âges; c'était une peinture touchante comme celle où Fléchier nous montre M. de Lamoignon, au milieu des habitans de sa terre, accommodant les affaires et dictant des transactions : « Plus content en lui-même, et peut-être plus grand aux yeux de Dieu, lorsque dans le fond d'une allée sombre et sur un tribunal de gazon, il avait assuré le repos d'une pauvre famille, que lorsqu'il décidait des fortunes les plus éclatantes sur le premier trône de la justice. »

Cependant le projet ne fut point accueilli avec une faveur unanime. Je crois l'avoir déjà dit, plusieurs s'opposaient à ce qu'on attribuât aux juges de paix une juridiction contentieuse ; ils voulaient seulement les placer aux avenues du temple de la justice, pour exhorter les plaideurs à transiger en passant, et ne leur accorder que des fonctions tutélaires, comme le droit d'apposer les scellés et de convoquer devant eux les conseils de famille.

La loi du 24 août 1790 leur conféra, pour certains cas, le pouvoir de juger; pour d'autres, la mission de concilier; pour d'autres encore,

des fonctions purement ministérielles et con-
servatoires (1).

Les tribunaux de paix furent composés,
dans l'origine, d'un juge et de deux prud'hommes assesseurs. La loi du 29 ventôse an IX supprima les assesseurs ; depuis ce temps-là, le
juge de paix siège seul ; il a deux suppléans
destinés à le remplacer, en cas de maladie,
d'absence ou d'empêchement.

La loi d'organisation voulait que les juges
de paix et les assesseurs fussent élus par les
assemblées primaires, pour deux années seulement. Mais le sénatus-consulte du 16 thermidor an X porta jusqu'à dix ans la durée
de leurs fonctions et celles des suppléans. Leur
nomination fut dévolue au chef du gouvernement, qui dut les choisir sur une liste de deux
candidats présentés, pour chaque place, par
les assemblées de canton.

Aujourd'hui les juges de paix et les suppléans sont, comme tous les autres juges,
nommés directement par le roi; mais ils ne
sont point inamovibles (2).

(1) Expressions de l'art. 8 de la loi du 27 mars 1791
(2) Charte constit., art. 61.

La loi du 24 août 1790 fixa à trente ans accomplis l'âge qu'il fallait avoir pour être juge de paix; la loi du 16 septembre 1792 le réduisit à vingt-cinq; il fut reporté à trente par l'art. 209 de l'acte du 5 fructidor an III. C'est le dernier état de la législation.

En créant les juges de paix, on ne les avait point astreints à avoir un greffier; on leur avait laissé la faculté de s'en passer, et de rédiger eux-mêmes les actes de leur compétence; c'était pousser trop loin l'ardeur des simplifications et le mépris des formes. On revint bientôt à cette règle générale, qui exige l'assistance d'un greffier à tous les actes et procès-verbaux du juge, pour tenir la plume et conserver les minutes (1). La loi du 27 mars 1791 ordonna que les juges de paix seraient tenus d'en prendre un; celle du 28 floréal de l'an X leur ôta le privilége de le nommer (2).

Deux huissiers, au plus, choisis parmi ceux de l'arrondissement, sont particulièrement

---

(1) Loi du 26 frimaire an 4, art. 2 et 3. Code de Procédure, art. 1040.

(2) Les greffiers des juges de paix doivent être âgés de 25 ans; loi du 16 ventôse an 11. C'est le roi qui les nomme aujourd'hui.

chargés du service du tribunal de paix dans le canton qui forme son ressort (1).

Il n'y a jamais eu d'autres officiers ministériels auprès de ces tribunaux; les parties doivent s'y défendre en personne, ou par de simples fondés de pouvoirs (2).

Le juge de paix, les suppléans, le greffier et les huissiers, sont obligés de résider *assidument* dans le canton.

Les fonctions des juges de paix et de leurs greffiers sont incompatibles avec les autres fonctions de l'ordre judiciaire, avec celles de l'ordre administratif, celles de notaire, celles des employés des forêts, des domaines, de l'enregistrement, des contributions, etc., et avec toutes celles d'agens comptables (3).

---

(1) Loi du 28 floréal an 10, art. 4 et suiv.

(2) *Pourvu qu'ils ne soient, à aucun titre, attachés à des fonctions relatives à l'ordre judiciaire*, disait la loi du 26 octobre 1790, tit. 3, art. 1er. Cette prohibition ne se retrouve plus dans le Code de procédure.

(3) Voyez la loi du 24 vendémiaire an 3; elle étendait ces incompatibilités aux assesseurs des juges de paix; il y a même raison pour qu'on les applique aux suppléans, quoique le législateur n'en ait rien dit, en les substituant aux assesseurs.

En ce qui concerne les attributions des juges de paix, je vais suivre la division que j'ai indiquée plus haut. Je parlerai d'abord de leur juridiction contentieuse, c'est-à-dire de leur pouvoir de juger, puis de leurs fonctions ministérielles, et enfin de leur bureau de conciliation.

La compétence primitive des tribunaux de paix, comme juges civils, se trouvait renfermée tout entière dans les articles suivans de la loi du 24 août 1790, tit. III.

Art. IX. « Le juge de paix connaîtra de toutes les causes *purement* personnelles et mobilières, sans appel jusqu'à la valeur de cinquante livres, et à charge d'appel jusqu'à la valeur de cent livres. »

Art. X. « Il connaîtra de même sans appel jusqu'à la valeur de cinquante livres, et à charge d'appel à quelque valeur que la demande puisse monter :

» 1° Des actions pour dommages faits, soit par les hommes, soit par les animaux, aux champs, fruits et récoltes ;

» 2° Des déplacemens de bornes, des usurpations de terre, arbres, haies, fossés et autres clôtures, commises dans l'année ; des entre-

prises sur les cours d'eau servant à l'arrose-
ment des prés, commises pareillement dans
l'année, et de toutes autres actions possessoires;

» 3° Des réparations locatives des maisons
et fermes;

» 4° Des indemnités prétendues par le fermier
ou locataire pour non-jouissance, lorsque le
droit de l'indemnité ne sera pas contesté, et des
dégradations alléguées par le propriétaire;

» 5° Du paiement des salaires des gens de
travail, des gages des domestiques, et de l'exécution des engagemens respectifs des maîtres
et de leurs domestiques ou gens de travail;

» 6° Des actions pour injures verbales, rixes
et voies de fait pour lesquelles les parties ne
se seront pas pourvues par la voie criminelle. »

Art. XII. « L'appel des jugemens de juge de
paix, lorsqu'ils seront sujets à l'appel, sera
porté devant les juges du district (1), et jugé
par eux en dernier ressort, à l'audience et
sommairement sur le simple exploit d'appel. »

Il faut y ajouter l'art. 15 de la loi du 27
mars 1791, ainsi conçu :

_____

(1) Aujourd'hui devant les tribunaux de première
instance.

« Les juges de paix ne pourront connaître
de l'inscription de faux, ou dénégation d'écriture; et lorsqu'une des parties déclarera vouloir s'inscrire en faux, ils lui en donneront acte
et renverront la cause au tribunal de district. »

Les juges de paix étant des juges d'exception, ne connaissent point de l'exécution de
leurs jugemens (1).

Les dispositions que je viens de rapporter
subsistent encore; mais la compétence des
juges de paix a été successivement étendue à
d'autres affaires civiles.

La loi du 25 mai 1791, *sur les inventions
et découvertes en tout genre d'industrie*, autorise le propriétaire d'un brevet troublé dans
l'exercice de son droit privatif, à se pourvoir
devant le juge de paix pour faire condamner
les contrefacteurs.

Les lois des 4 germinal an II, fructidor III,
et 9 floréal an VII, donnent aux juges de paix
la connaissance des contestations en matière
de douanes, de la saisie des marchandises, du
refus de payer les droits, du rapport des ac-
quits à caution, etc. (2).

---

(1) Voyez ci-dessus, chap. 6, page 97.
(2) Les contraventions en matière de douanes ne

La loi du 2 vendémiaire an VII, sur les octrois municipaux, leur attribue le jugement des difficultés qui peuvent s'élever sur l'application du tarif et sur la quotité des droits (1).

La loi du 20 septembre 1792, sur l'état civil, avait soumis à leur juridiction la demande en main-levée des oppositions à mariage; le Code civil, art. 177, en a disposé autrement: cette matière appartient aujourd'hui aux tribunaux ordinaires.

Il est inutile de parler de quelques autres attributions de la même nature qui avaient

donnent pas lieu à des *peines*, comme les contraventions ordinaires. L'amende n'est qu'une réparation civile du dommage causé à l'état. L'action qui naît de cette espèce de contravention est tout-à-fait étrangère au ministère public. Elle appartient exclusivement à l'administration qui l'exerce en son nom et à son profit : c'est une action civile. Voyez le *Répertoire de M. Favard*, v° *Douanes*.

(1) Il importe de ne pas confondre les contestations sur l'application du tarif et sur la quotité des droits, avec les *contraventions*. Dans le premier cas, c'est une action civile; dans le second, c'est une *infraction* punissable d'une peine prononcée par le tribunal de police correctionnelle, ou de simple police, suivant qu'elle doit être plus ou moins forte.

été conférées aux justices de paix à différentes époques, et qui leur ont été retirées par des lois ultérieures.

Les fonctions ministérielles des juges de paix se réduisaient, lorsqu'ils furent établis, à poser, reconnaître et lever les scellés, et à recevoir les délibérations des conseils de famille; voici les textes:

« Lorsqu'il y aura lieu à l'apposition des scellés, elle sera faite par le juge de paix, qui procédera aussi à leur reconnaissance et levée, mais sans qu'il puisse connaître des contestations qui pourront s'élever à l'occasion de cette reconnaissance.

» Il recevra les délibérations de famille pour la nomination des tuteurs, des curateurs aux absens et aux enfans à naître, et pour l'émancipation et la curatelle des mineurs, et toutes celles auxquelles la personne, l'état ou les affaires des mineurs et des absens pourront donner lieu pendant la durée de la tutelle ou curatelle, à charge de renvoyer devant les juges de district la connaissance de tout ce qui deviendra contentieux dans le cours ou par suite des délibérations ci-dessus.

» Il pourra recevoir, dans tous les cas, le

serment des tuteurs et des curateurs. » *Loi du 24 août 1790, tit. 3, art. 11.*

« Les juges de paix procéderont d'office à l'apposition des scellés après l'ouverture des successions, lorsque les héritiers seront absens et non représentés, ou mineurs non émancipés, ou n'ayant pas de tuteurs, et ils passeront outre, nonobstant les oppositions dont ils renverront le jugement au tribunal de district. Chaque juge de paix apposera les scellés dans l'étendue de son territoire, et ne pourra pas par suite les apposer dans un autre territoire. » *Loi du 27 mars 1791, art. 7.*

Le Code civil et le Code de procédure ont considérablement élargi le cercle de ces attributions. Les juges de paix tiennent aussi une place fort importante dans le Code d'instruction criminelle; mais je n'ai point à parler des fonctions qu'il leur confie; on voudra bien ne pas perdre de vue qu'ici je m'occupe de l'institution dans ses rapports avec la justice civile seulement.

Sous la loi de 1790, le juge de paix recevait les délibérations du conseil de famille; il dictait l'acte qui en contenait le résultat, mais il n'y participait point; il était témoin authentique de ce qui se passait, et son autorité se bornait à maintenir l'ordre dans l'assemblée. Aujourd'hui il est comme le principal membre de la famille; il préside le conseil, il délibère avec les parens, il les dirige, il les éclaire; en cas de partage des voix, la sienne est prépondérante, et son suffrage, plus libre, plus désintéressé, plus pur des animosités et des petites passions qui divisent trop souvent les deux lignes, fait pencher la balance du côté le plus sage.

Le juge de paix fixe le jour de la réunion; il désigne des amis à défaut de parens; il prononce sans appel une amende contre ceux qu'il a appelés, et qui, sans justifier d'une excuse légitime, ne comparaissent pas; il convoque d'office le conseil de famille, lorsque l'indifférence des parens laisse un orphelin sans tuteur; il peut, suivant qu'il l'estime nécessaire, ajourner ou proroger l'assemblée (1).

Il délivre l'acte de notoriété destiné à remplacer, pour la célébration d'un mariage, l'extrait de naissance que l'un des futurs époux ne peut représenter (2).

Il reçoit les actes d'adoption et de tutelle

_____

(1) Cod. civ. art. 405 et suiv.
(2) Cod. civ. art. 70 et 71.

officieuse (1); la déclaration du père qui donne un conseil à la mère survivante et tutrice, pour l'assister dans les actes de la tutelle; celle du dernier mourant des époux qui choisit un tuteur pour ses enfans (2); celle du père ou de la mère qui émancipe un mineur (3). Enfin, il peut, assisté de deux témoins, recevoir des testamens dans un lieu avec lequel les communications sont interceptées, à cause de la peste, ou de toute autre maladie contagieuse (4).

Le Code de procédure, en conservant aux juges de paix le droit d'apposer, reconnaître et lever les scellés, a tracé des règles de conduite pour une multitude d'incidens qui peuvent entraver le cours de ces opérations (5). Je parlerai, dans mes explications sur les titres relatifs aux scellés, de leurs droits et de leurs devoirs en cette matière.

L'exécution forcée des jugemens et des actes appelle quelquefois le concours du juge de

---

(1) Cod. civ. art. 353 et 363.
(2) Cod. civ. art. 392 et 398.
(3) Cod. civ. art. 477 et suiv.
(4) Cod. civ. art. 985.
(5) 2ᵉ partie, liv. 2, tit. 1, 2 et 3.

paix. Lorsque l'huissier qui va mettre sous la main de la justice les meubles d'un débiteur, trouve les portes fermées, ce juge est le premier officier auquel il doit s'adresser pour venir l'assister et faire ouvrir (1). Si des animaux et des ustensiles servant à la culture des terres sont compris dans la saisie, c'est encore le même qui, après avoir entendu les personnes intéressées, établit un gérant à l'exploitation (2).

S'agit-il de l'emprisonnement d'un débiteur condamné par corps ? Il ne peut être arrêté dans son domicile, et dans une maison quelconque, que sur l'ordre du juge de paix, qui se transporte lui-même dans la maison avec l'huissier (3).

Cette participation à des actes aussi rigoureux se présente d'abord sous des dehors de gêne et de désagrément; mais elle a un grand but d'utilité, celui d'empêcher des abus, des vexations, et souvent des violences suivies des

(1) Cod. de procédure, art. 587 et 591. A défaut de juge de paix, l'huissier doit s'adresser au commissaire de police, à défaut de celui-ci au maire, à défaut de ce dernier à l'adjoint.

(2) Cod. de procéd. art. 594.

(3) Cod. de procéd. art. 781.

plus funestes accidens : c'est assez pour qu'elle
ne doive pas être dédaignée.

La loi du 26 octobre 1790 contenait les
règles de la procédure pour les tribunaux de
paix; ces règles se retrouvent dans le livre Ier
du Code de procédure civile; c'est à peu près
le même fond, la même division de titres et
la même rédaction d'articles.

On disait à l'assemblée constituante : « Il
faut que, dans chaque canton, tout homme
de bien, ami de la justice et de l'ordre, ayant
l'expérience des mœurs, des habitudes et du
caractère des habitans, ait par cela seul toutes
les connaissances suffisantes pour devenir juge
de paix. »

On ne rêvait alors que l'équitable simplicité
du patriarche distribuant à ses enfans une
justice exempte de frais et dégagée des règles
pointilleuses de l'art de juger. A sa parole
toutes les injustices devaient se réparer, les divisions s'éteindre et les plaintes cesser. Il y a
eu beaucoup de mécompte.

Sans compter les nombreuses attributions
dont les lois nouvelles ont successivement sur-
chargé les justices de paix, les actions possessoires exigeraient seules l'étude la plus sérieuse

des principes du droit et des dispositions de nos anciennes ordonnances (1). Quels sont les caractères de la possession civile? Qui peut intenter l'action possessoire? Contre qui doit-elle être dirigée? Quelles choses peuvent en être l'objet? Qu'est-ce que cumuler le possessoire et le pétitoire? Quand y a-t-il lieu au dernier ressort? Quand est-il permis de consulter les titres pour adjuger la possession? Vous ne trouverez pas un mot de tout cela dans la loi de 1790, et le Code de procédure en dit fort peu dans les cinq articles qui composent le titre sur *les jugemens des actions possessoires.*

Un juge de paix qui n'a pour toute doctrine que la droiture de ses intentions et l'expérience des choses de la campagne, est souvent exposé à franchir, sans y penser, les limites de sa compétence, et à commettre des excès de pouvoir. Ses jugemens sont attaqués, ou par appel, ou par recours en cassation. Les exemples ne sont pas rares, on peut les compter dans les recueils d'arrêts. C'est ainsi

---

(1) J'ai pour garant de cette vérité M. le président Henrion de Pansey, dans son livre *de la Compétence des Juges de paix.*

qu'une action possessoire pour quatre à cinq toises de terre, pour une souche d'arbre, ou pour le creux d'une rigole, se déroule en une longue et dispendieuse procédure, et que la valeur du champ tout entier ne suffit pas toujours pour payer la dispute d'un sillon.

On a fouillé dans les monumens historiques et dans nos vieux usages, pour trouver les traces des institutions analogues à celle des juges de paix. On les a comparés aux *défenseurs de la cité* dans les villes préfectoriales de l'empire romain (1); au magistrat qui, sous le nom d'auditeur, jugeait à Paris les causes légères, sans appareil, sans instruction écrite et sans frais (2); aux trois officiers

---

(1) Les villes préfectoriales étaient les villes conquises et réduites en provinces romaines.

(2) Les auditeurs du Châtelet existaient dès le temps de saint Louis, si l'on en croit le commissaire de Lamare, en son *Traité de la Police*. L'ordonnance du 1er mai 1313 régla leurs attributions; ils ne devaient juger aucune cause touchant les *héritages, ou l'état et condition des personnes*, mais seulement celles *montant jusqu'à soixante sols et au-dessous.*

Le réglement fait pour le Châtelet, en 1327, portait *qu'ils ne connaîtraient de causes excédant vingt livres parisis.*

des bailliages et sénéchaussées qui se détachaient pour juger de même en audience particulière les causes pures personnelles jusqu'à quarante livres. On aurait pu trouver encore quelque comparaison à faire entre la juridiction des centeniers chez les Francs, et celle de nos juges de paix (1).

Ces rapprochemens me paraissent d'une médiocre importance sous le rapport historique; car ce dut être une idée toute naturelle que celle de créer des juges spéciaux pour les petites causes personnelles, lorsque l'inégalité

Lors de la création du nouveau Châtelet, en 1674, leur compétence fut étendue jusqu'à cinquante livres.

(1) Les hommes libres étaient sous la juridiction des comtes qui leur rendaient la justice, les rassemblaient et les menaient à la guerre; ils étaient divisés par centaines qui formaient un *bourg*. A la tête de chaque bourg, il y avait un officier dépendant du comte, qui, en temps de paix, veillait à l'entretien du bon ordre et jugeait seul les petites affaires : *Ut nullus homo in placito centenarii neque ad mortem, neque ad libertatem suam amittendam, aut ad res reddendas vel mancipia judicetur : sed ista aut in præsentia comitis vel missorum nostrorum judicentur. Gap. Car. M. anno* 812, § 4.

des fortunes et les progrès de la société vinrent charger les tribunaux ordinaires de
questions relatives à l'état des familles, aux
droits de propriété, à la transmission des
biens, etc. Quant à la différence de l'instruction et à la dispense de certaines formalités,
il a toujours été facile de comprendre qu'il
faut plus ou moins de garanties aux plaideurs,
en raison de la gravité des intérêts sur lesquels la justice doit prononcer.

Quoi qu'il en soit, une remarque assez utile
peut être tirée de ces comparaisons; M. Henrion de Pansey l'a déjà faite.

Les défenseurs des cités, les centeniers,
le juge-auditeur du Châtelet de Paris, et les
officiers des bailliages aux petites audiences,
avaient une compétence infiniment plus bornée que celle de nos juges de paix.

Le centenier était un membre ordinaire du
tribunal du comte. Les défenseurs des cités
existaient dans les villes seulement, et les
hommes instruits de la science des lois s'y trouvaient en plus grand nombre que dans les campagnes. Le juge-auditeur du Châtelet de Paris
était *gradué*; c'était communément un jurisconsulte qui avait acquis au barreau une
longue expérience des affaires, et qui prenait

l'exercice de cette charge comme une honorable retraite.

Les défenseurs des cités, les centeniers et le juge-auditeur, ne prononçaient jamais qu'en premier ressort.

Les officiers des bailliages ne jugeaient sans appel que jusqu'à la somme de quarante livres; et, dans tous les cas, on pouvait recourir en cassation contre leurs sentences.

Le pouvoir des juges de paix va bien plus haut; leur dernier ressort s'élève à cinquante francs, et ils prononcent à la charge d'appel, non-seulement sur les affaires personnelles et mobilières qui n'excèdent pas cent francs, mais encore sur une foule de demandes dont la valeur est indéterminée. Leurs décisions en dernier ressort ne sont soumises à la censure de la cour de cassation que pour cause d'incompétence ou d'excès de pouvoir(1); la loi s'est aban-

(1) Loi du 27 ventôse an VIII, art. 77. Tout excès de pouvoir est une incompétence, comme toute incompétence renferme un excès de pouvoir; cependant on distingue l'une de l'autre. Le juge sort des bornes de sa compétence lorsqu'il connaît d'une affaire que la loi attribue à un autre tribunal; il excède

donnée à leur discrétion pour le jugement du fonds, et les erreurs qu'ils commettent alors sont irréparables.

Cependant aucune condition d'éligibilité n'est requise pour un juge de paix.

Des auteurs distingués estiment que leur compétence a été trop étendue (1) ; d'un autre côté on a beaucoup parlé, dans ces derniers temps, de l'augmenter encore, et de faire des classes, suivant l'importance des cantons. Je n'ai point la pensée de critiquer l'ordre établi, il faut le respecter jusqu'à ce que le législateur ait trouvé convenable de le modifier; mais si l'on venait à prendre ces projets en considération, si l'on songeait

ses pouvoirs lorsqu'il ne se contente pas de juger les causes qui lui sont soumises, et lorsqu'il se permet en outre de faire des réglemens généraux ou des statuts de police, de taxer les denrées, de défendre l'exécution d'une loi, d'intimer des ordres aux agens du pouvoir administratif, etc. On trouvera des développemens très-lumineux sur cette matière, dans le chap. 9 de la Compétence des juges de paix, par Henrion de Pansey.

(1) M. Henrion de Pansey, *Compétence des Juges de paix,* chap. 1er, § 6.

à créer de *gros juges de paix*, comme
le propose l'auteur des *Magistrats d'autrefois*, etc. (1), je crois qu'alors du moins il
serait indispensable d'exiger certaines conditions d'éligibilité, quelques degrés d'études et
d'autres garanties que la simple science des
choses du hameau.

Je viens à la conciliation :
Ici l'audience et ses discussions hostiles se
changent en un bureau de paix, et en de bien-
veillantes causeries. Ce n'est plus un juge qui
va prononcer et condamner, c'est un homme
de bon conseil qui remontre aux gens prêts à
se lancer dans l'arène judiciaire tous les dangers, toutes les angoisses et toutes les pertes
auxquelles ils s'exposent; qui les éclaire sur les
chances de leur opiniâtreté; qui essaie d'émou-
voir la pitié d'un créancier trop rigoureux, de
réveiller la bonne foi d'un débiteur trop cauteleux, de les faire transiger, ou d'obtenir
qu'ils s'en rapportent à des arbitres.
Les coutumes des peuples nous offrent beau-

(1) *Des Magistrats d'autrefois, des Magistrats
de la révolution, des Magistrats à venir;* par
M. Dupin aîné. 1824.

coup d'exemples de ces heureuses inspirations (1).

La loi des douze tables prescrivait aux magistrats de consacrer l'accord que les plaideurs auraient fait en se rendant au tribunal : *Endo. via. rem. uti. paicunt. orato.* (2) C'était une des dispositions que Rome avait empruntées à Athènes (3). Avant d'invoquer l'autorité des préteurs, on tentait presque toujours les voies d'accommodement. *Duæ experiundi viæ, una summi juris, altera intra parietes.* Ceux qui prenaient le premier parti, dit Noodt, usaient de la rigueur du droit; ceux qui prenaient le second se montraient plus doux et plus humains : *ità potuit*

(1) Voir le Dictionnaire de Prost de Royer, v° *accommodement.*

(2) Ce qui veut dire en langage ordinaire : *Si, dùm in jus veniunt, de re transactum fuerit inter vocantem et vocatum, ita jus esto.* 1ʳᵉ table, 2ᵉ loi. Il y a parmi les auteurs une grande discordance sur la place que doit occuper ce chef ou cette loi dans la 1ʳᵉ table. Voyez Carondas, Jacques Godefroy, Gravina, Noodt, les Pandectes de Pothier, Terrasson, Bouchaud, etc. Il y en a qui lisent, *endo. via. rem. uti. paicunto. rato.*

(3) Samuel Petit, *Leges atticæ*, pag. 339.

*actor dare humanitati, nec minus licuit
ei aliter agere summo jure* (1).

Chaque maison était un tribunal de confiance, où les parens et les amis se faisaient gloire de veiller pour accommoder des procès.

Romæ diù dulce fuit, et solemne reclusâ
Manè domo vigilare, clienti promere jura (2).

Il ne faut pas confondre ces amiables compositeurs, *disceptatores domestici,* avec les arbitres proprement dits (3).

La Concorde avait son temple non loin du Forum, et le plus beau monument élevé à la mémoire de César fut cette colonne au pied de laquelle le peuple allait offrir des sacrifices et terminer les procès, en jurant par le nom du père de la patrie (4). Mais, sous le règne de

(1) *Tract. de pactis et transact.* Cap. 1, pag. 399 et 400.

(2) *Horat. lib.* 2, *epist.* 1.

(3) *Heinneccii antiq. rom.* , *lib.* 4, *tit.* 3, § 13.

(4) *Posteà plebs solidam columnam propè viginti pedum lapidis numidici in foro statuit, scripsitque :* PARENTI PATRIÆ; *apud eam longo tempore sacrificare, vota suscipere, controversias quasdam, interposito per Cæsarem jurejurando, distrahere perseveravit.* Suet. *in Jul. Cæs.* 85.

Caligula, l'on en vint à exiger des plaideurs le quarantième de la somme en litige, et par conséquent ce fut un vol fait à l'état que de s'accommoder (1).

Les premiers âges de l'Eglise nous montrent les évêques assis au milieu des prêtres, calmant les passions et les animosités, s'entremettant pour accommoder les querelles, et répétant ces paroles du divin Maître : *Esto consentiens adversario tuo citò, dùm es in viâ cum eo, ne fortè tradat te judici* (2). « Ce qui doit consoler les évêques de voir leur juridiction réduite à des bornes si étroites, disait l'abbé Fleury, c'est que, dans son origine, et suivant l'esprit de l'Eglise, elle ne consistait pas à faire plaider devant eux, mais à empêcher de plaider (3). »

Parler des compositions chez les Germains, à propos d'accommodement, serait, je crois,

---

(1) *Pro litibus atque judiciis ubicumque conceptis, quadragesima summæ de quâ litigaretur : nec sine pœnâ, si quis composuisse vel donasse negotium convinceretur.* Id. in Calig. 40.

(2) S. Matth., *cap.* 5, *v.* 25.

(3) Institutions au droit ecclésiastique, tom. 2, chap. 5, page 52.

un contre-sens; car ces compositions n'étaient que le rachat légal d'un crime. Les chefs avaient eu le soin minutieux de tarifer le prix d'un meurtre, d'un viol, d'une fracture, d'un coup, etc., suivant la différence des rangs et des conditions. Celui qui avait tué ou blessé subissait sa peine, c'est-à-dire qu'il payait conformément au tarif; il n'y avait là ni accord, ni transaction.

Les antécédens du système de l'*essai préalable* de conciliation étaient assez connus, pour que l'assemblée constituante ait pu songer, sans effort, à lui donner une sorte de consécration dans le plan du nouvel ordre judiciaire. Cependant on a dit que l'idée d'une magistrature spéciale, n'ayant d'autre pouvoir que celui d'entendre les parties, d'autre juridiction que celle de les concilier, d'autre empire que celui de la confiance, appartenait tout entière à nos modernes législateurs. C'est une erreur : le fondateur de Philadelphie, Guillaume Penn, avait eu cette idée; tous les journaux ont annoncé, en 1780, que M. le duc de Rohan-Chabot avait tenté de la réaliser dans ses terres de Bretagne. Mais je la trouve plus identiquement encore, et avec tous ses accessoires, dans les œuvres d'un homme qui en a beaucoup fourni à la révolution.

Pour bien saisir le rapprochement, il faut avoir sous les yeux les articles des lois de 1790 et de 1791.

Loi du 24 août 1790, tit. 10, art. 1ᵉʳ. « Dans toutes les matières qui excèderont la compétence du juge de paix, ce juge et ses assesseurs formeront un bureau de paix et de conciliation. »

Art. 2. « Aucune action principale ne sera reçue au civil, devant les juges de district, entre parties qui seront toutes domiciliées dans le ressort du même juge de paix, soit à la ville, soit à la campagne, si le demandeur n'a pas donné, en tête de son exploit, copie du certificat du bureau de paix, constatant que sa partie a été inutilement appelée à ce bureau, ou qu'il a employé sans fruit sa médiation. »

Loi du 27 mars 1791, art. 16. « *Aucuns avoués, greffiers, huissiers, et ci-devant hommes de loi ou procureurs,* ne pourront représenter les parties aux bureaux de paix; les autres citoyens ne seront admis à les représenter, que lorsqu'ils seront revêtus des pouvoirs suffisans pour transiger. »

Maintenant lisez ce fragment d'une lettre écrite en 1745 :

« La meilleure loi, le plus excellent usage,
le plus utile que j'aie jamais vu, c'est en Hollande. Quand deux hommes veulent plaider l'un
contre l'autre, ils sont obligés d'aller d'abord
au tribunal des juges conciliateurs, appelés *faiseurs de paix. Si les parties arrivent avec
un avocat et un procureur, on fait d'abord
retirer ces derniers, comme on ôte le bois
d'un feu qu'on veut éteindre.* Les faiseurs de
paix disent aux parties : Vous êtes de grands
fous de vouloir manger votre argent à vous
rendre mutuellement malheureux; nous allons
vous accommoder, sans qu'il vous en coûte rien.
Si la rage de la chicane est trop forte dans ces
plaideurs, on les remet à un autre jour, afin
que le temps adoucisse les symptômes de leur
maladie; ensuite les juges les envoient chercher une seconde, une troisième fois : si leur
folie est incurable, on leur permet de plaider,
comme on abandonne à l'amputation des
chirurgiens des membres gangrenés; alors la
justice fait sa main. »

On reconnaîtra sans peine le premier bel
esprit du 18ᵉ siècle, à cette caustique légèreté,
qui, voltigeant à la surface des matières les plus
graves, se souciait beaucoup moins d'instruire
que d'amuser. Tout cela fut pris au sérieux.

L'institution des bureaux de paix était une de ces brillantes conceptions, difficiles à organiser, et qui se ternissent un peu par la mise en œuvre.

L'enthousiasme pour la conciliation fut porté à un tel point, que l'on oublia d'exempter de l'épreuve les personnes incapables de transiger, et les choses qui ne pouvaient être l'objet d'une transaction. Il n'y eut d'exception qu'en faveur des affaires concernant la nation, les communes, l'ordre public et le commerce. Ainsi la loi voulait que le tuteur d'un mineur ou d'un interdit fût cité en conciliation, et qu'il y comparût pour déclarer que la loi lui défendait de se concilier.

Celui que des affaires, une absence, une maladie, empêchaient de venir en personne, ne pouvait se faire représenter que par un mandataire porteur d'une procuration illimitée *pour transiger ;* c'était le forcer à remettre toute sa fortune entre les mains d'un tiers. Mieux valait ne pas se faire représenter, et payer l'amende.

L'exclusion des gens de loi devait nécessairement ré chauffer une foule de mots plus ou moins rebattus; mais cette mesure n'a produit aucun bien, et souvent elle a fait du mal. Le plaideur que l'on obligeait à comparaître seul, ne se présentait point avant d'avoir consulté son homme de loi, et sans apporter un plan de conduite tout tracé, avec la ferme résolution de ne pas s'en départir; l'homme de loi eût été peut-être plus traitable, il eût cédé à des observations que le client isolé avait peur d'entendre. Et si l'un des comparans était lui-même homme de loi, l'autre qui n'avait pas cet avantage, se trouvait réduit à la dure condition de lutter sans armes contre un adversaire bardé du plus fin acier.

Les procès-verbaux de non-conciliation contenaient, *les dires*, *aveux* et *dénégations* des parties. Autre source d'abus : une réponse mal saisie, mal rendue par le greffier de la justice de paix, devenait, devant les tribunaux, un texte fécond en interprétations et en argumentations; c'était un véritable piége pour ceux qui ne se doutaient pas du parti qu'un homme habile peut tirer d'un mot qu'un homme simple a laissé écrire.

Des juges de paix et leurs assesseurs, comprenant mal leur mission, arrachaient à des personnes ignorantes ou timides, par des in-

stances revêtues d'une couleur d'autorité, le
sacrifice de droits incontestables. Le ministre
de la justice crut devoir réprimer ces écarts
de zèle, dans une circulaire du 29 brumaire
an V :

« Les membres des bureaux de conciliation,
y était-il dit, ne doivent pas perdre de vue leur
institution primitive et la nature de leurs attributions : ce sont de simples médiateurs qui n'ont
d'autre mission que celle d'étouffer dès le principe, à l'aide de leurs lumières et de leurs conseils, les procès dont les parties sont menacées.
Leurs fonctions, purement conciliatrices, font
entièrement disparaître le caractère de juge
dont ils se trouvent investis pour d'autres circonstances. Ce n'est que par les armes de la
raison et de la conviction que les hommes de
paix et de conciliation peuvent combattre
l'opiniâtreté du plaideur prévenu : qu'ils se
gardent donc de substituer le poids, toujours
dangereux, de leur propre opinion à la volonté libre de l'une ou l'autre des parties;
qu'ils se méfient de l'ascendant de leurs talens
et de leur autorité, pour obtenir d'elles des sacrifices désavoués à l'instant par la volonté
intime de celui qui les aurait faits ; qu'ils ne
s'érigent point en arbitres du différend, si

les parties elles-mêmes ne les constituent tels.
En évitant ces divers écueils, les parties, loin
de regretter des consentemens quelquefois
prêtés trop légèrement, béniront des accommodemens qui seront le fruit de la réflexion,
de l'équité et de la raison. »

Ce fut un grand sujet de discussion, lors
de la rédaction du Code de procédure, que
de savoir si l'on conserverait l'essai de conciliation. La plus grande partie des Cours
demandait qu'on le supprimât; le Tribunat
et le Conseil d'état lui-même s'accordaient à
dire que ce n'était plus qu'une vaine formalité, une espèce de passeport dont il fallait
se munir pour entrer à l'audience. Mais le
principe des bureaux de paix se trouvait dans
toutes les constitutions, depuis celle de 1791
jusqu'à celle de l'an VIII, et les considérations ennemies cédèrent à cette raison
d'ordre supérieur (1).

On a voulu le modifier et le limiter avec un si
grand nombre d'exceptions, que la loi semble

(1) Discussion du Conseil d'état, séance du 5 floréal
an 13. Procès-verbal de la section de législation du
Tribunat. Observations préliminaires sur le titre de la
conciliation.

incliner à se détruire elle-même, par les gênes qu'elle s'impose.. « N'est-il pas extraordinaire, par exemple., disait-on au Tribunat, de voir excepter de la règle le cas où il y a plus de deux parties, encore qu'elles aient le même intérêt, lorsque le besoin de se concilier doit naturellement s'accroître en proportion du nombre de ceux qui se disposent à plaider ? »

C'est une nouvelle expérience que l'on a tentée. Il faut convenir que la jurisprudence ne la favorise guère. L'essai de conciliation fut prescrit pour le maintien de la paix entre les citoyens : aucune demande, non comprise dans les exceptions, *ne peut être reçue,* dit la loi, si le défendeur n'a pas été préalablement cité au bureau de paix; rien de plus absolu que cette disposition ; elle est tout entière d'ordre public ; la nullité résultant de son inobservation devrait donc être proposable en tout état de cause, elle devrait même être prononcée d'office par les tribunaux. La Cour de cassation l'avait ainsi reconnu jusqu'en l'an XI; mais on a jugé depuis, et l'on juge encore aujourd'hui, que le défaut de citation au bureau de paix n'opère qu'une nullité d'intérêt privé; que le défendeur peut la couvrir par son silence, et qu'il y renonce en discutant le fond

de l'affaire. Cette indifférence a achevé de dé-
colorer la conciliation; elle n'est plus, à vrai
dire, qu'une de ces idées qui, n'étant ni
entièrement rejetées, ni entièrement adoptées,
restent dans la circulation, sans tirer à conséquence.

Lorsque Genève fut rendue à son indépendance, ses Conseils maintinrent provisoirement les Codes français; ils en firent
une libre épreuve, et se trouvèrent dans la
plus belle position pour améliorer leur législa-
lation, en profitant des lumières et même des
erreurs de celle qui leur avait été imposée.
M. le professeur Bellot, membre du Conseil
représentatif, a publié, sur le Code de procédure, un travail du plus haut intérêt et d'une
exécution parfaite. On y voit comment l'essai
forcé de conciliation a été changé, à Genève,
en une simple faculté. Les auditeurs, dans
leurs arrondissemens, et les maires, dans
leurs communes, sont chargés de concilier
les parties qui se présentent volontairement
devant eux, sans citation et sans frais; il
n'y a rien d'écrit si elles ne s'accordent point.
La cause rendue au tribunal de première
instance, et même au tribunal d'appel, tout
espoir d'accommodement n'est pas perdu; si

elle paraît de nature à être conciliée, le tribunal commet un de ses membres pour y travailler, soit avant, soit après les plaidoiries.

«Tantôt, ajoute M. Bellot, la qualité des parties, les liens qui les unissent, les circonstances de la cause, exigent que la conciliation soit tentée avant toute discussion publique : la publicité seule rendrait un arrangement impossible ; tantôt, au contraire, la tentative échouerait avant les débats; une exaspération réciproque écarte jusqu'à l'idée d'un accommodement; il faut que tout le feu des parties soit jetté dans une plaidoirie contradictoire, pour les rendre accessibles à des paroles de conciliation. »

Autrefois, dans la plupart des cours des Pays-Bas, il fallait, avant de citer quelqu'un en justice, avoir obtenu la permission du juge, et cette permission n'était accordée que sous la condition préalable d'une tentative d'accommodement devant des commissaires (1). C'était bien un essai forcé de conciliation; mais les commissaires chargés de concilier ne restaient pas étrangers aux débats ultérieurs de la cause, comme nos juges de paix, après la clôture de leur procès-verbal de non-concilia-

---

(1) Voyez M. Meyer, liv. 7, ch. 2.

tion. Ils faisaient leur rapport au tribunal; l'influence qu'ils devaient avoir sur le jugement de l'affaire disposait les parties à des sentimens de modération; l'opiniâtreté s'amollissait, et l'amour-propre cédait à la crainte de se nuire par une roideur défavorable. Les législateurs de Genève ont habilement pénétré dans ces replis du cœur humain; ils ont calculé le parti que l'on pouvait tirer de la politique des plaideurs, pour le triomphe de la paix, en autorisant les juges à suspendre les hostilités, et à s'interposer eux-mêmes comme médiateurs, durant la trève.

Il y avait dans la loi du 24 août 1790 d'autres dispositions qui méritent d'être remarquées : je veux parler des tribunaux de famille et de l'arbitrage forcé. Les articles qui les concernaient se trouvent dans le titre 10, à la suite de ceux relatifs à l'établissement des bureaux de paix; les voici :

Art. 12. « S'il s'élève quelque contestation entre mari et femme, père et fils, grand-père et petit-fils, frères et sœurs, neveux et oncles, ou entre alliés au degré ci-dessus ; comme aussi entre les pupilles et les tuteurs pour choses relatives à la tutelle, les parties seront tenues de nommer des parens, ou, à leur défaut, des amis ou voisins, pour arbitres, devant lesquels ils éclairciront leurs différends, et qui, après les avoir entendus et avoir pris les connaissances nécessaires, rendront une décision motivée. »

Art. 15. « Si un père ou une mère, ou un aïeul, ou un tuteur, a des sujets de mécontentement très-graves sur la conduite d'un enfant ou d'un pupille dont il ne puisse plus réprimer les écarts, il pourra porter sa plainte au tribunal domestique de la famille assemblée au nombre de huit parens les plus proches, ou de six au moins, s'il n'est pas possible d'en réunir un plus grand nombre; et à défaut de parens, il y sera suppléé par des amis ou des voisins. »

Art. 16. « Le tribunal de famille, après avoir vérifié les sujets de plainte, pourra arrêter que l'enfant, s'il est âgé de moins de vingt-et-un ans accomplis, sera renfermé pendant un temps qui ne pourra excéder celui d'une année, dans les cas les plus graves. »

L'appel des sentences rendues par les arbitres était porté devant les juges de district (1).

(1) Art. 14 de la Loi du 24 août 1790.

L'homologation des décisions des tribunaux de famille leur était également dévolue; ils pouvaient en refuser l'exécution, ou bien en tempérer la rigueur, suivant les circonstances (1).

Mais les décrets de 1793 étendirent l'arbitrage forcé à d'autres contestations, notamment aux prétentions des communes sur les propriétés qu'elles jugeaient à propos de revendiquer. L'appel fut interdit, et toutes les barrières furent rompues pour parvenir aux spoliations les plus révoltantes. Les arbitres de ce temps-là ne pouvaient être choisis que parmi les gens pourvus de *certificats de civisme*; ils donnaient toujours gain de cause aux communes contre les particuliers, car elles avaient de terribles avocats dans leurs sociétés populaires.

L'arbitrage forcé et les tribunaux de famille ont été abolis par deux lois du 9 ventôse de l'an IV, et l'on a rouvert pour les réclamations qui s'élevaient de toutes parts, les voies de l'appel et de la cassation.

Ce n'est point, au reste, d'après les excès et les souillures de 1793 qu'il faut apprécier les

(1) Art. 17, *ibidem*.

tribunaux et les arbitres de famille. On se tromperait encore si l'on attribuait l'idée de leur création aux législateurs de 1790 ; elle remonte beaucoup plus haut.

Un édit de François II, du mois d'août 1560, disait : « Et parce que en matière de *partages* et divisions, *il est besoin* de prendre arbitres pour diviser et partir commodément lesdits héritages, et bailler soutes et récompenses, *qui est chose plus de fait que de droit*, et aussi *pour entretenir amitié et paix entre proches parens*, nous ordonnons par les présentes que les divisions et partages de successions et biens communs de père et mère, aïeuls et aïeules, enfans et enfans des enfans, frères, sœurs, oncles, et enfans des frères et sœurs, et aussi pour compte de tutelle et autres administrations, restitutions de dot et douaire, d'entre lesdites personnes, seront les parties majeures d'ans tenues élire et nommer de bons et notables personnages, jusqu'à trois, leurs parens, amis ou voisins, par l'avis desquels sera procédé auxdits partages et divisions, redditions desdits comptes et restitutions de dot ou délivrauce de donaire; et ce qui sera fait par eux aura *force de chose jugée*, et mis à exécution par les juges des lieux,

nonobstant opposition ou appellation quelconque, et sans préjudice d'icelles ; mais ne sera reçu
l'appel que préalablement lesdits partages ne
soient entièrement exécutés, lequel ressortira
à droit et immédiatement en la cour de parlement où les parties sont demeurantes ; et où
l'une des parties sera dilayante ou refusante
de *s'accorder* d'arbitres ou d'arbitrateurs, en
ce cas y sera *contrainte* par lesdits juges ainsi
que dessus. »

L'article 85 de l'ordonnance de Moulins recommanda l'exacte observation, *sans empêchement quelconque*, de l'édit des arbitres.

On voit, dans les mémoires de Sully, les
projets conçus par Henri IV, pour la réforme
de l'administration de la justice. Lorsque la
dernière main y aurait été mise, le bon roi
se proposait de les porter au parlement, écrits
par lui-même, pour les faire enregistrer ;
il tenait surtout aux arbitrages de famille. Il
avait, par provision, arrêté ce qui suit, *et
dont, apparemment*, dit Sully, *on ne se
serait que très-peu écarté* (1) :

« Dans les procès entre parens, et cela en
observant à peu près le nombre des degrés

(1) Tom. 7, pag. 288, édit. *in*-12 ; Londres, 1778.

canoniques de sanguinité et d'affinité, soit cor-, porelle, soit spirituelle, le demandeur était tenu, avant toutes choses, de faire offre et même sommation de remettre tous ses différends à l'arbitrage de quatre personnes choisies parmi les parens ou amis des parties, deux par chacune; de nommer ces deux arbitres dès ce moment, et d'articuler dans un écrit signé de sa main toutes ses prétentions et demandes, sans pouvoir ensuite y rien ajouter, ce que faisait aussi le défendeur; il n'avait qu'un mois pour nommer ses arbitres. Dans un autre mois, les quatre arbitres devaient être saisis de toutes les pièces et moyens des deux parties. Autre mois accordé aux arbitres pour prononcer leur jugement; autre mois enfin donné à un sur-arbitre nommé par les arbitres, pour juger définitivement les points sur lesquels les voix auraient été partagées; car tous les autres étaient censés décidés, et le sur-arbitre n'en pouvait connaître.»

Les statuts de Provence contenaient des dispositions plus larges encore sur les arbitrages forcés (1); ils y soumettaient les nobles

(1) *Que nobles et gentilshommes sian tanguts de compromettre.* — Statut de 1491; voyez le Commentaire de Julien, tit. 1er, pag. 550 et suiv.

et gentilshommes, les seigneurs et leurs vassaux, les communautés et les particuliers, les
parens, les alliés et les conjoints, *pour plus
grand bien universel du pays, et pour restreindre la désordonnée habitude de plaiderie, dont procèdent grandes inimitiés et
dépenses de plusieurs volontaires plaideurs.*

Toutes ces théories, toutes ces ordonnances
paraissent empreintes d'une haute sagesse ;
rien ne semble plus humainement arrangé
pour le repos et le bonheur des familles. Cependant il n'a jamais été possible de les organiser
avec solidité, et de leur procurer une exécution durable. Mornac disait, il y a plus de
trois cents ans, *hodiè non tàm benignâ
interpretatione probantur arbitria judi-
cibus* (1). Henri a écrit que, de son temps,
les arbitrages de famille étaient tombés en désuétude; que non-seulement les juges n'obligeaient pas les parens à convenir d'arbitres,
mais qu'ils avaient une grande répugnance à
l'ordonner, même quand les avocats le requéraient (2). Julien assure que les statuts de
Provence, sur le compromis forcé, avaient

(1) *In L.* 34, *ff. de Minoribus.*
(2) Tit. 1ᵉʳ, liv. 2, quest. 47, n° 7.

entièrement perdu leur vigueur et leur crédit;
il cite cette note de Masse, ancien auteur du
pays: *Statuta cogentia compromittere hodiè
sunt inutilia et damnosa.* Les tribunaux de
famille, relevés en 1790, n'ont été soutenus,
pendant trois ou quatre ans, que par les violences de la révolution, impatiente de réaliser
ses systèmes, et par la haine des novateurs
contre la justice réglée (1). L'arbitrage forcé
ne subsiste plus que pour les sociétés de
commerce (2).

Que faut-il conclure de tout cela? C'est que
dans aucun temps, et même abstraction faite
des époques de troubles et de divisions politiques, la raison inexpérimentée des personnes
étrangères à l'application des lois, n'a pu offrir
des garanties aussi rassurantes que la justice
réfléchie des hommes versés dans la science
du droit; c'est que les meilleurs juges sont
dans les tribunaux, et que la constante régularité de leurs décisions vaut mieux en général

(1) Des représentans du peuple en mission fer-
maient les tribunaux sur leur passage, et ils établis-
saient des arbitres forcés jugeant en dernier ressort.
Voyez la loi du 4 brumaire an 4, bullet. 203, n° 1220.

(2) Cod. de commerce, art. 51.

que la trop flexible équité des compositions arbitrale s.

Toutefois je voudrais que l'on étendît aux contestations entre proches parens les dispositions du Code relatives à la demande en séparation formée par un époux contre l'autre (1). Ainsi le fils ne pourrait plaider contre son père, ou le père contre son fils, sans avoir obtenu l'autorisation du président ; et ce magistrat ne la donnerait qu'après avoir épuisé tous les moyens de les mettre d'accord (2).

C'est dans cette limite tracée par la nature et par la morale, que l'on eût dû peut-être renfermer le principe de l'essai forcé de la conciliation. Auxiliaire de la pudeur publique, réservé pour étouffer le scandale, et pour renouer des liens sacrés, son importance aurait été mieux sentie, et son application plus heureuse.

(1) Cod. de procéd., art. 875.

(2) Voyez la loi 4, §§ 1 et 2 ; la loi 6, et la loi 10, § 12, ff. *de in jus vocando ;* et le nouveau Code de procédure pour le canton de Genève, 1re partie, tit. 1er, art. 5.

CHAPITRE XIII.

DES TRIBUNAUX DE PREMIÈRE INSTANCE. — DE LEUR COMPÉTENCE.

L'ORGANISATION judiciaire a été calquée, depuis la révolution, sur l'organisation administrative. Les départemens furent d'abord divisés en districts, et il y eut un tribunal de première instance dans chaque district. Les administrations de district furent supprimées, il n'y eut qu'une administration centrale par département ; alors les tribunaux de district disparurent, et un seul tribunal de département fut établi. Enfin les départemens, devenus des préfectures, ont été de nouveau partagés en arrondissemens communaux ou sous-préfectures, et chaque arrondissement communal a recouvré son tribunal de première instance.

Cette combinaison, qui réunit dans un centre d'unité les diverses branches de l'ordre administratif et de l'ordre judiciaire, comme la perception des contributions directes, celle des contributions indirectes, l'enregistrement, les hypothèques, l'administration forestière, etc., donne une précieuse facilité à la marche des affaires. Si j'avais à discuter ici le mérite des projets que les sessions législatives ont tour à tour annoncés, depuis quelques années, sur la suppression ou la réunion de quelques tribunaux, sur l'augmentation de leur territoire et l'agrandissement de leur juridiction, je dirais que le respect des peuples s'attache mieux à l'inamovibilité des personnes et des institutions; que ces incertitudes périodiques, ces systèmes menaçans altèrent la considération et la confiance dont se nourrit la magistrature; qu'on ne pourrait changer l'ordre établi, sans rendre la justice d'un accès trop difficile, d'un trop grand coût pour le pauvre, et sans détruire cet ensemble harmonieux qui raccorde toutes les parties de l'administration publique.

On se récrie sur ce qu'il n'y a que douze juges pour toute l'Angleterre, tandis que chez nous ils sont par milliers (1)! J'en conviens, si l'on ne reconnaît pour véritables et seuls juges

(1) M. Dupin, *des Magitsrats d'autrefois*, etc., pag. 68.

en Angleterre, que le grand juge et les trois juges de la Cour du banc du roi, le grand juge et les trois juges de la Cour des plaids communs, le chef baron et les trois barons de la Cour de l'échiquier. Mais l'organisation de la justice civile, chez les Anglais, n'est point un modèle qui doive nous être proposé ; nos institutions en cette matière sont incomparablement meilleures. Les douze juges d'Angleterre siégent à Londres ; c'est là qu'il faut venir des points les plus éloignés du royaume pour plaider toutes les causes dont la valeur excède quarante schellings. Toutes les assignations sont données pour comparaître à Londres. Il est vrai que ces juges font des tournées, et tiennent des assises dans chaque comté ; mais le point de fait qu'ils vont y faire examiner par des jurés a dû être fixé à Londres. Les questions préparatoires sont plaidées et décidées à Londres. Le verdict des jurés est reporté à Londres, en cas d'opposition par l'une des parties ; et tous les débats sur l'exécution du jugement sont agités à Londres. Je m'assure qu'il ne serait point aussi avantageux pour les habitans des bords du Rhin, ou des Bouches-du-Rhône, par exemple, de venir discuter leurs droits à Paris, que d'avoir un tribunal par arrondissement, et une cour

royale dans un rayon de vingt ou trente lieues
au plus. Si l'on veut nous mettre au régime
judiciaire des Anglais, il faudra donc avoir
des jurés au civil, et faire voyager dans les départemens les juges et les avocats de Paris. On
dit qu'aux assises d'été, en 1824, il y eut
quatre-vingt-treize avocats de Londres inscrits
pour parcourir le circuit de l'ouest.

Les tribunaux de district créés par le titre 4
de la loi de 1790, se composaient de cinq ou
six juges, suivant la population, de quatre
suppléans, d'un officier chargé des fonctions
du ministère public, sous le nom de commissaire du roi, et d'un greffier. Le premier élu
des juges était le président.

Trente ans accomplis et l'exercice, pendant
cinq années, des fonctions de juge dans un
tribunal quelconque, ou de la profession
d'homme de loi *plaidant, écrivant* ou *con-
sultant;* telles étaient les conditions d'éligibilité pour les premiers choix (1).

Les professeurs et agrégés des facultés de

_____

(1) Loi du 24 août 1790, tit. 2, art. 9; et loi du 11
septembre 1790, art. 5.

droit, également déclarés éligibles, devaient opter en cas de nomination (1).

L'instruction des affaires continua d'être faite suivant les formes de l'ordonnance de 1667, en attendant la réformation de la procédure civile.

Il n'y eut plus d'avocats, mais des hommes de loi, ou défenseurs officieux, *ne formant ni ordre ni corporation*. Chacun put à son gré prendre ce titre, et plaider sans diplôme.

Les offices des procureurs furent supprimés, on leur substitua des avoués.

« Il y aura auprès des tribunaux de district des officiers ministériels ou avoués, dont la fonction sera exclusivement de représenter les parties, d'être chargés et responsables des pièces et titres des parties, de faire les actes de forme nécessaires pour la régularité de la procédure, et mettre l'affaire en état; ces avoués pourront même défendre les parties, soit verbalement, soit par écrit, pourvu qu'ils soient expressément autorisés par les parties, lesquelles auront toujours le droit de se défendre elles-mêmes verbalement et par écrit, ou d'employer le ministère d'un défenseur officieux pour leur

(1) Loi du 11 septembre 1790, art. 8.

défense, soit verbale, soit par écrit.» (*Loi du 20 mars* 1791, *art.* 3).

Les anciens procureurs, les avocats et tous ceux qui avaient appartenu à des corps judiciaires, furent admis de droit à remplir les fonctions d'avoués; pour cela, ils n'eurent qu'à s'inscrire au greffe du tribunal de district près duquel ils se proposaient d'exercer.

On fit une constitution en 1793, j'ai déjà surmonté le dégoût d'en parler (1). Ses farouches auteurs se mirent à déclamer contre le *despotisme* des tribunaux, et contre le *despotisme* des avoués : « Moi, je ne connais que la législation de la nature, » disait l'un d'eux; et non-seulement ils supprimèrent les avoués, mais ils effacèrent jusqu'au nom de juge. Ils imaginèrent des *arbitres publics* que le peuple devait nommer pour une année, et auxquels on conféra le pouvoir de décider toutes les causes sans appel.

Cette constitution ne fut point mise en activité, parce qu'elle n'avait point encore *assez de séve :* on craignit de *l'immoler par elle-même.* Mais on tira de dessous le voile révo-

(1) Ci-dessus, pag. 238.

lutionnaire qui la couvrit, quelques articles relatifs à l'administration de la justice. Il fut définitivement décrété, le trois brumaire an 2, qu'il n'y aurait plus ni procédure, ni avoués, et que les juges seraient tenus d'opiner à haute voix.

Lorsqu'on supprimait la procédure et les avoués, lorsqu'on abandonnait aux parties le soin d'instruire et de défendre elles-mêmes leurs causes, comme au temps de l'enfance des sociétés, la législation devenait de jour en jour plus infinie et plus obscure; un autre décret, monument de la plus bizarre inconséquence, disait que toute violation ou omission des formes prescrites, en matière civile, par les lois rendues depuis 1789, quand même elles n'auraient pas expressément prononcé la peine de nullité, donnerait ouverture à la cassation (1).

La constitution de l'an 3 établit avec le gouvernement directorial un nouveau système d'organisation. Les tribunaux de district disparurent : un seul tribunal civil com-

(1) Décret du 4 germinal an 2, art. 2.

posé de vingt juges au moins, de cinq suppléans, d'un commissaire du directoire, d'un
substitut et d'un greffier, fut institué dans
chaque département. Ainsi des villes telles
que Marseille, Toulon, Bayonne, La Rochelle,
Rochefort, Lorient, le Havre, Abbeville,
Châlons, Lille, etc., devinrent simplement
des chefs-lieux de justice de paix.

Les juges et leurs suppléans furent encore
élus par le peuple; l'élection devait se faire
tous les cinq ans. Le directoire reçut le droit
de nommer ses commissaires, et de les révoquer à son gré.

Les tribunaux de département se divisaient
en sections; le président de chaque section
était choisi au scrutin.

« Nous avons cherché, disait le rapporteur
du projet (1), à donner aux tribunaux assez
d'éclat et d'étendue pour y appeler des hommes
instruits, pour les investir d'une considération
suffisante, pour leur préparer par l'habitude
des affaires l'expérience et l'instruction, pour
en diminuer le nombre, en facilitant ainsi au
peuple les moyens de faire de meilleurs choix,
sans créer des corporations redoutables qui

(1). M. Boissy d'Anglas, séance du 5 messidor an 3.

puissent rivaliser avec les autres pouvoirs que nous vous proposons d'instituer. »

Ces calculs manquaient d'exactitude, car le nombre des juges à nommer pour les tribunaux de département était à peu près égal, on pourrait même dire plus fort, dans quelques localités, que celui des membres qui avaient composé les tribunaux de district. Il n'y avait donc ni plus grande facilité de choix, ni allégeance du trésor; rien ne compensait, pour les villes déshéritées de leurs anciens établissemens judiciaires, et pour les plaideurs peu fortunés, la rareté et l'éloignement des tribunaux.

C'était un grave inconvénient, dans un pays où la propriété territoriale se divisait et se subdivisait chaque jour, que ces déplacemens dispendieux des parties, des témoins, des experts, et quelquefois des juges eux-mêmes.

Le décret du 3 brumaire an 2 conserva son empire dans les tribunaux de département. Cependant on dispensa les juges d'opiner à haute voix (1).

Ces tribunaux furent juges d'appel, les uns

(1) Art. 208 de l'acte du 5 fructidor an 3.

à l'égard des autres, comme les tribunaux de district l'avaient été entre eux.

L'époque de notre révolution que l'on nomme la révolution du 18 brumaire an 8, produisit encore des changemens dans l'organisation du pouvoir judiciaire.

Les tribunaux de département furent supprimés, et l'on rétablit les tribunaux de district sous le nom de tribunaux d'arrondissement. En même temps, et pour la première fois depuis 1790, on vit une institution de juges supérieurs; des tribunaux d'appel furent créés, j'en parlerai plus loin. Pour la première fois aussi le peuple fut dépouillé du droit d'élire, et les juges nommés par le chef du gouvernement reçurent la promesse de l'inamovibilité.

On songeait alors à reconstruire et à remplir les vides de la destruction. Cette procédure, si *naturelle* et si simple, telle que l'avait faite le décret du 3 brumaire an 2; ce droit *sacré* de se présenter seul, de se défendre seul devant les tribunaux; cet affranchissement des formes et de la gêne d'un mandataire imposé; toutes ces théories, si belles dans les hauteurs de la spéculation, et si vaines dans les humbles voies de la pratique, avaient déjà coûté fort cher à un grand nombre de familles. On était venu à reconnaître que les excès sont toujours dangereux ; que l'entier anéantissement des règles avait fait disparaître des garanties précieuses, et qu'un guide offert par la loi, soumis à la surveillance des magistrats, à l'action de désaveu, et à tous les effets d'une sévère responsabilité, valait mieux qu'un premier venu libre de tout frein, vendant à prix démesuré son officieuse assistance, et les secours de son ignorante présomption.

Les avoués furent rétablis par la loi du 27 ventôse an 8. « On n'a fait en cela, disait l'orateur chargé d'exposer les motifs (1), que céder au vœu de tous les hommes qui sont instruits de la marche de la procédure. Elle ne peut être régulière sans cette institution : c'est l'unique moyen de prévenir d'immenses abus ; et, ce qui ne pourrait surprendre que ceux qui n'ont aucune expérience dans cette partie, de diminuer beaucoup les dépenses à la charge des plaideurs.

» En effet, comment se livrer encore à des exagérations, après l'épreuve dont nous venons

(1) M. Emmery, conseiller d'état.

de parler ? On avait supprimé tous les avoués
et toute la procédure, dans un accès, ou plutôt
dans un délire de perfection : on n'en eut pas
moins recours aux avoués, parce que l'ignorant
et le paresseux furent toujours tributaires de
l'homme laborieux et instruit. Les avoués ne
perdirent que leurs titres, et ils continuèrent de travailler comme fondés de pouvoirs.
Toute procédure étant supprimée, et l'avoué
n'ayant plus d'action en justice pour des salaires légitimes, il se fit payer arbitrairement,
même avant d'examiner l'affaire, beaucoup plus
qu'il n'aurait obtenu par une taxe raisonnable
de la procédure nécessaire qu'on avait supprimée ; et jamais la justice ne fut plus chère. »

Une loi du 18 fructidor an 8 répéta ce
qu'avait dit celle du 27 mars 1791 : « Jusqu'à
ce qu'il ait été statué sur la simplification de
la procédure, les avoués suivront exactement
celle établie par l'ordonnance de 1667 et
réglemens postérieurs. »

Le Code de procédure fut décrété dans le
courant de 1806; mais il n'a été obligatoire
que le premier janvier 1807 : à compter de ce
jour, toutes les lois, coutumes, usages et
réglemens anciens relatifs à la procédure civile, ont perdu leur empire.

L'état actuel de l'organisation judiciaire diffère peu de ce qu'il était avant la restauration: car la Charte a conservé les tribunaux existans (1), et n'a changé à peu près que les dénominations; je vais donc en parler au présent.

Chaque tribunal de première instance est composé de trois, quatre, sept, huit, neuf, dix ou douze juges; et de trois, quatre, ou six suppléans, suivant la population de l'arrondissement. Le nombre des juges du tribunal de Paris, fixé d'abord à vingt-quatre (2), sans compter douze suppléans, a été successivement augmenté, et définitivement porté à quarante-trois, et celui des suppléans à quatorze (3).

Les tribunaux composés de sept, huit, neuf et dix juges, se divisent en deux chambres; ceux de douze en trois chambres, celui de Paris en sept chambres.

Le tribunal de Paris a autant de vice-présidens que de chambres; dans les autres tribunaux qui ont plusieurs chambres, il y a un

(1) Art. 53.
(2) Loi du 27 ventôse an 8, art. 41.
(3) Loi du 31 juillet 1821, ordonnance royale du premier août suivant.

vice-président pour chaque chambre, autre que celle où siége le président.

Le ministère public près chaque tribunal de première instance est rempli par un procureur du roi, qui a un, deux, ou quatre substituts, suivant le nombre des chambres : à Paris, le procureur du roi en a quinze.

Les juges sont inamovibles. Les officiers du ministère public exercent leurs fonctions tant qu'il plaît au roi.

Les jugemens de tous les tribunaux de première instance ne peuvent être rendus par moins de trois juges (1).

Suivant la loi du 27 ventôse, nul ne pouvait être juge, suppléant, ou chargé du ministère public, s'il n'était âgé de 30 ans accomplis. La loi du 16 ventôse an 11 réduisit l'âge requis à 25 ans, et pour les substituts à 22 ans; enfin, suivant celle du 20 avril 1810, il faut avoir 27 ans révolus pour être président : c'est le dernier état.

Il a été établi des juges auditeurs, âgés de 21 ans au moins, qui sont à la disposition du ministre de la justice, et qu'il attache à tel ou tel tribunal de première instance. Ils sont de

(1) Loi du 27 ventôse an 8, art. 16.

véritables juges, au traitement près, lorsqu'ils ont atteint l'âge.*qui donne voix délibérative;* plus jeunes, ils n'ont que *voix consultative,* si ce n'est dans les causes où ils sont nommés rapporteurs de délibérés (1).

Les tribunaux de première instance connaissent de toutes les affaires personnelles, réelles et mixtes, sauf celles que la loi a attribuées à des juges d'exception.

Ici une difficulté s'élève. On dit : les tribunaux de première instance ont la juridiction des juges primitifs, cette juridiction à titre universel qui comprenait tout. Des justices extraordinaires furent créées depuis, pour certaines causes qui réclamaient des connaissances spéciales ou une procédure particulière ; mais cette exception n'a jamais été qu'une faveur dont les parties sont libres de profiter, et à laquelle elles peuvent renoncer. Supposez qu'elles y renoncent, l'incompétence ne sera que relative, parce que les attributions spéciales de ces justices démembrées de l'universalité originelle, venant à se con-

(1) Loi du 20 avril 1810, décret du 22 mars 1813, ordonnance royale du 19 novembre 1823.

fondre dans la juridiction ordinaire, ne font
alors que remonter à leur source, sans que
l'ordre public ou les intérêts de la société
soient exposés à la moindre lésion. Il y aurait bien incompétence absolue, si l'on portait
devant un juge d'exception telle matière qui
ne lui a pas été formellement commise; mais
elle n'existe point quand on invoque l'autorité
dont la sphère embrasse toutes les affaires, et
dont les tribunaux extraordinaires ne sont
que des émanations.

Ce système a été adopté par la Cour suprême, dans un arrêt du 10 juillet 1816
Il s'agissait d'une dette commerciale; l'action
avait été portée devant le tribunal civil, et
non devant le tribunal de commerce de l'arrondissement: l'incompétence ne fut proposée
ni en première instance, ni sur l'appel, mais
seulement à la Cour de cassation. Voici les
motifs de l'arrêt : « Considérant que ce n'est
pas à raison de la matière que les tribunaux
ordinaires sont incompétens pour connaître
des affaires de commerce; —que, si ces sortes
d'affaires ont été distraites de leur juridiction,
c'est uniquement dans l'intérêt des commerçans, dans la vue de faire juger plus promptement, et à moins de frais, les contestations

qui les concernent; — qu'il suit de là qu'en
matière de commerce, l'incompétence des tribunaux ordinaires n'est pas absolue, mais
seulement relative; et par conséquent qu'elle
peut être couverte, et qu'elle l'est effective-
ment, lorsque, comme dans l'espèce, les
parties qui pouvaient s'en prévaloir ont renoncé à cette exception, et n'ont pas présenté
le déclinatoire. »

Plusieurs écrivains très-distingués citent
cette décision, et ils l'approuvent (1). Quant
à moi, et peut-être je dois m'en accuser, je
n'ai pu parvenir à la concilier avec le texte de
la loi. Je ne discute point les anciennes théories, je m'arrête simplement à l'art. 4 du tit.
4 du décret du 24 août 1790 : « Les juges de
district connaîtront en première instance de
toutes les affaires personnelles, réelles et
mixtes, en toute matière, *excepté seulement*
celles qui ont été déclarées être de la compétence des juges de paix, *les affaires de commerce* dans les districts où il y aura des tribunaux de commerce établis, et le contentieux de la police. »

(1) M. Favard, dans son *Répertoire,* v^is Exception,
§ 2, n° 1, et Tribunal de commerce, sect. 2, § 1,
n° 5. M. Dalloz, *Collection nouvelle,* v° compétence.

Que les juges tiennent leurs attributions de la loi seule, qu'elle puisse étendre ou restreindre à son gré la juridiction ordinaire et la juridiction extraordinaire; c'est ce qui ne peut être contesté. Or les législateurs de 1790 détruisirent de fond en comble l'ancienne organisation; en réédifiant, ils créèrent des tribunaux ordinaires pour connaître de toutes les causes personnelles, réelles et mixtes, *excepté*, entre autres, *les affaires de commerce*, auxquelles il fut donné des juges spéciaux. On ne peut plus dire aujourd'hui, comme autrefois, que, *ces affaires ayant été distraites de la juridiction universelle*, le retour à l'état primitif est toujours favorable : car l'état primitif de la juridiction actuelle ne remonte qu'à 1790, et lorsqu'on régla les attributions des tribunaux ordinaires, les matières commerciales n'y furent point comprises; bien plus, elles en furent très-formellement exclues : en disant ce dont ils pouvaient connaître, on désigna ce dont ils ne pouvaient pas connaître. L'incompétence est donc absolue; elle peut être proposée en tout état de cause, elle doit même être prononcée d'office.

Cette dénomination de *tribunaux de pre-*

mière instance ou de *tribunaux inférieurs*, comme le dit le Code de procédure, indique naturellement une justice supérieure pour un nouvel examen des affaires, et des degrés de juridiction que l'on devrait toujours parcourir.

Telle est en effet la règle générale : les deux degrés de juridiction sont le droit commun, le cumul du premier et du dernier ressort est une exception. J'en ai déjà dit le motif (1) : c'est qu'il est des affaires d'une si mince importance, que l'objet du litige ne supporterait pas, sans être absorbé, le déchet inévitable des frais d'une seconde instruction et d'un second jugement.

De ces prémisses il faut conclure, qu'un tribunal de première instance ne juge que sous la condition du recours au tribunal supérieur, quand la loi n'a pas dit expressément que sa décision en serait affranchie; que l'exception du dernier ressort doit être rigoureusement restreinte aux cas déterminés; que, dans le doute, le droit des deux degrés est le plus favorable, et qu'il y a lieu de recevoir l'appel.

La compétence du dernier ressort s'étend,

_____

(1) Ci-dessus, chap. 6, pag. 92.

pour les tribunaux d'arrondissement, jusqu'à 1,000 fr. de principal (1).

Mais comment cette valeur doit-elle être fixée?

C'est par les conclusions des parties, et non par l'examen de leurs droits. *Quoties de quantitate ad jurisdictionem pertinente quæritur, semper quantùm petatur quærendum est, non quantùm debeatur. L. 19, § 1, ff. de jurisdictione.* Autrement les juges seraient toujours les maîtres de statuer souverainement sur l'affaire la plus grave, en la rapetissant, par leur sentence, de manière à la faire entrer dans le cercle étroit du dernier ressort.

Toutefois on peut citer contre cette doctrine un décret rendu le 19 pluviôse an II. Le voici :

« La Convention nationale, après avoir entendu le rapport de son comité de législation sur la pétition du citoyen Antoine-Joseph Parmentier, relative au jugement du tribunal de cassation, du 15 brumaire dernier, qui a rejeté la demande en cassation du jugement

(1) Il y a une exception pour les affaires *civiles* relatives à la perception des impôts indirects : elles sont jugées en premier et dernier ressort, sans distinction de valeur, sur simples mémoires, et sans frais. (Loi du 7 septembre 1790, article 2.).

du tribunal du district de Landerneau, du
30 septembre 1791, infirmatif des jugemens
rendus entre lui et le citoyen Hervé, en la justice de paix du canton de Lizun, les 7, 14 et
21 juin précédens;

» Considérant que, d'après l'art. 10 du tit.
3 de la loi du 16 août 1790, sur l'organisation judiciaire, les juges de paix connaissent
en dernier ressort jusqu'à 50 liv. de toutes
actions *civiles*, pour injures verbales; que la
condamnation portée par les jugemens des
7, 14 et 21 juin, ci-dessus mentionnés, ne
s'élève pas même à cette somme; *qu'il suffit,*
pour affranchir de l'appel les jugemens rendus en cette matière, *que les condamna-*
tions pécuniaires qu'ils contiennent n'ex-
cèdent pas 50 liv.; qu'il est même d'autant
plus essentiel de maintenir *cette règle,* que
les affaires d'injures sont celles qu'il importe
le plus de faire juger en dernier ressort dans
les tribunaux fraternels des juges de paix;

» Décrète ce qui suit :

» Le jugement du tribunal de cassation,
du 15 brumaire dernier, et celui du tribunal
du district de Landerneau, du 30 septembre
1791, sont nuls et comme non avenus, ainsi
que ce qui s'en est ensuivi. »

On voit que les législateurs de ces temps-
là rendaient à la fois des décrets et des jugemens; tous les pouvoirs étaient bouleversés,
et le despotisme des interprétations décelait
chaque jour le mépris ou, pour mieux dire,
l'ignorance des principes les plus élémen-
taires du droit. Le décret du 19 pluviôse se
perdit inaperçu dans la confusion de leurs
archives, et le tribunal de cassation et tous
les tribunaux n'en continuèrent pas moins
de juger comme ils l'avaient fait auparavant (1).

(1) Il ne faut pas faire un rapprochement injurieux entre le décret du 19 pluviôse an II, rendu sur
un *procès civil*, et l'article 172 du Code d'instruction criminelle, relatif aux appels des jugemens de
simple police. Cet article dit que « les jugemens rendus en matière de police pourront être attaqués par
la voie de l'appel, *lorsqu'ils prononceront un emprisonnement, ou lorsque les amendes, restitutions, ou autres réparations civiles, excéderont
la somme de cinq francs, outre les dépens.* » Mais
cette dérogation au droit commun, pour la simple
police, se rattache à une autre exception qui l'explique : c'est que le condamné seul a le droit d'appeler, et que ni la partie civile ni le ministère
public ne peuvent l'exercer, soit qu'il y ait eu acquittement, soit qu'il y ait eu condamnation moindre

Je reviens au principe ci-dessus posé : l'évaluation du litige, par les conclusions des plaideurs, donne ouverture à l'appel, ou ferme la barrière du dernier ressort.

Mais, si la demande ne contient aucune évaluation, et si cette indétermination subsiste durant tout le cours du procès, la règle générale de deux degrés de juridiction ne fléchit point, quelque mince que paraisse le prix de l'objet litigieux : elle veut que le juge ne puisse statuer qu'à la charge de l'appel, et elle lui défend de suppléer, par son appréciation particulière, au silence des parties.

Il y a même des cas où l'appel est toujours ouvert, parce que le litige ne pourrait pas être évalué; par exemple, lorsqu'il s'agit des déclinatoires pour cause d'incompétence, des récusations de juges, de l'état des personnes, des séparations entre époux, des tutelles, des droits civils, etc., etc.

Quant aux choses dont la valeur peut être appréciée, il faut distinguer :

que celle requise : le pourvoi en cassation est le seul recours qui leur soit ouvert. Voyez *la Jurisprudence des Codes criminels,* par M. Bourguignon, tom. 1er, pag. 395, et les arrêts qu'il cite.

Pour les affaires personnelles et mobilières, l'évaluation est faite, soit par le titre même de l'action, lorsque vous demandez le paiement d'une obligation de mille francs; soit par les conclusions, lorsque vous réclamez la restitution d'une chose, sinon la somme de mille francs pour en tenir lieu ; ou bien encore lorsque vous prétendez que mille francs vous sont dus pour prix d'ouvrages, de travaux, de fournitures, etc.

La demande originaire ne fixe pas irrévocablement la valeur du litige : elle peut être réduite ou augmentée par les parties, jusqu'au jugement définitif. Le demandeur, en élevant ses prétentions, fait-il sortir des limites du dernier ressort les conclusions qui d'abord y étaient comprises? le jugement sera sujet de l'appel. Changez les termes de cette supposition : qu'une demande au-dessus de 1,000 f. soit réduite au-dessous, dans le cours des débats, vous aurez la conséquence contraire.

Une action a été intentée pour obtenir le paiement de 1,500 fr. : le défendeur reconnaît qu'il en doit 600, et il les offre; mais il dispute sur le reste. Il n'y a plus de procès que pour 900 francs; le tribunal le jugera en dernier ressort.

Autre hypothèse : la demande était d'une somme de 600 fr.; mais le défendeur, en repoussant les prétentions de son adversaire, a dit que, loin d'être débiteur des 600 fr., il était créancier de 500 fr.; et il a conclu réconventionnellement, afin d'en obtenir le paiement. Il faudra réunir les deux demandes, qui formeront désormais l'objet du litige; et, dès qu'elles excèdent 1,000 fr., le tribunal ne pourra statuer qu'en premier ressort.

S'agit-il d'une affaire réelle immobilière? c'est tout autre chose. Les tribunaux ne connaissent en premier et dernier ressort que de celles *dont l'objet principal est de cinquante francs de revenu déterminé, soit en rente, soit par prix de bail* (1). La valeur nue de l'objet principal n'est d'aucune considération, c'est le taux du revenu qu'il faut consulter; point d'expertises, point de vérifications en dehors pour le fixer. Le bail à rente ou le bail à ferme sont les uniques élémens d'appréciation.

Ainsi : vous avez vendu un immeuble moyennant 800 fr.; vous demandez la résolution ou la rescision du contrat : il est bien certain que l'objet du procès ne présente qu'une valeur

(1) Loi du 24 août 1790, tit. 4, art. 5.

au-dessous de 1,000 fr., et qu'il y aurait lieu
au premier et dernier ressort, si l'on s'arrêtait
au prix de la vente. Ce serait une erreur.

Ainsi encore : vous demandez le délaissement d'un immeuble, et vous donnez l'option
au détenteur de l'abandonner, ou de vous
payer 800 fr.; en vain direz-vous que ce détenteur peut s'affranchir de toutes poursuites
en payant les 800 fr.; que les conclusions
réduisent à ce taux l'intérêt du litige, et que
votre action doit être jugée sans appel : ce
serait toujours une erreur. Vos conclusions
donnent bien une valeur capitale à l'immeuble,
mais elles ne fournissent pas la mesure légale
de son revenu.

Remarquez dans la loi ces mots : *principal—objet principal.* « Les tribunaux connaîtront en premier et dernier ressort de
toutes les affaires personnelles et mobilières,
jusqu'à la valeur de 1,000 fr. *de principal,* et
des affaires réelles *dont l'objet principal* sera
de 50 fr. de revenu déterminé, soit en rente,
soit par prix de bail. » C'est-à-dire que les
accessoires de la demande, tels que les intérêts, les restitutions de fruits, les frais et les
dommages et intérêts qu'elle a fait éclore,
sont exclus de la ligne de compte pour la

fixation du premier ou du dernier ressort.

La loi se laisserait éluder avec une déplorable facilité, s'il était permis de rompre la limite du dernier ressort, en faisant une immensité de frais à l'occasion d'une demande de cent et quelques francs ; ou si le défendeur pouvait, selon ses vues, dépouiller un tribunal du droit de statuer souverainement sur une affaire de la plus modique valeur, en s'avisant de conclure à toute volée, pour avoir des dommages-intérêts, sous le prétexte que cette affaire trouble son repos. Tout cela découle de l'action principale, se confond avec elle, et doit se juger comme elle ; c'est le cas de la maxime : L'accessoire suit le sort du principal.

Mais une distinction est encore nécessaire : si l'on demande des dépens faits, des fruits ou des intérêts échus, des dommages et intérêts nés avant l'action actuelle, ils forment *des objets principaux* et des élémens de calcul pour le taux de la compétence. J'ai acheté une créance sur un tiers, avec toute garantie pour la solvabilité du débiteur et la sûreté du paiement ; mais il arrive que j'éprouve des retards, des difficultés ; je suis obligé de traduire ce débiteur en justice, je plaide, j'obtiens jugement, je fais des poursuites d'exécution ; c'est

en vain. Lassé de payer les huissiers et de ne
rien recevoir, je me retourne vers mon cédant,
et je conclus contre lui, en invoquant la garantie promise, non-seulement à la restitution
du prix de la créance, mais encore au paiement des intérêts que je n'ai pu toucher, et
au remboursement des frais que j'ai avancés.
Ces intérêts et ces frais seront comptés pour
savoir si mon recours excède ou non les bornes
du dernier ressort, parce qu'ils ne sont pas
les accessoires de ma demande. Ils n'en dérivent point, ils sont le produit d'une instance
antérieure, et sont devenus, par cette préexis-
tence, de véritables capitaux.

Les principes du nouveau droit sont, à cet
égard, conformes à l'ancien. L'art. 3 de l'édit
des présidiaux, donné au mois d'août 1777,
disait : « Les juges présidiaux auront la connaissance en dernier ressort des demandes de
sommes fixes et liquides qui n'excéderont pas
la somme de 2,000 liv., tant pour le principal que pour les intérêts ou arrérages échus
avant la demande. A l'égard des intérêts, arrérages ou restitutions de fruits échus depuis la
demande, dépens, dommages et intérêts, ils
ne seront pas compris dans la somme qui
détermine la compétence. »

Une foule de questions s'est élevée, comme un amas de nuages, autour de la règle des deux degrés de juridiction et de ses exceptions. La jurisprudence en a dissipé la plus grande partie, et les principes généraux que je viens d'exposer devraient suffire pour la solution des cas particuliers qui peuvent se présenter.

Il reste néanmoins quelque controverse sur certains points ; j'en parlerai au titre des *exceptions*, art. 174, et aux titres des *incidens* et de *l'appel*.

Mais voici une difficulté qui ne s'était pas encore montrée sérieusement, et à laquelle on ne s'attendait plus.

La loi du 24 août 1790, la seule que nous ayons sur le taux du dernier ressort, dans les justices de paix et les tribunaux de première instance (1), se servit, pour le fixer, de cette locution : cinquante *livres*, mille *livres*. On sait que, trois ans après, le titre et le poids de la monnaie furent soumis au calcul décimal, qui forma la principale base du nouveau sys-

(1) Quant aux tribunaux de commerce, ils ont dans leur code un titre sur la compétence. On a trouvé bon d'y répéter, art. 639, les dispositions de la loi de 1790, tit. 12, art. 4, sauf la substitution du mot *francs* à celui de *livres*.

tème des poids et mesures. Or la valeur actuelle de 5o fr. représente 5o liv. 12 s. 6 den.,
et nos 1,000 fr. équivalent à 1,012 liv. 10 s.
de 1790. Ne serait-il donc pas permis d'atteindre jusqu'à cette conséquence : que les juges de paix et les tribunaux d'arrondissement
n'ont pu prononcer en dernier ressort, les uns
sur une valeur de 5o fr., les autres sur une valeur de 1,000 fr., à partir du jour où toutes les
sommes ont dû être exprimées en francs dans
les recettes et dépenses du service public, et
dans les stipulations entre particuliers?

L'objection avait été aperçue, mais on ne
s'y était point arrêté.

« Depuis que les autorités publiques sont
obligées d'énoncer en francs, et de soumettre
au calcul décimal toutes les valeurs qui sont
l'objet de leurs décisions, les tribunaux de
première instance ont constamment prononcé
en dernier ressort jusqu'à mille francs, sans
que jamais il ait été élevé aucune difficulté sur
la différence des francs aux livres tournois (1). »

« Quoique la loi porte *mille livres* et *cinquante livres*, il est universellement reconnu
qu'elle doit s'entendre comme si elle disait,

(1) M. Jourdain, *Code de compétence*, t. 2, p. 373.

mille francs et *cinquante francs*, parce que, à l'époque où elle a été publiée, le franc et la livre représentaient la même valeur. Sur ce point la jurisprudence est invariable (1).»

La question se présenta à la Cour de Rennes, le 21 août 1812. Il fut jugé qu'un tribunal de première instance avait pu prononcer en dernier ressort sur une valeur de 1,000 fr. en principal, sans égard à la distinction du franc à la livre tournois. « Aussi, dit M. le professeur Carré, qui rapporte cet arrêt, les juges de paix et les tribunaux d'arrondissement et de commerce prononcent-ils constamment en dernier ressort; les premiers jusqu'à la valeur de 50 fr. inclusivement, les autres jusqu'à 1,000 fr., sans qu'à notre connaissance, il ait été élevé d'autre difficulté, sur la différence des francs aux livres tournois, que celle sur laquelle la Cour de Rennes a été mise dans l'obligation de statuer (2).»

Mais cette doctrine si généralement établie, sur laquelle un seul plaideur s'était inutile-

---

(1) *Répertoire* de M. Favard, tom. 5, pag. 751, à la note.

(2) Lois de l'organisation et de la compétence, tom. 2, pag. 7.

ment avisé de jeter l'essai d'un doute, vient d'être attaquée d'office par le ministère public, et condamnée, à la Cour royale de Nancy, par un arrêt du 9 janvier 1826, dont voici les motifs :

« Attendu que c'est dans la seule loi du 24 août 1790 que l'on doit chercher la mesure de la somme qui doit fixer le dernier ressort : or, l'art. 5 du tit. 4 de cette loi ne fixant que *mille livres* de principal pour le dernier ressort, en toutes affaires personnelles et mobilières, et les livres en circulation à l'époque où elle a été rendue n'étant que des livres tournois, il en résulte que, la somme réclamée étant de mille francs, qui font mille douze livres dix sous, le jugement devient sujet à l'appel (1). »

Cet arrêt fera-t-il une révolution au palais? Va-t-il être dit à présent que les juges de paix ne peuvent prononcer en dernier ressort que jusqu'à la valeur de 49 francs 38 cent., et les tribunaux de première instance jusqu'à celle de 987 francs 65 centimes seulement? J'ai quelque peine à le croire.

(1) Sirey, tom. 26, 2ᵉ partie, pag. 152; Dalloz, *idem*, pag. 122.

La réforme du système monétaire fut une dépendance de ce grand projet d'uniformité dans les poids et mesures, que Louis XIV avait voulu entreprendre, que Louis XV avait été près de tenter, que Turgot était digne d'achever, et que les Romains seuls avaient exécuté (1).

L'adoption de la mesure décimale, à la place du calcul duodénaire, commandait une nouvelle division de la livre tournois (2).

Ce qu'on nommait une livre pesait une livre autrefois, et le nom était resté, quoique le poids des pièces eût successivement éprouvé de grandes diminutions.

La *livre* numéraire fut remplacée par le franc; mais on n'y avait pas songé tout d'abord, car les lois du 24 août 1793 et du 17 frimaire an II, avaient laissé subsister la dénomination de *livre*, disant qu'à l'avenir elle se diviserait en *décimes* et en *centimes*. Ce fut par

(1) Voyez le rapport de M. le marquis de Bonnay à l'Assemblée constituante du 6 mai 1790.

(2) Ainsi nommée, parce que anciennement elle se fabriquait à Tours, et pour la distinguer de la *monnaie parisis*, qui était plus forte d'un quart en aloi et en titre.

la loi du 28 thermidor an III que l'unité monétaire prit le nom seul de *franc.*

Le nouveau système aurait donc pu s'accommoder tout aussi bien de la dénomination de *livre* que de celle de *franc,* si l'on n'avait pas été si épris de l'ardeur des changemens (1). Il ne faut pourtant pas trop blâmer celui-là. A part les emblèmes du revers, c'était un assez beau type que le nom de nos pères inscrit dans une couronne de chêne et d'olivier.

La réforme du système monétaire dut éprouver quelque peine à se naturaliser. La nou-

(1) C'était moins qu'un changement; car autrefois on disait indifféremment *livre* ou *franc.* Il est vrai que le mot *franc* ne s'employait guère au singulier, ni avec quelques nombres primitifs; mais autrement on s'en servait fort bien : on disait quatre *francs,* un écu de six *francs,* vingt *francs,* cent *francs,* etc. Lorsqu'il y avait une fraction à exprimer, l'usage était d'employer le mot livre. Ainsi l'on ne disait pas *quatre francs dix sous,* mais *quatre livres dix sous.* Le mot de *franc* venait d'une ancienne monnaie sur laquelle il y avait un Français représenté à cheval ou à pied; le franc à cheval valait le double de l'autre. En 1364, sous le roi Jean, il y avait des francs portant l'effigie du roi armé, monté sur un cheval caparaçonné et fleurdelisé. Ces francs valaient 20 sous.

veauté des calculs, la scientifique étrangeté des mots, la gêne des comparaisons, la résistance des habitudes, les divers essais de fabrication, tous ces obstacles jetèrent de la langueur et de l'embarras dans le passage des anciennes idées aux nouvelles. Il fallut multiplier les instructions pour le peuple, les menaces pour les marchands, et les ordres pour les fonctionnaires publics. Cependant ce qui semblait si difficile parut simple, dès que les esprits eurent pénétré dans toutes ses parties et s'en furent rendus maîtres. La dernière impulsion fut donnée par la loi du 17 floréal an VII.

L'article 1er défendit d'énoncer autrement qu'en francs et fractions décimales de francs, à compter du 1er vendémière an VIII, toutes les stipulations et comptes de valeur monétaire pour le service public. Il ordonna que les traitemens et les impositions de toute nature seraient calculés et payés en ces valeurs, *en substituant le franc à l'ancienne livre tournois.*

«A partir de la même époque, dit l'art. 2, toutes transactions ou actes entre particuliers exprimeront également les sommes en francs, décimes et centimes, et les sommes seront censées évaluées de cette manière, quand même elles seraient énoncées en livres, sous et deniers. »

Depuis cette époque, le mot *livre* a été effacé des lois et des actes ; on ne doit plus y voir que celui de *franc.*

Depuis cette époque, c'est comme s'il y avait dans le décret du 24 août 1790 : « Les juges de paix connaîtront de toutes les causes purement personnelles et mobilières, sans appel, jusqu'à la valeur de *cinquante francs,* et, à charge d'appel, jusqu'à la valeur de *cent francs.* Les juges de districts connaîtront, en premier et en dernier ressort, de toutes les affaires personnelles et mobilières jusqu'à la valeur de *mille francs* de principal, et des affaires réelles dont l'objet principal sera de *cinquante francs* de revenu déterminé, soit en rentes, soit par prix de bail. »

Si le Code de procédure contenait un titre sur la compétence, on y trouverait, comme dans l'art. 639 du Code de commerce, la substitution de nos *mille francs* aux *mille livres* de 1790 ; mais les auteurs du Code de procédure ne se sont occupés ni de l'organisation ni de la compétence des tribunaux.

Est-il possible de supposer qu'on ait voulu élever la compétence des tribunaux de com-

merce au-dessus de celle des tribunaux ordinaires, et laisser à ceux-ci, pour limite
du dernier ressort, la somme de 987 francs 65
centimes ?

Le secret des lois nous est révélé par le
temps. C'est rendre un mauvais service que
de semer des épines sur un chemin ouvert
et battu depuis tant d'années.

Toutefois, il ne faut pas croire que les obligations *antérieures à l'an VIII,* exprimées
en *livres tournois,* ou dans lesquelles on
n'aurait pas *formellement* stipulé la valeur
des nouveaux *francs,* doivent être acquittées
sur le dernier pied. Non, elles sont réduites
à l'ancienne valeur : ainsi le veut l'art. 3 de la
loi du 17 floréal an VII. Mais telle n'est pas
la question agitée.

La Cour de Nancy a décidé, en point
de droit, qu'aujourd'hui les tribunaux de
première instance ne pouvaient prononcer,
en dernier ressort, que sur un intérêt de
987 francs 65 centimes, parce que c'est la valeur comparée des mille livres dont a parlé
la loi du 24 août 1790 ; et je persiste à croire
qu'elle n'a pas bien jugé.

Des difficultés ont été soulevées sur une

autre disposition de la loi du 24 août 1790. L'art. 6 du tit. 4 est ainsi conçu : « En toutes matières personnelles, réelles ou mixtes, à quelque somme ou valeur que l'objet de la contestation puisse monter, les parties *seront tenues* de déclarer, au commencement de la procédure, si elles consentent à être jugées sans appel, et auront encore, pendant tout le cours de l'instruction, *la faculté* d'en convenir, auquel cas les juges de district prononceront en premier et dernier ressort. »

L'obligation imposée par cet article est tombée en désuétude ; mais *la faculté* de renoncer à l'appel, durant le cours de l'instruction en première instance, existe-t-elle encore ?

Pourquoi non ?

On convient que le droit romain accordait formellement cette faculté. *Si quis, ante sententiam, professus fuerit se à judice non provocaturum, indubitatè provocandi auxilium perdidit* (1). *Sin autem partes inter se, scriptura interveniente, paciscendum esse crediderint, nemini parti licere ad provocationis auxilium pervenire, vel ul-*

_____

(1) *L.* 1, § 3, *ff. à quibus appellari non licet.*

tum fatale observare; eorum pactionem firmam esse censemus, legis etenim austeritatem, in hoc casu, volumus pactis litigantium mitigari. (1).

Cependant on cite un grand nombre d'anciens auteurs et d'anciens arrêts qui attestent que les lois romaines n'étaient pas suivies en France sur ce point. « Quelque paction et promesse que l'on ait faite, dit Philibert Bugnyon (2), de n'appeler de la sentence d'un juge, l'on en peut toujours réclamer, si l'on se sent grevé en aucune manière; et l'appel est reçu, sans qu'il soit besoin d'obtenir lettres pour être relevé de tel pacte et austérité de la loi. »

Cette abrogation du droit romain avait été, suivant M. Merlin (3), un scandale dans notre jurisprudence; la loi du 24 août 1790 le fit cesser : jusque-là point de controverse.

Mais le doute naît aujourd'hui de ce que le Code de procédure est muet sur cette

(1) *L. ult.*, § *ult. Cod. de temporibus et reparationibus appellationum seu consultationum.*

(2) *Traité des Lois abrogées et inusitées en toutes cours, terres et seigneuries du royaume de France.* Liv. 3, § 115.

(3) *Questions de Droit*, v° appel, § 7.

faculté de renoncer d'avance à l'appel, et de ce que le Code de commerce l'a reproduite, art. 639, n° 2.

Il faut embrasser le système entier d'une loi, se pénétrer de son objet et de son intention, pour faire parler son silence.

La juridiction des tribunaux de première instance comprend toutes les affaires, hors celles qui ont été attribuées à des justices spéciales. J'ai besoin encore de rappeler ce principe.

S'il était indispensable d'exposer avec détail ce qui devait entrer dans les attributions des juges extraordinaires, le même soin eût été fort inutile pour la juridiction ordinaire, puisqu'elle conserve, de plein droit, tout ce qui ne lui a pas été expressément enlevé. On ne s'est donc point occupé de la compétence *matérielle* des tribunaux civils; on s'est contenté de dire qu'ils jugeraient sans appel jusqu'à telle somme, puis l'on a indiqué quelles actions seraient portées devant le tribunal du défendeur, quelles autres devant le tribunal de la situation de l'objet litigieux, quelles autres, en matière de succession, devant le tribunal du domicile du défunt, etc.

Le Code de procédure n'a pas de titre sur la juridiction et sur la compétence en général, parce que ces choses se trouvaient déjà fixées dans les décrets d'organisation de 1790 et 1791; elles étaient là comme une base toute préparée, sur laquelle on a placé simplement des règles et des formes de procédure, au lieu des anciennes qu'on y avait laissées en attendant la réforme promise.

Pour le Code de commerce, un autre système était nécessaire. Dès 1790 (1) on avait voulu élargir le cercle de la juridiction des juges-consuls, en les appelant *juges de commerce.* On leur avait rendu la connaissance des affaires maritimes (2), on leur avait créé une compétence en dernier ressort, à l'instar des tribunaux ordinaires; on crut devoir faire plus encore, en leur donnant un code : on y mit une foule de nouvelles attributions qui feront peut-être regretter la simplicité de l'institution primitive. Force fut bien alors de rassembler dans un livre spé-

(1) Tit. 12 de la loi du 24 août 1790.
(2) Voyez le chapitre suivant.

cial (1) les règles touchant l'organisation des tribunaux, leur compétence sur les choses et les personnes, les formes de procéder devant eux, celles à suivre sur l'appel devant les cours, et l'on ne dut pas craindre de répéter plusieurs dispositions qui se trouvaient éparses çà et là, soit dans les anciennes ordonnances, déclarations ou arrêts de règlement, soit dans les lois nouvelles. C'est ainsi qu'il fut dit, art. 639 : « Les juges de commerce jugeront en dernier ressort toutes les demandes dont le principal n'excédera pas la somme de 1,000 francs, et toutes celles où les parties auront déclaré vouloir être jugées sans appel, » quoique la même chose se trouvât dans les art. 4 et 14 du tit. 12 de la loi de 1790. C'est ainsi qu'il fut dit, art. 640 : « Dans les arrondissemens où il n'y aura pas de tribunal de commerce, les juges du tribunal civil exerceront les fonctions et connaîtront des matières attribuées aux juges de commerce, » quoique la même chose se trouvât dans l'art. 13 du tit. 12 de la loi de 1790. C'est ainsi qu'il fut dit art. 627 : « Le ministère des avoués est interdit dans les tribunaux de commerce, »

(1) C'est le 4ᵉ du Code de commerce.

quoique la même chose se trouvât dans l'art.
414 du Code de procédure. Il est inutile de
multiplier ces exemples.

Le silence du Code de procédure sur la
faculté donnée par la loi de 1790 de renoncer
d'avance à l'appel, s'explique donc par le
motif que l'exercice de cette faculté n'est
point un acte de procédure, et qu'il était inutile de la rappeler dans une loi qui ne parle
ni du nombre des degrés de juridiction, ni
des limites du dernier ressort. La mention
qu'en a faite le Code de commerce s'explique,
à son tour, par le motif contraire ; c'est que
sa place y était naturellement marquée au titre
de la compétence.

Le Code de procédure n'a point répété que
les tribunaux civils jugeraient en dernier ressort jusqu'à 1,000 francs ; mais le Code de
commerce l'a dit de nouveau pour ses juges.
Oserait-on en inférer que les tribunaux civils
ne doivent plus prononcer, dans toutes les
causes, qu'à la charge d'appel, ou que leur
compétence n'a plus de limites ?

CHAPITRE XIV.

DES TRIBUNAUX DE COMMERCE. — DES CONSEILS
DE PRUD'HOMMES.

DANS les siècles du gouvernement féodal, la monarchie fut démembrée et l'autorité royale devint pour les peuples une vaine protection. Ce fut le temps des guerres privées, des invasions des Normands, du servage et de la main-morte. Les mers se couvrirent de pirates, la terre se couvrit de Juifs, les droits d'aubaine et de naufrage furent établis. « Les hommes pensèrent que les étrangers ne leur étant unis par aucune communication du droit civil, ils ne leur devaient d'un côté aucune sorte de justice, et de l'autre aucune sorte de pitié (1). » Les barons ravageaient la campagne, et la population tremblante groupait ses huttes au pied de ces châteaux où la

(1) *Esprit des Lois*, liv. 21, chap. 17.

tyrannie tarifait les péages, les sauve-gardes,
et les droits incertains d'une chétive existence.

La communication d'une province à l'autre
était presque impossible; il n'y avait point
d'auberges pour les voyageurs, ils étaient
obligés de se réunir en troupes pour résister
aux brigands qui infestaient les chemins (1).
Vers la fin du dixième siècle, le comte Bou-
chard, voulant fonder un monastère à Saint-
Maur-les-Fossés, près Paris, demanda des
religieux à l'abbé de Cluny en Bourgogne;
l'abbé s'excusa sur ce qu'il serait trop périlleux et trop fatigant d'aller dans une région
étrangère et inconnue (2). Nos vieilles chro-
niques sont pleines de pareils traits. Les traces
du commerce et des échanges entre les hommes étaient effacées sur des plages inhospita-
lières.

Un concours de circonstances extraordinaires, dont j'ai déjà parlé, et qu'il serait trop
long de rappeler ici (3), forma les communes,
accrut la force du trône, et facilita les affran-

(1) Dom Bouquet, *Recueil des Hist.*, tom. 7,
pag. 515.
(2) *Idem*, tom. 10, pag. 351.
(3) Voyez ci-dessus, chap. 9, pag. 173 et suiv.

chissemens. La stupeur de la servitude fit place à des idées de liberté, et les premières idées de liberté furent le premier essor de l'industrie. L'esprit de commerce rapprocha les provinces, adoucit les mœurs, disposa les peuples à la paix, et donna au gouvernement une nouvelle direction.

Les comtes de Champagne et de Brie établirent dans leurs domaines six foires par année; ils les dotèrent d'un grand nombre de franchises et de priviléges, afin d'y attirer les marchands de toutes les nations.

Mais ce n'était point assez que des exemptions de taxes, et des mesures de sûreté pour les personnes; il fallait encore fonder des garanties de crédit, et appeler la confiance dans ces grands marchés; il fallait pourvoir à ce que les affaires n'y fussent pas entravées par la crainte des longues procédures usitées dans les tribunaux ordinaires du royaume, par l'embarras d'aller chercher les débiteurs à des distances considérables, et par l'extrême difficulté de les poursuivre devant des juges étrangers.

C'est ce que fit Philippe de Valois quelques années après le traité qui assura définitivement à la couronne la possession des

comtés de Brie et de Champagne. Il ordonna
« qu'aux gardes de la foire appartînt la cour
et connaissance des cas et contrats advenus
ès dites foires (1). » Ces règlemens obtinrent
un beau triomphe sur les rivalités de pouvoir
et de croyance qui divisaient alors et les
provinces et les nations; car il y est dit que
« pour ce s'accordèrent prélats, princes, barons, chrétiens et mécréans, en eux soumet-
tant à la juridiction d'icelles foires, et y donnant obéissance. »

Les premiers succès des croisés avaient
ouvert à l'Italie les ports de l'Orient; les
vaisseaux des Vénitiens, des Génois et des
Pisans, portaient sur la côte les provisions et
les munitions de guerre. Ces marchands se
firent donner des immunités considérables
dans les établissemens formés par les chrétiens : bientôt on les vit maîtres d'une partie
du Péloponèse et des îles les plus fertiles de
l'Archipel. Plusieurs branches de commerce
concentrées jusqu'alors en Asie franchirent
leurs vieilles digues; les trésors de l'Inde ne
s'arrêtèrent plus à Constantinople, et vinrent

(1) Lettres patentes de 1349.

se répandre dans les principales cités du midi de l'Europe.

Le voisinage des Italiens, plus connus à cette époque sous le nom de Lombards, attira le commerce des rives de la Marne à celles du Rhône. Les foires de Champagne furent transférées à Lyon; leur juridiction y reçut le nom de Conservation, et l'exercice en fut d'abord confié au sénéchal de cette ville.

Les affaires se multipliant à mesure que les foires devenaient plus importantes et plus fréquentées, il y eut nécessité de pourvoir la Cour de Conservation de juges particuliers. On créa en titre d'office un juge conservateur et un lieutenant, lesquels durent être gradués et versés dans l'étude du droit romain (1).

Dans la suite, le prevôt des marchands et les échevins de Lyon achetèrent ces offices; plus tard, la Cour de Conservation fut réunie à la juridiction consulaire.

En 1549, François Iᵉʳ fonda pour les marchands de Toulouse une bourse commune, à l'instar du change de Lyon, et leur permit « d'élire entre eux et faire, chacun an, un

_____

(1). Arrêt du parlement de Paris, 12 juillet 1624.

prieur et deux consuls (1), pour connaître et décider, en première instance, de tous les procès qui seraient intentés à raison des marchandises, foires et assurances, au jugement desquels lesdits prieur et consuls pourraient appeler telles personnes qu'ils jugeraient à propos. »

Henri II fit en faveur de la ville de Rouen ce que son père avait fait pour celle de Toulouse.

François II alla plus loin : il voulut affranchir le commerce des plus simples formes de la justice et du joug de toute espèce de tribunal. Ce prince considéra « que rien n'enrichit les villes, pays et royaumes, comme le trafic des marchandises, lequel est appuyé et repose entièrement sur la foi des marchands, qui, le plus souvent, agissent de bonne foi entre eux, sans témoins et notaires, sans garder et observer la subtilité des lois; dont s'ensuit qu'aucuns cauteleux et malicieux, au lieu de payer ou de faire payer ce qu'ils ont promis, travaillent par procès ceux avec lesquels ils ont négocié, et les distraient de leurs

(1) Cette dénomination de *consuls* fut probablement empruntée aux juridictions commerciales de l'Italie

marchandises ; tellement que l'assurance et
confiance des uns aux autres est par ce moyen
tollue, et le train de marchandises diminué
et anéanti. »

En conséquence il fut ordonné « que dorénavant nuls marchands ne pourraient tirer
par procès les uns les autres, pour fait de marchandises, par-devant leurs juges ou autres,
mais seraient contraints d'élire et de s'accorder de trois personnages, ou plus, en nombre
impair, si le cas le requérait, marchands ou
d'autre qualité, et de se rapporter à eux de
leurs différends ; et que ce qui serait par eux
jugé et arbitré tiendrait comme transaction
et jugement souverain.... Et où lesdites parties ne pourraient ou ne voudraient convenir
desdits personnages, en ce cas le juge ordinaire des lieux les y contraindrait, et, au refus
ou délai de les nommer, les choisirait ou
nommerait, sans que lesdites parties fussent
reçues à appeler de ladite nomination. »

Ce que je viens de rapporter appartient à
cette ordonnance d'août 1560, dont j'ai déjà
cité d'autres dispositions en parlant des arbitrages forcés entre parens, et qui fut pres-
qu'aussitôt oubliée que rendue.

Au mois de novembre 1563, Charles IX

enjoignit au prevôt des marchands et aux échevins de la ville de Paris, de nommer et élire, en
l'assemblée de cent notables bourgeois, cinq
marchands natifs et originaires du royaume,
afin de juger tous procès et différends, pour
fait de marchandises seulement. Le premier
élu fut nommé *juge,* et les quatre autres
consuls des marchands. Leur charge ne
devait durer qu'une année, sans que, pour
aucune cause et occasion, l'un des cinq pût
être continué.

Les juges et consuls des marchands reçurent le pouvoir de prononcer, en dernier ressort, sur les demandes au-dessous de cinq
cent livres tournois, et, pour les cas excédant
cette somme, l'appel dut être porté au parlement.

Ces dispositions, empreintes du génie d'un
grand ministre, furent étendues en 1566 à
toutes les capitales des provinces (1). Dans le
siècle suivant, une main puissante éleva des
manufactures, créa, comme par enchantement, des compagnies pour le négoce

(1) Des édits de 1710 et de 1711 donnèrent des
juges et des consuls à toutes les villes de commerce
dans lesquelles il y avait un siége royal.

extérieur, et rangea dans le plus bel ordre
les anciennes lois du droit maritime; la même
main élargit les bases de la juridiction commerciale, et développa dans l'ordonnance de
1673 les règles de l'édit de 1563, devenues
trop simples en raison de l'agrandissement et
de la nouvelle activité des affaires.

M. Meyer croit avoir trouvé la cause de l'é-
tablissement des juridictions consulaires, dans
l'ombrage que donnait à la puissance royale
l'ascendant politique des communes, vers le
commencement du seizième siècle. Alors,
dit-il, les rois, qui n'avaient plus besoin
d'appui contre les prétentions des grands vassaux de la couronne, songèrent à restreindre
les priviléges que les chartes d'affranchissement avaient accordés au tiers état. Mais il
fallut recourir à des expédiens pour rendre
moins inquiétante l'opposition des bourgeois
déshérités de leurs prérogatives : on ne trouva
rien de mieux que de donner à une partie
d'entre eux seulement une des plus grandes
faveurs dont on voulait dépouiller les villes,
celle d'élire leurs magistrats. C'était un moyen
sûr de les détacher des intérêts communs, et
de se faire dans la commune même un parti

prêt à sacrifier les droits de la masse entière pour se conserver quelques avantages. Le gouvernement commença donc à favoriser les négocians, tandis que la jalousie des bourgeois non-commerçans lui promettait un contre-poids, dans le cas peu probable où des indi-vidus occupés du désir d'amasser des richesses, livrés à des spéculations lointaines et hasar-deuses, eussent pu devenir dangereux pour son autorité. Aussi les juges-consuls, que l'on permit aux marchands d'élire dans leur corps, devaient-ils être renouvelés annuellement: ceux qui sortaient de charge ne pouvaient être réélus; leur compétence fut bornée au fait du commerce; ils furent soumis à l'appel, et ils ne purent connaître de l'exécution de leurs propres sentences. Il faut bien que tel ait été le motif qui dicta l'ordonnance de 1563, ajoute M. Meyer, car, dans les pays qui doivent au commerce leur plus grande prospérité, comme l'Angleterre et les villes hanséatiques; dans ceux qui lui doivent leur existence poli-tique, comme les Pays-Bas, on n'a jamais connu les juridictions consulaires.

Voilà le système que M. Meyer s'est fait, et que sa brillante érudition soutient à l'aide de quelques aperçus historiques qui, j'o-

serai le dire, ne me paraissent point déci-
sifs (1).

Que le commerce ait pu prospérer sans juridiction spéciale, c'est ce que je n'entrepren-
drai point de contester : toutefois il est bon
de remarquer que le jury appliqué à toutes
les causes en Angleterre, et l'élection libre des
juges par la cité, dans les villes hanséatiques
et dans les Pays-Bas, rendent tout-à-fait indif-
férens les exemples que l'on voudrait en tirer
contre l'utilité de nos justices consulaires.
Mais ce n'est pas la question.

Les premiers fondemens de la juridiction
commerciale furent posés par Philippe de
Valois. Certes, en ce temps-là, le pouvoir
royal était loin de redouter les envahissemens
des communes; il encourageait au contraire
les efforts qu'elles faisaient pour secouer le
joug des barons, et pour se former à l'ombre
du trône, dont elles aspiraient à devenir les
vassales. La charte d'affranchissement d'Abbeville fut donnée en 1350, *propter injurias*
et molestias à potentibus terræ burgensibus
frequenter illatas (2).

(1) Tom. 2, pag. 588 et suiv.
(2) *Recueil des Ordonnances*, tom. 4, pag. 55.

La translation des foires de Brie et de Champagne à Lyon; la permission octroyée aux marchands de Toulouse de se choisir des juges spéciaux; la même faveur accordée dix ans plus tard par Henri II au commerce de Rouen, indiquent assez qu'il ne s'agissait point alors de semer un germe de rivalités entre les bourgeois et les négocians de trois villes du royaume, mais de favoriser l'expédition des affaires commerciales, à mesure qu'elles se portaient sur certains points, en les dégageant des formes lentes et subtiles dont était hérissée la procédure ordinaire, et de *les faire aller en outre, nonobstant les pourchas, sur tous accessoires et dilatoires*, comme il avait été dit dans les lettres patentes de 1349.

Au reste M. Meyer ne prétend point que ces trois juridictions commerciales, placées à de si grandes distances et à de si longs intervalles, dans le cours de deux siècles, depuis Philippe de Valois jusqu'à François II, aient été coordonnées à ce système de contre-poids, qu'il fait éclore seulement au seizième siècle. En tout cas, les conseillers de François II n'auraient pas été dans le secret, car l'arbitrage forcé auquel toutes les affaires de commerce devaient être soumises, suivant l'ordonnance de 1560, ne ressemblait guère à un privilége. On sait que ce prince avait prescrit la même voie de décision pour les causes relatives aux partages de successions et de biens communs, aux comptes de tutelle et autres administrations, aux restitutions de dot et aux délivrances de douaire, c'est-à-dire, au plus grand nombre de procès civils.

Le seizième siècle arriva. Le commerce et les arts s'associèrent aux progrès de la civilisation; on se pressa avec ardeur dans ces nouvelles routes de richesses et d'honneurs; les négocians, plus répandus, devinrent moins ambulans, et les affaires, moins circonscrites, exigèrent un plus grand nombre de juridictions commerciales. Je crois qu'il ne faut point chercher d'autres motifs aux ordonnances qui donnèrent à la ville de Paris en 1563, et successivement aux capitales de provinces, le droit d'élire des juges-consuls.

Ce serait une grande erreur si l'on imaginait que l'affranchissement des communes fît renaître, pour elles, la liberté des anciens peuples, ou cette fière indépendance de l'antique Germanie. Les cités n'y gagnèrent, comme l'observe très-bien M. Meyer dans un autre

endroit de son livre (1), que des exemptions
de charges et l'allégement des avanies sous lesquelles la domination des châtelains les avait
courbées. Elles devinrent une nouvelle espèce
de vassaux, tenant à fief leur liberté du souverain, et usant collectivement des droits que
les vassaux ordinaires possédaient individuellement.

Les corps de communes, avec leur juridiction bornée à la police intérieure, n'eurent
jamais assez de poids pour inspirer des alarmes sérieuses à la puissance royale. Les gouverneurs des provinces, les baillis, les sénéchaux, les juges royaux, les parlemens
ne suffisaient-ils pas pour les tenir en respect,
lorsque l'ordonnance de 1563 fut rendue?
En admettant que ce soit de cette époque
seulement que date le véritable établissement
des tribunaux consulaires, il existait alors assez
de causes de querelles intestines entre les
membres des cités, pour qu'il ne fût pas besoin
d'y jeter encore d'autres semences de divisions; et le chancelier de l'Hopital avait des
vues trop franches et trop élevées pour ca-
cher une mesquine politique de discorde sous

(1) Tom. 2, pag. 375 et suiv

les beaux dehors d'un édit de protection.

La domination absolue que Louis XIV exerça sur tous les ordres de l'état, ne permet plus, lorsqu'on y arrive, de discuter sérieusement le système de M. Meyer. Personne ne dira que l'ordonnance de 1673 fut la tradition surannée d'un privilége concédé à une classe de citoyens pour l'opposer aux prétentions de l'autre, et pour réprimer des ambitions municipales.

Le prince qui condamna les états généraux à l'oubli, et les parlemens au silence; qui sut jouir pendant soixante ans d'une obéissance asiatique; le prince qui disait à son successeur : « Dans l'Etat où vous devez régner après moi vous ne trouverez point *d'autorité* qui ne se fasse honneur de tirer de vous son origine et son caractère, point de *compagnie* qui ne se croie obligée de mettre son unique sûreté dans son humble soumission (1); » le prince qui créa et vendit des offices de maires perpétuels: ce prince ne redoutait point les communes et les entreprises de la *gent corvéable*.

L'édit de 1563 contenait seulement des dis-

(1) Instructions pour le Dauphin, tom. 2, pag. 29.

positions relatives à l'établissement, à la compétence et à la procédure des juridictions
consulaires. L'ordonnance de 1673 y ajouta
des titres sur les devoirs des marchands, des
agens de change et courtiers; sur les sociétés,
les lettres et billets de change, les faillites et
les banqueroutes, etc.

L'ordonnance de la marine vint compléter,
en 1681, cet admirable système de législation
commerciale, qui a fait autorité jusque dans
les cours de justice de la jalouse Angleterre.

Les juges-consuls avaient reçu, par l'ordonnance de 1673, le pouvoir de juger les
procès relatifs aux assurances, grosses aventures, promesses, obligations et contrats concernant le commerce de mer (1); mais ils en
furent dépouillés provisoirement par deux
arrêts du Conseil d'État, et définitivement par
l'ordonnance de 1681, qui rendit aux amirautés l'attribution de ces matières.

La juridiction des amirautés comprenait à
la fois la connaissance des affaires contentieuses de mer, les actes d'administration dans
les ports marchands, la recherche et le jugement des délits qui s'y commettaient. Il y

_____

(1) Tit. 12, art. 7.

avait auprès de ces tribunaux des Gens du Roi
et des procureurs en titre d'office.

Tel était l'ordre des choses quand survint
l'organisation judiciaire de 1790. Les juridictions consulaires changèrent leur nom pour
celui de *tribunaux de commerce;* leur compétence en dernier ressort fut élevée jusqu'à
1,000 fr., comme celle des tribunaux civils (1);
elle s'étendit sur le même territoire, à quelques
exceptions près.

(1) Loi du 24 août 1790, tit. 12, art. 4. M. Carré
enseigne dans ses *Lois d'organisation et de compétence,* tom. 2, pag. 53 et 643, que la compétence des
tribunaux de commerce est *un peu plus étendue* que
celle des tribunaux ordinaires, parce que ces derniers
ne peuvent juger sans appel que *jusqu'à la valeur*
de 1,000 fr. de principal, suivant l'art. 5 du tit. 4 de
la loi de 1790, tandis que les autres, aux termes de
l'art. 4 du tit. 12 de la même loi, et de l'art. 639 du
Code de comm., sont autorisés à prononcer en dernier
ressort sur les demandes dont le principal *n'excède
pas la valeur* de 1,000 fr. M. Carré conclut de cette
différence d'expressions, que les tribunaux civils doivent juger, à la charge d'appel seulement, une valeur de 1,000 fr., puisque leur compétence ne va que
jusque-là. Il met la borne en deçà des 1,000 fr., de
sorte qu'il ne leur accorde la puissance du dernier
ressort, inclusivement, que pour les demandes qui

Chaque tribunal fut composé de cinq juges
élus à la pluralité des suffrages, pour deux

ne s'élèvent pas au-dessus de 999 fr. 99 cent; mais il
comprend les 1,000 fr. tout entiers dans la compétence souveraine des tribunaux de commerce.

Je ne puis adopter cette distinction : les mots *jusqu'à la valeur de 1,000 fr. de principal*, et ceux-
ci, *les demandes dont le principal n'excède pas
1,000 fr.*, présentent à mon sens la même idée ; car
jusqu'à n'est pas toujours une locution exclusive :
aller *jusqu'au* but, c'est toucher le but; aller *jusqu'à* Paris, ce n'est point s'arrêter à la barrière. La
différence d'un denier en 1790, ou d'un centime depuis, n'a certainement pas fait l'objet des méditations
du législateur, lorsqu'il a fixé la compétence des
tribunaux civils et des tribunaux de commerce. L'art.
13 du titre 12 de la loi du 24 août 1794 le prouve
très-évidemment. On y lit : « Dans les districts où
il n'y a pas de juges de commerce, les juges de district connaîtront de toutes les matières de commerce
et les jugeront dans la même forme que les juges de
commerce; leurs jugemens seront DE MÊME sans appel
JUSQU'A la somme de 1,000 fr. » On s'est donc servi indifféremment dans le même titre, et pour rendre la
même idée, de cette expression *jusqu'à* et de celle-
ci: *qui n'excède pas.* On n'y a pas regardé de si près
que notre auteur.

Ce qui achève la démonstration, c'est que les tribunaux de district et les tribunaux de département

années seulement, dans l'assemblée des négocians, banquiers, marchands, manufactu-
riers, armateurs et capitaines de navire, parmi
ceux âgés de trente ans accomplis, résidant et
commerçant, depuis cinq ans au moins, dans
la ville où ils devaient siéger. Le président,
nommé par une élection spéciale, dut avoir
trente-cinq ans d'âge et dix années d'exercice
dans le commerce.

Les juges ordinaires furent chargés de statuer sur les matières attribuées aux tribunaux
de commerce, dans les districts où l'on ne
trouva point utile d'en établir.

On n'avait pas songé d'abord à indiquer le
tribunal auquel devait ressortir l'appel d'un

---

furent les juges d'appel des tribunaux de commerce,
jusqu'à l'organisation de l'an VIII; et il n'est pas sup-
posable que l'on ait voulu porter la compétence du
juge inférieur plus haut que celle du juge supérieur.

M. Dalloz, dans sa nouvelle collection, tom. 4,
verbo degrés de juridiction, pag 626, croit que la
différence signalée par M. Carré existe réellement
dans le texte de la loi: il paraît que le texte de l'article
ci-dessus transcrit avait échappé à l'un et à l'autre de
ces estimables jurisconsultes.

M. Dalloz se fonde sur ce que M. Merlin a dit,

jugement de commerce : cette lacune fut remplie par le décret du 3o mars 1791. Les tribunaux de districts devinrent juges supérieurs des décisions commerciales, dans les cas et suivant les modes prescrits pour les appels de ces tribunaux entre eux (1).

L'ordonnance de 1673 ne disait rien sur les règles du commerce maritime, il fallait aller les chercher dans celle de 1681 ; elles y étaient confondues avec des dispositions dont les unes appartenaient à l'administration

dans le Répertoire, que l'expression *jusqu'à* était essentiellement exclusive. Cependant, si l'on ouvre le Répertoire, au mot *tribunal de première instance,* on y verra ce qui suit : « C'est un tribunal qui, dans chaque arrondissement communal, connaît de toutes les affaires civiles qui étaient ci-devant attribuées aux tribunaux de district et aux tribunaux civils de département; savoir, en premier et en dernier ressort, lorsque l'objet contesté *n'excède pas* 1,000 francs, ou 5o francs de rente, et à la charge d'appel dans les autres cas.» M. Merlin n'attache donc pas toujours un sens exclusif à l'expression *jusqu'à,* puisqu'il a cru pouvoir la remplacer, en rapportant les dispositions de la loi, par ces mots : *qui n'excède pas.*

(1) Voyez au chapitre suivant l'explication de ces appels circulaires.

publique, comme l'instruction et l'examen des navigateurs, et les autres à l'organisation militaire de la marine, comme les attributions du grand amiral. On y trouvait à la fois des règles de droit civil, comme celles des testamens en mer; des objets de police, comme le placement des navires dans les rades et les ports; et des matières de haute politique, comme le droit d'entrer, de séjourner et d'importer des denrées.

Les décrets de 1790 firent des parts de toutes ces attributions. Le contentieux relatif aux transactions du commerce maritime fut enlevé aux amirautés, et donné aux tribunaux de commerce; les amirautés ne subsistèrent plus que pour la police de la navigation et des ports, et pour le jugement des prises (1): la loi du 13 août 1791 les supprima.

Cependant les tribunaux de commerce ne reçurent point encore l'autorisation de juger la validité des prises maritimes (2); mais elle leur fut accordée par les décrets des 14 février 1793 et 3 brumaire an IV, et ils la conservèrent jusqu'au mois de germinal

(1) Loi du 11 septembre 1790, art. 8 et 11.
(2) Loi du 3 août 1791, art. 1er.

an VIII, époque de l'établissement du conseil des prises.

Le gouvernement reprit en 1814 (1) la connaissance des prises maritimes, pour la transférer au comité du contentieux du conseil d'État (2). « La nature et les résultats de cette sorte d'affaires dérivent du droit public : elles appartiennent à la politique. Les questions qu'elles font naître, les contestations qu'elles produisent doivent être soumises à une juridiction particulière, parce qu'elles intéressent autant les droits politiques des nations que les droits du commerce (3). »

Le Code de commerce parut en 1807; presque tous ses articles ont été puisés aux sources des ordonnances de 1673 et de 1681.

L'uniformité des principes, leur stabilité au milieu des révolutions du temps, des divisions intérieures et des rivalités nationales, sont un caractère distinctif de la jurisprudence commerciale; cette observation a

(1) Ordonnance du Roi du 22 juillet.
(2) *Id.* du 9 janvier 1815.
(3) M. Locré, *Esp. du Code de commerce,* tome 8, pag. 282.

déjà été faite (1). Les lois civiles ne régissent que les peuples auxquels elles ont été données; mais les lois de commerce ont une prévoyance plus étendue, plus hospitalière : elles sont faites pour cette grande famille de commerçans répandus dans le monde entier, et ce fut peut-être un des motifs qui séduisirent François II, lorsqu'il voulut que leurs procès fussent toujours vidés par des arbitres, de même que ceux entre parens et alliés. Nos opérations, notre banque, nos commissions sont encore réglées par les usages que les Phocéens apportèrent sur les rivages de la Gaule. Nos statuts maritimes viennent de Tyr, de Carthage et de Rhodes; ils sont encore tels, à peu près, que Marseille les donna à la Méditerranée, dans le consulat *de la mer,* et Bordeaux à l'Océan, dans les *jugemens ou Rooles d'Oleron.* La preuve testimoniale, bannie depuis long-temps de nos tribunaux civils, est restée, comme aux premiers âges, affranchie de toutes limites dans les tribunaux de commerce. De ces antiques traditions, réu-

(1) Voyez le discours de M. Pardessus, pour l'ouverture du Cours de droit commercial à la faculté de Paris, le 18 novembre 1820.

nies sur un plan régulier, quelques-unes ont
été complétées ou appropriées aux mœurs
nouvelles, aux besoins nouveaux du négoce et
au système général de la législation. D'autres
titres du Code offrent des vues toutes neuves,
comme celui des faillites, par exemple; et ce
ne sont pas ceux-là qui ont le mieux tenu les
promesses de la spéculation (1).

Je ne dois m'occuper ici que de la partie
judiciaire du commerce.

L'édit de 1563 et l'ordonnance de 1673 faisaient concourir tous les notables de la cité à
l'élection des juges-consuls; la loi du 24 août
1790 y admettait tous les négocians. Ainsi, dans
le premier système, il y avait des électeurs qui
pouvaient n'être pas commerçans; dans le second, il y en avait qui n'étaient pas notables. Le
Code a mieux fait, il a attaché le droit d'élire à
la réunion des deux qualités de notable et de
commerçant (2).

Aujourd'hui les tribunaux de commerce
ont un président, deux juges au moins, huit

(1) Voyez la *Législation civ., com. et crim., de la
France*, par M. Locré, tom. 1ᵉʳ, pag. 131 et suiv.

(2) Art. 618 et 619. La liste des notables est dressée par le préfet, et approuvée par le ministre de
l'intérieur.

au plus, et un nombre de suppléans propor-
tionné au besoin du service.

Le président doit être âgé de 40 ans, et ne
peut être choisi que parmi les anciens juges.

Pour être éligible comme juge, il faut
avoir l'âge de 30 ans, et avoir exercé le commerce avec honneur et distinction pendant
cinq années.

Le même ne peut être l'objet de deux
choix successifs qu'après un an d'intervalle.
Les juges de commerce forment une espèce
de jury appelé pour prononcer sur les contestations de leurs pairs, et ces fonctions
temporaires ne doivent pas être confondues
avec les magistratures civiles.

Ceux qui sont élus reçoivent l'institution
du Roi. Leurs jugemens sont rendus par trois
juges au moins; lorsque, par des récusations
ou des empêchemens, il ne reste pas un
nombre suffisant de juges ou de suppléans,
le tribunal est complété par des négocians
pris sur la liste des notables, suivant leur
ordre d'inscription (1).

La loi du 27 mars 1791 laissait aux juges

_____

(1) Décret du 6 octobre 1809. A ce décret est an-
nexé le tableau des villes dans lesquelles les tribunaux

le choix du greffier; aujourd'hui il est nommé par le Roi.

On proposa, dans la discussion du Code, d'introduire des officiers du ministère public et des avoués auprès des tribunaux de commerce : ces innovations furent repoussées (1); il ne faut pas d'intermédiaire entre le commerçant qui plaide et le commerçant qui juge.

Cependant les parties ont la faculté de se faire *représenter* par des fondés de pouvoir, et même de se faire *défendre* par des avocats: l'honneur du barreau est en tout lieu une garantie de délicatesse et de désintéressement.

Depuis que la juridiction commerciale a été si largement agrandie, elle attire dans son domaine des causes d'une haute importance, dont la discussion exige un profond savoir et des talens éprouvés: obliger les plaideurs à se défendre toujours eux-mêmes, ce serait les exposer à des chances trop inégales (2).

de commerce ont été placés, et celui du nombre des juges et des suppléans fixé pour chacun d'eux.

(1) Art. 4 de l'édit de 1563, art. 414 du Cod. de procéd. , art. 627 du Cod. de comm.

(2) Voyez l'*Esprit du Cod. de Proc.*, de M. Locré, sur le titre 25.

La forme de procéder devant les tribunaux de commerce a été accommodée à leur nature et à leur organisation, pour donner aux débats plus de simplicité, et aux jugemens plus de rapidité. Toutefois la procédure commerciale a ses déchéances et ses nullités, comme la procédure ordinaire; elle rentre dans les voies communes au point où s'arrêtent les exceptions. Les formalités de l'ajournement, la publicité de l'audience, la manière de former les jugemens, l'obligation de les motiver, toutes les conditions essentielles à l'administration de la justice se retrouvent là, parce qu'il faut partout des sûretés contre les surprises, l'erreur et l'arbitraire.

Les appels des jugemens de commerce sont portés à la Cour royale du ressort, qui ne peut, sous aucun prétexte, en suspendre l'exécution, jusqu'à ce que l'arrêt définitif soit prononcé. J'entrerai dans des développemens plus étendus, en expliquant le titre de *la procédure devant les tribunaux de commerce*, et celui de l'*appel*.

Au temps des communautés d'*arts et métiers*, l'autorité de la loi commerciale ne régissait guère que les marchands, qui seuls

avaient le privilége du commerce. De là sortit
une juridiction fondée sur la qualité des personnes, et non pas seulement sur la nature
des actes. Les faits de commerce, excepté les
lettres de change ou remises d'argent de place
en place, n'entraient dans les attributions
consulaires que lorsqu'ils procédaient d'un
vrai négociant; on ne demandait point aux
gens, pour savoir quel tribunal devait les
juger, ce qu'ils faisaient, mais ce qu'ils
étaient. Cette théorie, adoptée par les uns et
combattue par les autres, avait hérissé d'une
foule de difficultés la juridiction commerciale, et rien n'était moins positif et moins
indéclinable que sa compétence.

Les principes du nouveau Code sont plus
franchement arrêtés : il a *réalisé* la compétence
des tribunaux de commerce ; elle est aujour-
d'hui déterminée par la nature de l'acte, abstraction faite de la qualité des contractans, et
la loi a pris le soin de dire quels actes seraient
réputés actes de commerce (1). Quelle que soit
la condition d'un homme, il se classe parmi les
négocians, dès qu'il achète, vend et spécule
comme eux. Tel un magistrat qui souscrirait

(1) Art. 631 et 633 du Cod. de com.

une lettre de change, qui ferait une entreprise
de manufacture, ou qui se jetterait de toute
autre façon dans la sphère des opérations
commerciales. La *personnalité* ne reste que
pour lever, dans certains cas, le doute sur le
caractère d'un acte dont la cause n'est pas ex-
primée. Ainsi toutes les obligations contractées
par un négociant sont présumées faites pour
son commerce, jusqu'à *preuve contraire.*

Il est des circonstances où l'engagement
n'est commercial que d'un côté, comme lorsqu'un propriétaire vend les denrées de son cru
à un individu qui les achète pour les revendre.
Alors l'acheteur seul est soumis, pour l'exécution du marché, à la juridiction des tribunaux de commerce, parce que seul il a
fait un acte de négoce.

On ne peut contester que le commerce n'ait
gagné, à la faveur du nouveau système, des
motifs plus puissans de confiance et d'abandon,
et une plus énergique liberté d'action ; mais
aussi quelle étendue donnée à la matière commerciale ! Quelle tâche pour des juges, qui ne
peuvent guère connaître à la fois tous les
usages des diverses branches d'industrie , et
les règles de la banque, et les lois des contrats
maritimes, et la marche de la procédure, et les

maximes du droit civil ! Quelle tâche pour
des juges toujours animés, sans doute, du désir
de rendre bonne justice, mais auxquels on
ne demande, pour condition de leur éligibilité,
que l'honnête exercice pendant cinq ans de
tel ou tel commerce !

On se rassure en disant que les causes importantes subissent presque toujours l'épreuve
d'une nouvelle discussion devant les cours
royales; mais cette remarque ne serait-elle
point elle-même un argument contre l'utilité
d'une justice spéciale, au premier degré, pour
des matières qui, au second, rentrent tout
naturellement dans les attributions de la justice ordinaire?

Les conseils de prud'hommes, *prudentes
homines ,* sont aux tribunaux de commerce
ce que les justices de paix sont aux tribunaux
civils. Le premier fut établi à Lyon par la loi
du 18 mars 1806. Différens décrets en ont
placé d'autres dans les villes où des fabriques
importantes et un grand essor d'industrie
rendaient cette institution nécessaire (1).

(1) On trouvera le tableau de ces villes, avec la
date des décrets particuliers à chacune d'elles, dans

Ils ont été d'abord composés de cinq marchands fabricans et de quatre chefs d'atelier, élus dans une assemblé générale présidée par le préfet du département ; mais, d'après le décret du 11 juin 1809 et l'avis du conseil d'état du 20 février 1810, les contre-maîtres, les teinturiers, et les ouvriers patentés, y ont été admis : leur nombre peut être plus ou moins considérable, pourvu que les marchands fabricans aient toujours, dans le conseil, un membre de plus que les chefs d'ateliers, les contre-maîtres, les teinturiers, ou les ouvriers. Ils sont renouvelés en partie le premier jour de chaque année; les membres sortans peuvent être immédiatement réélus.

Les prud'hommes choisissent entre eux un président et un vice-président dont l'exercice ne dure qu'un an; ils ont un secrétaire et un commis qu'ils nomment et qu'ils révoquent à volonté.

La juridiction des prud'hommes, comme celle de tous les tribunaux d'exception, est rigoureusement restreinte aux personnes et aux choses que la loi y a soumises. Nul n'est leur justiciable, s'il n'est marchand, fabri-

les *Lois d'organisation*, de M. Dupin, tom. 1ᵉʳ, pag. 474.

cant, chef d'atelier, contre-maître, ouvrier, compagnon, ou apprenti, travaillant dans les fabriques des lieux qui forment l'arrondissement du conseil.

Les attributions des conseils de prud'hommes sont à la fois administratives et judiciaires, ils veillent à l'observation des lois et règlemens concernant les fabriques.

Ils concilient en *bureau particulier* les différends qui s'élèvent, soit entre des fabricans et des ouvriers, soit entre les chefs d'ateliers et des compagnons ou apprentis.

Ils jugent en *bureau général* les procès qui n'ont pu être éteints par la conciliation, quelle qu'en soit la valeur. Mais leur compétence en dernier ressort, limitée dans le principe à soixante francs, a été portée, par un décret du 3 août 1810, jusqu'à la somme de cent francs.

Les prud'hommes ont encore une juridiction de police : ils peuvent punir d'un emprisonnement de trois jours, au plus, tout délit tendant à troubler l'ordre et la discipline de l'atelier, et tout manquement grave d'un apprenti envers son maître (1).

(1) Voyez la loi du 18 mars 1806, le décret du 3

Les justiciables des prud'hommes sont tenus de comparaître en personne, sur l'avertissement du secrétaire, ou sur la citation de l'huissier attaché au conseil. En cas d'absence ou de maladie seulement, ils peuvent se faire représenter, soit par un parent, soit par un fondé de pouvoir négociant ou marchand. On y suit la marche tracée par le Code de procédure, au livre des justices de paix.

Les tribunaux de commerce sont les juges d'appel des prud'hommes.

Il y avait autrefois à Marseille un tribunal composé de quatre prud'hommes nommés par les pêcheurs et choisis entre eux ; ils étaient juges souverains de tout ce qui concernait la police de la pêche. On dit que cette juridiction fut créée en 1451 par ce bon roi René, comte de Provence et d'Anjou, qui avait quelques traits de ressemblance avec notre Henri IV, mais qui ne sut pas, comme lui, conserver les états qu'il avait conquis. Les pêcheurs qui comparaissaient devant les prud'hommes de Marseille étaient obligés, avant de plaider,

juillet même année, celui du 11 juin 1809, l'avis du conseil d'État du 20 février 1810, et le décret du 3 août suivant.

de mettre chacun deux sous dans le tronc du tribunal : c'étaient les épices des juges. La sentence s'exécutait de suite ; sinon le garde de la communauté allait saisir la barque et les filets de la partie condamnée.

Il y a peut-être dans quelques esprits de nos jours trop d'affectation à faire intervenir le passé pour revendiquer une bonne partie des institutions dont le présent se fait honneur, et à rechercher par quelle filiation telle idée, qui passe pour neuve, a pu se transmettre d'un siècle à un autre. Le demi-jour du moyen âge se prête avec une merveilleuse facilité à cette espèce de généalogies, qui, semblables à l'ombre, s'accroissent de la décroissance de la lumière. On n'a donc pas manqué de dire que la juridiction des prud'hommes remontait au temps du roi René, et que la loi du 18 mars 1806 n'avait fait que les *rétablir*.

Quant au nom de *prud'hommes*, on le donnait jadis aux juges, aux arbitres, aux administrateurs des villes, aux gardes, jurés et syndics des communautés d'arts et métiers, et aux gens *suffisans, idoines et expérimentés*, que la justice ou les parties choisissaient pour faire le rapport, la visite et la prisée d'une chose. Au fond, je crois qu'il y a fort peu de rapports entre la police des pêcheurs de Marseille et l'institution de nos prud'hommes, de ces juges-administrateurs chargés de veiller à la conservation des matières confiées aux ouvriers, de réprimer l'usurpation des dessins, de concilier les fabricans, les chefs et les ouvriers, de juger leurs différends, lorsque la médiation du bureau particulier a été vainement employée, et de maintenir l'ordre dans les ateliers. Dire que les prud'hommes-pêcheurs de Marseille furent le modèle des prud'hommes d'aujourd'hui, c'est dire, si l'on veut bien me passer la comparaison, que le premier sentier tracé dans la bruyère fut le modèle des chemins de fer.

CHAPITRE XV.

DE L'APPEL ET DE SON ORIGINE EN FRANCE.

Au nombre des questions posées par l'Assemblée constituante, pour la discussion relative à l'ordre judiciaire, se trouvait celle-ci :
« Y aura-t-il plusieurs degrés de juridiction,
» ou bien l'usage de l'appel sera-t-il aboli? »

La question aurait été tranchée, si l'on eût
adopté le juri en matière civile, parce que nul
autre témoignage ne peut infirmer la réponse
que donne la conscience des jurés sur la vérité
d'un fait.

Le juri civil ne fut point admis. La question
de l'appel resta donc tout entière.

Parmi ceux qui ne voulaient qu'un seul
degré de juridiction, les uns disaient que l'appel tirait son origine de la pratique barbare
du combat judiciaire; les autres le repous-
saient comme un abus du régime féodal; il y
en avait qui demandaient comment il est

prouvé qu'un second jugement vaut mieux que le premier. C'était le doute d'Ulpien : *non nunquam appellandi usus benè latas sententias in pejus reformat ; neque enim utique melior pronunciat qui novissimus sententiam laturus est* (1). Tous avaient peur de cette grande ombre des parlemens qui leur apparaissait encore armée de son redoutable esprit de corps, de sa force politique et de son immense pouvoir judiciaire.

Il fut décrété qu'il y aurait deux degrés de juridiction; mais, par respect pour l'égalité, on les mit de niveau. Je parlerai dans le chapitre suivant de cette bizarre théorie.

A quelle époque du droit français faut-il remonter pour trouver l'origine de l'appel ? Etait-il inconnu sous les deux premières races de nos rois ? Ne date-t-il que des établissemens de saint Louis ? Les publicistes sont presque tous divisés sur ces questions (2).

(1) L. 1, ff. *de appellat.* et *relat.*

(2) Voyez Loiseau, *Traités des Offices*, liv. 1ᵉʳ, chap. 14.

Le président Henault, *Remarq. partic. sur la 3ᵉ race.*

Montesquieu, *Esprit des Lois*, liv. 28, chap. 28.

Cette diversité d'opinions n'a rien qui doive étonner. On trouve souvent aux sources où l'on voudrait puiser, et dans les ruines des monumens que l'on voudrait interroger, une désespérante confusion de matières et une

L'abbé de Mably, *Obs. sur l'Hist. de France*, tom. 2, pag. 269.

M. de Sibert, *Hist. des Variations de la Monarchie*, tom. 2, pag. 59 et suiv.

M. Bernardi, *Essai sur les Révolutions du Droit français*, pag. 170.

M. Espagne, *Dictionnaire de Riolz*, v° appel.

Robertson, *Introduction à l'Hist. de Charles-Quint*, note 23.

Le comte de Buat, *les Origines ou l'ancien Gouvernement de la France, de l'Italie et de l'Allemagne*, tom. 3, liv. 11.

Le président Henrion de Pansey, *Autorité judic.*, introd., chap. 2.

M. de Montlosier, *de la Monarchie française*, tom. 1, pag. 183 et suiv.

H. Hallam, *l'Europe au moyen âge*, tom. 1, pag. 320 et suiv.

M. Meyer, *Inst. judic.*, tom. 1, pag. 462 et suiv.

M. Isambert, *Essai sur l'Établissement monarch. des Mérovingiens*, tome 5 du *Recueil général des anciennes lois françaises*, pages 20 et 82.

M. Dalloz, *Jurisprudence générale du Royaume*, v° degrés de juridiction.

ténébreuse barbarie de langage. Et puis y
avait-il alors quelque chose d'arrêté, de
suivi? Il n'y avait qu'un mélange mal tissu
de mœurs franques, de coutumes gauloises
et de fragmens de lois romaines. L'histoire
de ces époques violentes et incertaines admet
aisément toutes sortes d'hypothèses; c'est le
triomphe des conjectures. Chacun veut mettre
un système en lumière : une fois engagé, il
faut bien, pour s'y maintenir, faire un choix
parmi les textes, adopter celui-ci comme
authentique, rejeter celui-là comme suspect,
rafraîchir des interprétations, expliquer des
doutes, et masquer des vides avec les pièces
de rapport que fournissent des analogies plus
ou moins éloignées.

Je crois que, dans les recherches qui ont été
faites, on n'a pas toujours assez franchement
distingué l'appel proprement dit, des autres
voies de recours qui s'étaient confusément
ouvertes au milieu du désordre et de la corruption des anciens temps. Ce qui nous est
resté de ces autres voies a pris, en se régu-
larisant, le nom de *voies extraordinaires*.
La loi leur a donné des conditions, des formes et des applications spéciales.

Si l'examen de la question, considérée sous cet aspect, laisse encore incertaine l'origine de l'appel, il en pourra du moins sortir des remarques et des points de reconnaissance qui ne seront point perdus pour l'étude de la procédure. *Occasiones verò legum, tempora et causæ, quæ maximè aperiunt sententiam earum, omnia eruuntur ex historiis* (1).

L'appel est le recours au tribunal du juge supérieur pour obtenir la réformation de la sentence rendue par le juge inférieur. *Appellatio est provocatio ad majorem judicem, ratione gravaminis illati vel inferendi* (2).

C'est une critique de l'opinion du premier juge, une plainte portée contre l'erreur, ou l'injustice de sa décision : *appellatio continet iniquitatis querelam* (3). Balde a dit là-dessus un mot d'assez mauvais goût : *Contra venenum judicum data est theriaca appellationis.*

Cependant on ne peut appeler des juge-

---

(1) Gravina, *in præf. orig. jur.*

(2) Lancelot.

(3) L. 17, ff. *de minoribus.*

mens qui ne sont soumis qu'à un seul degré de juridiction, ni de ceux qui les ont tous subis. Alors la chose jugée est réputée la vérité : *res judicata pro veritate habetur.* Toutefois, cette salutaire présomption doit céder à l'évidence d'une erreur commise, soit en fait, soit en droit ; et la loi, qui n'a pas voulu s'affaisser sous son propre poids pour s'immoler elle-même, a introduit, selon les cas, les remèdes de *la requête civile* et du *pourvoi en cassation.*

La requête civile est une supplication tendant à obtenir le redressement d'une erreur dont la cause n'est point reprochée au juge, et contre laquelle il n'a pu se tenir en garde. *Erroris proprii, veniæ petitionem, vel adversarii circumventionis allegationem continet* (1). C'est une demande adressée au tribunal qui a rendu le jugement, pour qu'il veuille bien le rétracter et le remplacer par un autre. *Supplicatio quâ petitur revisio litis.... imploratio ejusdem magistratus clementiæ, ad quam supplicans, tanquam ad justitiæ et æquitatis asylum, confugit.*

(1) L. 17, ff. *de minoribus.*

Dans la requête civile, on ne dit point, comme en appel, que le juge s'est trompé ; mais on expose au juge lui-même qu'il a été trompé, parce que les élémens qui devaient former sa conviction ont été frauduleusement faussés, soustraits ou dénaturés, ou bien encore parce que les garanties prescrites pour la défense des plaideurs, et pour l'instruction des magistrats, ont été négligées.

S'il est permis de remontrer au juge qu'il a été induit en erreur sur un point de fait, et de le supplier de rétracter la décision qu'il a rendue, il n'en est pas de même lorsqu'une partie se plaint d'une contravention formelle au texte de la loi : car le juge doit connaître la loi, et l'on ne pourrait décemment retourner vers lui pour l'accuser en face de l'avoir méconnue. Alors, c'est le cas du pourvoi en cassation.

Ici le procès se meut entre l'arrêt et la loi ; s'il y a opposition manifeste, la loi doit sortir triomphante de cette lutte. L'arrêt est cassé : c'est comme s'il n'avait pas été rendu. L'intérêt privé des parties n'est point compté dans cette rigueur solennelle ; le sacrifice de la chose jugée se fait à l'intérêt public. *Contra*

constitutiones judicatur, cùm de jure cons-
titutionis, non de jure litigatoris, pronun-
ciatur (1).

La voie de cassation n'est point une *voie*
de ressort, c'est-à-dire un troisième degré de
juridiction ; elle n'engage pas, comme l'appel,
un nouvel examen du fond. L'autorité qui
casse venge la loi ; et, cette justice faite, elle
renvoie l'affaire et les parties devant un autre
tribunal qui met un arrêt à la place de celui qui n'est plus.

Le juge a-t-il dénié la justice? s'est-il
rendu coupable de dol, de fraude ou de concussion dans l'exercice de ses fonctions (2)?
la victime de ces manœuvres déloyales a le
droit de le faire descendre de son tribunal,
de l'attaquer et de le faire condamner, comme
responsable du tort infligé par l'exécution du
jugement qu'elle est obligée de souffrir (3) ;

---

(1) Loi 1ʳᵉ, § 2, ff. *quæ sententiæ sine appella-*
tione rescinduntur.

(2) *Cum dolo malo in fraudem legis sententiam*
dixerit. Dolo malo autem videtur hoc facere, si
evidens arguatur ejus vel gratia, vel inimicitia,
vel etiam sordes. L. 15, § 1, ff. *de judiciis.*

(3) *Ut veram æstimationem litis præstare co-*
gatur. Ibid.

car le jugement n'en subsiste pas moins : c'est la prise à partie.

Maintenant il faut remonter le cours des âges. Plus on marchera, plus on verra d'embrouillement dans les choses que je viens de distinguer. On remarquera des institutions judiciaires et point de justice, des garanties en germe et des usurpations désordonnées : rien de formé, de régulier, de fixe ; et par-dessus tout le choc des prétentions et des forces individuelles contre un fantôme d'autorité publique. On ne trouve à se reposer un peu, sur cette route aventureuse, qu'aux temps de Charlemagne et de saint Louis.

Dans l'origine, lorsque chaque corps de nation était peu considérable encore, le pouvoir judiciaire résidait exclusivement dans les assemblées générales ou *placita* présidées par le chef. La nation tout entière intervenait pour arrêter les vengeances, et pour assurer l'exécution du jugement. Celui qui refusait d'obéir perdait tous ses droits à la protection publique ; il encourait le forban, pour peine de son mépris et de sa rébellion. Voici une ancienne formule du forban : « Nous dé-
» clarons ta femme veuve, et tes enfans or-
» phelins. Nous adjugeons ton corps et ta

» chair aux bêtes des forêts , aux oiseaux du
» ciel et aux poissons qui vivent dans les
» eaux. Nous permettons à toute personne
» de troubler ton repos et ta sûreté, et nous
» t'envoyons aux quatre coins du monde au
» nom du diable (1). »

Certes, en ce temps-là, il ne pouvait y avoir
d'appel.

Quand la population vint à s'accroître et à
s'épandre, elle se divisa en fractions; les assemblées générales furent tenues plus rarement,
et les comtes commencèrent à réunir les
hommes de leur territoire en assemblées particulières, *placita minora* (2). Les comtés se
subdivisèrent en centènes gouvernées par un
centenier. Il est aussi question, dans quelques
auteurs, d'une autre subdivision en dizènes, et
de dizeniers qui en auraient été les chefs; mais

(1) *Les Origines, etc.*, tom. 3, pag. 58.
(2) Je ne parle pas des ducs; ils étaient les chefs
principaux de l'armée en l'absence du Roi : tout porte
à croire qu'ils n'avaient de juridiction que pendant
leur commandement. Ils réunissaient alors l'exercice
des pouvoirs militaires, civils et judiciaires, que l'on
n'avait point encore imaginé de séparer. Le comte
était le magistrat ordinaire. Les Lombards appelaient
duc, l'officier que les Francs appelaient *comte*.

leur existence est contestée (1). Ces officiers présidaient, en temps de paix, la réunion des hommes libres qu'ils commandaient en temps de guerre. Le plaid de la centène ne connaissait que des petites affaires : tout ce qui touchait la vie, la liberté et le droit de propriété, était jugé par le plaid du comte. Les causes des comtes, des évêques, des abbés, et de tous les grands de l'état, *potentiores*, étaient réservées à la Cour du Roi.

Il paraît qu'avant la conquête, les comtes et les centeniers avaient été élus par le peuple; après ils furent nommés par le roi ou par ses délégués : ils étaient amovibles.

Les comtes et les centeniers, assistés des rachimbourgs (2), rendaient la justice dans les terres immédiatement soumises à la juridiction royale.

Les propriétaires de fiefs ou bénéfices ju-

(1) M. Guizot, *Essais sur l'histoire de France*, 4ᵉ *Essai*, pag. 256.

(2) *Reich in burg*, notables. Il ne faut pas les confondre avec les *scabini*, échevins, qui furent institués sous Charlemagne, pour suppléer à la négligence que mettaient les rachimbourgs à se rendre aux plaids. Les *scabini* furent des magistrats permanens, spécialement tenus de juger.

geaient, avec leurs vassaux, les hommes de leur domaine.

Les bases de ce système judiciaire, sous la première race, sont généralement reconnues aujourd'hui ; il est inutile d'en rapporter les preuves.

La difficulté consiste à savoir, comme je l'ai déjà annoncé, s'il y avait des voies de recours contre les jugemens, quelle était la nature de ces voies, quel tribunal pouvait en connaître, et quels étaient leurs effets.

Je consulterai d'abord le plus ancien de nos textes, le pacte de la loi salique.

Lorsque les rachimbourgs refusaient de ju-ger, *legem salicam dicere,* le poursuivant répétait trois fois sa demande, et finissait par leur adresser une sommation en ces termes : *Ego vos tangano usque dum vos inter me et contra causatorem meum legem judice-tis.* S'ils différaient alors, *si tunc dicendi legem distulerint,* sept d'entre eux, car il ne fallait rigoureusement que ce nombre pour faire un jugement, pouvaient être ajournés, *sole culcato* (1), et condamnés à payer

(1) A un jour fixe. Voyez Ducange, vᶦˢ *solem cul-care* et *collocare.*

chacun cent vingt deniers ou trois sols (1).

Et si les rachimbourgs, au mépris de ce qui précède, refusaient encore de dire la loi, et de se soumettre au paiement de l'amende, chacun des sept encourait une nouvelle condamnation de six cents deniers ou quinze sols (2).

J'ajouterai aux dispositions de la loi salique, celles de la loi des Allemands et de la loi des Bavarois, qui forment les deuxième et troisième capitulaires du roi Dagobert.

(1) *Si quidem Rachimburgii in mallo residentes, cùm causa discussa fuerit inter duos causatores, admoniti ab eo qui causam requirit ut legem salicam dicant, et si legem dicere noluerint, tunc ab eo qui causam requirit, sint iterùm admoniti usque in tertiâ vice. Quod si dicere noluerint, tunc dicat ille qui causam requirit: Ego vos tangano usque dum vos inter me et contra causatorem meum legem judicetis. Et si tunc dicendi se legem distulerint, sole culcato septem de illis unusquisque centum viginti denariis, qui faciunt solidos tres, culpabilis judicetur.* Pact. legis salicæ, tit. 60, art. 1. Baluze, tit. 1, p. 320.

(2) *Si adhuc tunc Rachimburgii despexerint, nec legem dicere voluerint, neque de tribus solidis compositionem facere; tunc unusquisque illorum septem, culcato sole, sexcentis denariis, qui faciunt solidos quindecim, culpabilis judicetur.* Ibid. art. 2.

Si le juge, disait la loi des Allemands, a prononcé contre la loi par cupidité, par haine ou par crainte, il est coupable : il devra payer douze sols à celui qu'il a injustement condamné, et lui restituer la valeur de ce qu'il lui a fait perdre (1).

La loi des Bavarois condamnait le juge concussionnaire, *si acceptâ pecuniâ malè judicaverit,* à restituer le double du dommage, et à payer quarante sols au fisc (2).

Voilà bien la prise à partie telle que nous l'avons encore à peu près ; ce qui suppose déjà l'existence d'un tribunal supérieur pour y faire droit ; car les rachimbourgs que l'on

(1) *Si autem per cupiditatem, aut per invidiam alicujus, aut per timorem, contra legem judicaverit, cognoscat se deliquisse et duodecim solidis sit culpabilis cui injustè judicavit, et quod per illum damnum passus est injustè, ille judex restituat ei.* Lex Alamannorum, tit. 41, art. 2. Baluze, t. 1, p. 68.

(2) *Judex si, acceptâ pecuniâ, malè judicaverit, ille qui injustè aliquid ab eo per sententiam judicantis abstulerit, ablata restituat; nam judex qui perperàm judicaverit in duplum ei cui damnum intulerit cogatur exsolvere, quia ferre sententiam contra legum nostrarum statuta præsumpsit, et in fisco cogatur quadraginta solidos persolvere.* Lex Baiuvariorum, tit. 2, art. 18. Ibid. pag. 106.

accusait de déni de justice, de fraude, ou de concussion, ne se jugeaient pas et ne se condamnaient pas eux-mêmes (1).

M. Meyer en convient; mais il voit une grande différence entre la peine infligée au juge qui dénie ou qui vend la justice, et la réformation de son jugement; puis il ajoute: « Aucun passage de la loi salique, ni des autres lois des Germains, ni des capitulaires, *ne parle d'un appel, soit textuellement, soit virtuellement.* Partout le jugement reste valide; et, lors même que le comte ou les rachimbourgs sont punis, nulle part il n'est question de réintégrer les condamnés, soit dans leur bonne renommée, soit dans leurs biens : si le juge est condamné pour avoir manqué à son devoir, *son arrêt n'en demeure pas moins inattaquable* (2). »

C'est ce qu'il faut examiner.

Je crois que l'idée d'un tribunal élevé qui punit le juge prévaricateur, a dû nécessairement se compliquer, en naissant, du pouvoir

---

(1) Comment M. de Montesquieu a-t-il pu dire qu'alors on ne recevait pas les plaintes en déni de justice ou *défaute de droit?*

(2) *Institut. jud.,* tom. 1er, pag. 468.

de réformer l'iniquité de la sentence. Ce respect dévotieux pour l'autorité de la chose jugée, que l'expérience et le bon ordre ont érigé en loi, et que nous observons, même après le jugement qui a fait droit sur une prise à partie, était un raffinement trop subtil pour les institutions ébauchées d'un peuple ardent et belliqueux. L'esprit de vengeance, l'âpreté des mœurs, et la susceptibilité de la législation, confondaient ensemble la partie et le juge; de là cet usage, qui a subsisté si long-temps, d'intimer le juge sur l'appel, et de lui infliger une amende, soit pour déni de justice, *si legem dicere noluerit,* soit pour violation de la loi, *si legem non judicasset,* ce qui était bien différent, comme on va le voir.

S'il était prouvé que les rachimbourgs n'avaient pas jugé selon la loi, *legem non judicasse,* chacun de sept d'entre eux était condamné à payer cent vingt deniers ou quinze sols (1).

Mais si celui qui avait été condamné sou-

(1) *Similiter, si comprobati fuerint legem non judicasse, septem ex eis unusquisque sexcentis denariis, qui faciunt solidos quindecim, culpabilis judicetur.* Pact. leg. sal., tit. 60, art. 3.

tenait que les rachimbourgs n'avaient pas
jugé selon la loi, et s'il ne pouvait le prouver ; *si dicit contra legem judicasse sibi, et
hoc comprobare non potuerit,* il devait payer
quinze sols à chacun des sept rachimbourgs (1) : c'était l'amende *du fol appel*,
suivant la Glose de François Pithou (2).

L'auteur des *Origines* a calculé que cette
amende septuplée de quinze sols reviendrait
aujourd'hui à quinze mille quinze livres de
notre monnaie (3).

En admettant, avec M. Meyer, que le jugement cassé conservât toute sa force et toute
sa vertu contre la partie lésée, je ne concevrais plus pourquoi cette partie se serait exposée aux chances si périlleuses d'un recours ;

(1) *Si autem Rachimburgii legem judicaverint,
et cui judicatum fuerit hoc sustinere noluerit, et
dicit contra legem judicasse sibi, et hoc comprobare non potuerit, contra unumquemque de septem
Rachimburgiis sexcentis denariis, qui faciunt solidos quindecim, culpabilis judicetur.* Ibid., art. 4.

(2) *Francisci Pithœi Glossarium, sive interpretatio obscuriorum verborum quæ in lege salicâ
habentur.* Baluze, tom. 2, pag. 703.

(3) Tom. 3, pag. 101 ; voyez aussi Ducange, v[is] *so-
lidus* et *solidi aurei*.

car il n'y avait point alors de ministère public pour se pourvoir d'office, dans l'intérêt seul de la loi. On m'objectera peüt-être qu'elle profitait de l'amende encourue par les juges : mais, sans m'arrêter à discuter sur l'application de l'amende, sur les droits du fisc, et sur l'insuffisance d'une pareille réparation dans certaines affaires, je ferai une seule observation : c'est que les juges n'étaient amendables que lorsqu'il y avait contre eux appel de *vilain cas, blasphemia*, c'est-à-dire quand ils étaient accusés et convaincus d'avoir *méchamment et déloyaument jugé*. J'avoue que ce genre d'appel est celui dont il est le plus souvent parlé dans les vieux livres : cela tenait, comme je l'ai déjà dit, à la rudesse des mœurs et à l'ombrageuse susceptibilité de nos pères. Mais, quand le juge s'était trompé de bonne foi, on ne pouvait lui infliger aucune peine. Voici ma preuve dans la loi des Bavarois : *Si verò, nec per gratiam, nec per cupiditatem, sed per errorem injustè judicaverit, judicium ipsius in quo errasse cognoscitur, non habeat firmitatem ; judex non vocetur ad culpam* (1).

(1) *Lex Baiuvariorum*, tit. 2, chap. 19. Baluze, tom. 1, pag. 106.

Ce texte est tranchant, et ne permet plus de soutenir que la sentence subsistait encore après que l'erreur avait été reconnue en appel. *Judicium in quo errasse cognoscitur, non habeat firmitatem.* M. Meyer n'a pas trouvé d'autre moyen pour détourner cet obstacle de la route qu'il s'était tracée, que de dire dans une note : « On pourrait croire que la loi des Bavarois indique des appels et des réformations des jugemens rendus en première instance; mais, comme on n'y trouve rien, ni sur le tribunal auquel ils doivent être portés, ni sur la procédure en appel, nous ne croyons pas que ce soit le véritable sens de la loi (1). »

J'ai tourné et retourné le chapitre et la loi tout entière, il ne m'a pas été possible d'y apercevoir un autre sens que celui exprimé par des mots connus, qui ne disent, en définitive, rien que de juste et de raisonnable.

Quel est donc le vrai sens, si celui-là n'est pas le véritable? C'est ce qu'il aurait fallu nous apprendre.

Si l'on ne trouve rien dans cette loi sur

(1) Baluze, tom. 1, pag. 469.

la procédure en appel, c'est que la procédure en appel n'était autre que la très-simple procédure de première instance.

Le doute de M. Meyer naît encore de ce que le tribunal où les appels devaient être portés, n'y est point désigné. Ce doute s'évanouira, si l'on veut bien se rappeler qu'il y avait nécessairement un tribunal supérieur chargé de recevoir les plaintes de déni de justice, et de punir les juges prévaricateurs. Or ce tribunal se trouvait tout établi, avec sa compétence hiérarchique, pour connaître d'un appel simple, et pour réformer une décision erronée; il n'était pas besoin de le désigner, c'était la Cour du roi, *placita majora.*

Cependant, lorsque la cour était en voyage à la suite du roi, l'appel était adressé aux évêques, qui exerçaient une sorte d'intendance sur les tribunaux de la nation, et qui renvoyaient l'affaire au même juge, *si contra legem injustè damnaverit,* pour qu'il eût à corriger sa première décision, *meliùs discussione habitâ* (1). Ce n'était pas la forme

_____

(1) *Si judex aliquem contra legem injustè damnaverit, in nostri absentiâ ab episcopis castigetur,*

et la délicatesse de notre requête civile, mais c'en était l'effet. On appelait cette voie, amendement, *emendatio*.

En ce qui touche la juridiction des propriétaires de fiefs ou vassaux du roi, il est assez difficile de savoir quelle était sa mesure avant l'avénement de la seconde race. On trouve une charte de Louis-le-Débonnaire qui conférait à un fidèle nommé Jean le droit de juridiction sur tous les hommes de son bénéfice, et qui faisait défenses aux comtes et à tous juges publics d'entrer dans son pourpris, d'y contraindre ses hommes, et de les juger. Etait-ce une faveur singulière concédée à ce fidèle, que l'empereur paraissait affectionner beaucoup? ou bien était-ce la formule ordinaire de la concession du droit de justice attaché à la propriété? Il y a plus de

---

ut quod perperam judicavit, versatim melius discussione habitâ, emendare procuret. Constitut. Clotharii regis, anno 560, art. 6. Baluze, t. 1, p. 106.

Ce texte a été mal compris par M. Espagne, qui a cru que les évêques avaient le droit de punir le juge, de casser et de réformer la sentence, s'il avait prononcé contre la loi. Les mots *emendare procuret* se rapportent évidemment au juge, et non aux évêques; autrement il aurait fallu : *emendare procurent.*

motifs pour adopter la première idée, car
un capitulaire de Charlemagne enjoignait aux
comtes et aux délégués de s'établir dans la
maison du propriétaire de fief qui ne rendait
pas la justice, et d'y vivre à ses dépens jusqu'à
ce qu'il eût accompli son devoir (1). Quoi
qu'il en fût, les propriétaires pouvaient être
poursuivis, comme les autres juges, pour déni
de justice, ou forcés d'amender leurs sentences,
lorsqu'elles n'étaient pas conformes à la loi.
La charte du fidèle Jean le porte expressément : *Quicquid Joannes et filii sui et
posteritas eorum per legem judicaverint,
stabile permaneat ; et si extra legem fe-*

---

(1) *Si vassus noster justitias non fecerit, tunc
et comes et missus ad ipsius casam sedeant et de
suo vivant, quousque justitiam faciat.* Cap. 21,
anno 779, c. 21. Baluze, t. 1, pag. 198.

La preuve que *vassus noster* était un propriétaire de
fief, résulte de ce que, suivant le même capitulaire,
chap. 9, le *vassus noster* qui ne remettait pas aux
plaids des comtes les voleurs réfugiés dans ses domaines, perdait son fief et sa juridiction. *Vassi nostri,
si hoc non adimpleverint, beneficium et honorem
perdant.* Ces mots *honor, honore præditi*, s'appliquaient aux personnes ayant juridiction. *Cap. Ludovici pii,* anno 819, c. 23. Baluze, tom. 1, p. 617.

cerint, per legem emendent; ce qui suppose toujours un tribunal supérieur pour faire droit à la plainte, et pour juger les cas d'amendement.

Il doit être permis de croire, d'après ces actes des Carlovingiens touchant la juridiction des propriétaires, qu'il n'en était pas autrement sous leurs prédécesseurs.

Ainsi l'on aperçoit dans les premiers établissemens qui suivirent la conquête, les traces originelles de l'appel, de la prise à partie, de la requête civile et de la cassation. Nous les retrouverons sous saint Louis. Tout cela était sans doute mal réglé, fort confus, et souvent très-vague dans l'application : c'était un éparpillement de principes qui n'étaient soumis à aucune forme déterminée; mais leur empreinte est encore reconnaissable sur les débris des vieux monumens.

Les institutions périssaient lorsque la première race accomplit ses destins. Les plaids étaient livrés à la violence et à la cupidité; les officiers de justice en multipliaient la tenue sans mesure, pour lasser ceux qui étaient obligés de s'y rendre, et pour exploiter à leur profit la mine féconde des amendes et des compositions. Il n'y avait plus ni protection ni sûreté dans aucune juridiction, et les forts, en se faisant la guerre, écrasaient les faibles sous leurs pieds.

De ce chaos Charlemagne fit sortir, pour un temps, une administration régulière de la justice.

Il réduisit à trois, par année, le nombre des plaids auxquels les hommes libres devaient assister. Il leur défendit d'y porter leurs armes. Il enjoignit aux comtes de ne point remettre la tenue des audiences et de ne pas les abréger, pour courir à la chasse, ou se livrer à d'autres plaisirs. Il recommanda à tous ceux qui rendaient la justice de ne point monter sur leur tribunal, s'ils n'étaient à jeun et de sens rassis. Il ordonna qu'ils eussent de bons greffiers, et que tous les actes fussent écrits d'une manière nette et lisible. Il créa la magistrature permanente des *scabini*.

Ce ne fut pas seulement par des préceptes et des injonctions, trop souvent impuissantes, qu'il entreprit de réprimer les abus : il institua ses *missi dominici* ou délégués royaux, par lesquels il entrait dans tous les détails de l'administration, surveillait la conduite des hommes qu'il avait préposés au gouvernement de ses peuples, et révoquait ceux qui ne savaient ou ne voulaient pas juger selon l'équité. *Ut tollantur et tales eligantur quales et sciant et velint justè causas discernere et terminare* (1).

Le génie de Charlemagne ne pouvait dominer les mœurs de son siècle, qu'en substituant partout sa puissance ferme et despotique, si l'on veut, à l'indépendante spontanéité de ces forces brutales et de ces mille pouvoirs qui s'entre-choquaient et s'arrogeaient partout l'empire.

Si j'ai prouvé que la pratique des appels n'était pas inconnue sous les rois de la première race, on croira sans peine que, loin de se perdre, elle dut être particulièrement en faveur sous un prince jaloux de traverser la puissance féodale qui tendait à se constituer, et d'attirer à lui, comme sujets et comme justiciables, les hommes que d'autres revendiquaient comme vassaux. Si l'appel n'eût point existé, Charlemagne l'aurait inventé.

_____

(1) *Capit.* anno 805, cap. 12. Baluze, tit. 1, pag. 426.

Aussi ne manqua-t-il point de prononcer des peines contre ceux qui tenteraient de fermer le chemin aux appelans, et de les empêcher d'arriver jusqu'à son palais (1). Il avait coutume, à l'heure où il s'habillait, de faire venir les parties devant lui; il les écoutait avec la plus grande attention, et jugeait presque toujours sur-le-champ (2).

Les capitulaires de Charlemagne contiennent à peu près les mêmes dispositions, sur les voies de recours contre les jugemens, que les lois franques dont j'ai déjà cité des fragmens (3).

Il y eut sous ce prince une innovation que M. Meyer semble n'avoir pas assez remarquée, et qui seule aurait dû faire naître l'idée des appels : c'est que le pouvoir judiciaire passa du peuple à un corps de juges, les *scabini*. Ils furent élus par les comtes et par les envoyés

(1) *Ut nulli hominum contradicere viam ad nos veniendo pro justitia reclamandi aliquis præsumat; et si quis hoc facere conaverit, nostrum bannum persolvat.* Capit. anno 789, c. 26. Baluze, tom. 1, pag. 254.

(2) Eginhart, *Vita Car. magn.*

(3) Charlemagne fit une nouvelle promulgation du pacte de la loi salique, en 798. Voyez aussi ses Capitulaires de 805 et 819. Baluze, t. 1, p. 425 et 617.

royaux, dans des assemblées où le peuple ne con-
courait guère aux choix que par sa présence (1).

Je sais que, pour l'adoucissement de la tran-
sition, les hommes libres conservèrent encore
pendant quelques années le droit de prendre
part aux jugemens, quand il leur convenait d'y
assister; mais ils ne furent certainement pas plus
empressés de fréquenter les plaids après l'institution des *scabini*, qu'ils ne l'étaient lorsque leur abandon rendit cette mesure nécessaire. Le droit de juger fut donc une commission donnée par le souverain, et l'appel au
souverain devint une conséquence naturelle
de ce nouvel ordre de choses, en supposant
qu'il n'eût pas été pratiqué antérieurement.

Je sais aussi que M. de Montesquieu a dit:
«Dans la seconde race, quoique le comte eût plusieurs officiers sous lui, la personne de ceux-ci
était subordonnée, mais la juridiction ne l'était
pas. Ces officiers, dans leurs plaids, assises ou

(1) *Ut missi nostri, scabineos, advocatos, et
notarios per singula loca eligant, et eorum nomina,
quando reversi fuerint, secum scripta referant.*
Capit. anno 803, chap. 3. Baluze, tom. 1, pag. 393.

*Scabinei boni et veraces et mansueti cum comite
et populo eligantur et constituantur.* Capit. anno 809,
chap. 22. *Ibid.*, pag. 467.

placites, jugeaient *en dernier ressort* comme le comte même; toute la différence était dans le partage de la juridiction : par exemple, le comte pouvait condamner à mort, juger de la liberté et de la restitution des biens, et le centenier ne le pouvait pas (1).»

Je ne puis accorder un pareil système avec ce que le même auteur reconnaît plus loin : « Si l'on *n'acquiesçait pas* au jugement des échevins (*scabini*), et qu'on *ne réclamât pas*, on était mis en prison jusqu'à ce qu'on eût acquiescé; et si l'on réclamait, on était conduit sous une sûre garde devant le roi, et l'affaire se discutait à sa cour (2). »

(1) *Esprit des Lois*, liv. 28, chap. 28.

(2) Voici le texte du capitulaire indiqué en note par M. de Montesquieu : *De clamatoribus et causidicis qui nec judicium scabineorum adquiescere, nec blasphemare volunt, antiqua consuetudo servetur : id est ut in custodiâ recludantur donec unum è duobus faciant. Et si ad palatium pro hâc re reclamaverint et litteras detulerint, non quidem eis credatur, nec tamen in carcere ponantur; sed cum custodiâ et cum ipsis litteris ad palatium nostrum remittantur, et ibi discutiantur, sicut dignum est.*

Reclamare signifiait en général *appeler*, et *blasphemare* signifiait particulièrement quereller le ju-

Donc les comtes ou les centeniers qui présidaient les *scabini* ne jugeaient pas en dernier ressort.

Quant aux centeniers, il faut bien admettre qu'un pouvoir supérieur veillait aux barrières de la juridiction qui leur avait été donnée en partage. S'ils venaient à étendre leur compétence sur un homme étranger à la centène, ou sur des matières qui ne leur avaient pas été attribuées, leurs jugemens étaient-ils en dernier ressort ? Impossible de le supposer. Et qu'on ne dise pas que cela n'arrivait point ; car, avec nos tribunaux bien mieux organisés, avec nos lois bien plus soigneusement rédigées, avec notre expérience enfin, nous voyons surgir chaque jour des incompétences *ratione personœ*, et des incompétences *ratione materiœ*. Toute limite de juridiction porte en soi la nécessité d'un appel.

Est-il plus vrai, comme l'a dit encore M. de Montesquieu (1), que l'on n'appelait point du comte à l'envoyé du roi, ou *missus dominicus ;* que le comte et le *missus* avaient

gement comme faux et rendu par mauvaises voies.

(1) *Esprit des Lois,* liv. 28, chap. 28.

une juridiction égale et indépendante l'une de l'autre ; que toute la différence consistait en ce que le *missus* tenait ses plaids quatre mois de l'année, et le comte les huit autres ? Je ne le pense pas ; et l'opinion de Loyseau, qui était aussi très-versé dans les antiquités du droit français, me semble devoir être préférée : « Par succession de temps, nos rois ne pouvant prendre la peine ni avoir le loisir de vider tant *d'appellations*, les faisaient vider par des *commissaires* qu'ils envoyaient pour cet effet de temps en temps dans les provinces, afin que la justice *souveraine* fût rendue sur le lieu, au soulagement des peuples (1). »

Je ne concevrais guère en effet l'utilité et le relief des *missi dominici*, si leurs fonctions eussent été bornées à venir remplacer les comtes pendant quatre mois de l'année. Ce fut surtout contre l'isolement et l'*indépendance* des pouvoirs locaux que l'institution des envoyés fut dirigée (2). Ce fut pour maintenir l'unité du système monarchique, contre les ambitieuses prétentions de cette foule de

(1) *Des Offices*, liv. 1er, chap. 14.
(2) M. Guizot, *Essais sur l'Hist. de France*, 4me Essai.

petits tyrans éclos sous les monarques indolens de la première race (1), que Charlemagne établit la surveillance de ses *missi*, et leur supériorité sur ceux qu'ils allaient surveiller. Le peuple n'en aurait pas reçu un grand soulagement, si, nonobstant leur venue dans les légations, il eût fallu, d'un bout de l'empire à l'autre, se rendre au palais du prince, pour obtenir la réformation d'une sentence injuste, ou la réparation d'un déni de justice.

De même que le comte allait s'établir et vivre chez les propriétaires de fief qui ne rendaient pas la justice aux hommes de leur domaine (2), de même le *missus* se mettait en garnison chez les évêques, les abbés et tous ceux qui avaient le droit de juridiction, pour y rendre à leur place la justice qu'ils avaient refusée ou qu'ils avaient empêchée (3).

C'était par suite de cette supériorité que le

(1) *Tyranni per totam Franciam dominatum sibi vindicantes.* Chron. centut., *Recueil des Hist.*, tom. 3, pag. 350.

(2) *Capit.* anno 779, c. 21.

(3) *Ut ubicumque ipsi missi, aut episcopum, aut abbatem, aut alium quemlibet honore præditum invenerint qui justitiam facere vel noluit vel prohibuit, de ipsius rebus vivant quandiù in eo*

missus avait le droit de convoquer à son plaid les comtes des environs (1), de les obliger à y venir, ou à envoyer leurs viguiers (*vice gerentes*), pour répondre et rendre raison sur chaque affaire (2) : car les comtes devaient se porter parties contre ceux qui appelaient de leurs sentences, afin de convaincre de mensonge les plaideurs obstinés qui se plaignaient sans griefs (3).

La trace des degrés de juridiction paraît encore assez distinctement dans d'autres textes, qui recommandaient aux *missi dominici* de réformer tout ce qui aurait été fait contre la

---

loco justitias facere debent. Capit. anno 819, c. 23. Baluze, tom. 1, pag. 617.

(1) *Capit.* anno 812, cap. 8. *Ibid.*, pag. 498.

(2) *Ut omnis episcopus, abbas et comes, exceptâ infirmitate, vel nostrâ jussione, nullam excusationem habeat, quin ad placitum missorum nostrorum veniat, aut talem vicarium suum mittat, qui in omni causâ pro illo reddere rationem possit.* Capit. anno 819, c. 28. Baluze, tom. 1, pag. 618.

(3) *De clamatoribus qui magnum impedimentum faciunt in palatio, ad aures domni imperatoris, ut missi seu comites illorum missos transmittant contra illos qui mentiendo vadunt, ut convincant eos.* Capit. lib. 3, c. 59. Baluze, tom. 1, pag. 765.

I. 27

volonté du prince (1). Je ne citerai plus que
la *commémoration* de Louis-le-Débonnaire,
touchant les fonctions des *missi* : celui qui
n'avait pas obtenu justice, par la faute du
comte, pouvait porter sa plainte, *querelam
suam*, devant le *missus* ; et, s'il s'était
d'abord adressé directement au roi, l'affaire
était renvoyée au délégué, suivant que les
circonstances le requéraient, pour qu'il la
jugeât définitivement (2).

Loyseau avait donc raison de dire que les
mis sidominici prononçaient, *vice regiâ*, sur
les causes dévolues par appel au roi.

M. Meyer pense que cette *commémoration*
n'avait pas trait aux affaires judiciaires, mais
seulement à l'administration, dans les comtés.
Je ne vois aucun motif pour adopter cette

(1) *Capit.* anno 812, c. 9. Baluze, t. 1, p. 498.

(2) *Omnis populus sciat ad hoc missos esse consti-
tutos, ut quicumque, per negligentiam aut incu-
riam vel impossibilitatem comitis, justitiam suam
adquirere non potuerit, ad eos primùm querelam
suam possit deferre, et per eorum auxilium justitiam adquirere; et, quando aliquis ad nos necessi-
tatis causâ reclamaverit, ad eos possimus relatorum
querelas ad definiendum remittere.* Capit. anno 823,
c. 26. Baluze, tom. 1, pag. 743.

opinion. Les mots *justitia*, *querela*, *recla-mare*, indiquaient, dans le langage du temps, une demande en justice. Et d'ailleurs, cette ligne que nos lois modernes ont tirée, pour séparer le pouvoir administratif du pouvoir judiciaire, existait-elle alors? L'un et l'autre étaient réunis dans les mêmes mains; les *querelles* administratives se vidaient comme les *querelles* judiciaires. Conçoit-on comment et pourquoi le *missus* aurait eu la puissance de réformer le comte en administration, et n'aurait marché que son égal en justice?

Je prie que l'on me permette encore d'essayer de répondre à une note de M. Meyer : « Il est singulier, dit-il (1), que de tous les savans qui ont prétendu que les appels étaient connus sous le règne de Charlemagne, et même avant, aucun n'ait rendu raison du phénomène que ce mot ne se trouve dans aucune des lois du temps, dans le sens qu'y attachent les lois romaines. »

Ce prétendu phénomène tient à la différence des usages chez les Francs et chez les Romains.

(1) Tom. 1ᵉʳ, pag. 470.

Chez les Francs, la demande en justice était un cri de détresse, une clameur. C'est pourquoi les plaideurs sont appelés, dans les capitulaires, *clamatores vel causidici. Clamatores hoc loco sunt qui litigant* (1).

Clamer droit, ou simplement *clamer*, signifiait, dans les coutumes et dans les anciens auteurs, *demander, poursuivre* : de là *clame* ou *clain*, qui étaient employés pour *ajournement*(2). L'action en réintégrande était appelée *clain de rétablissement*, et l'action en complainte, *clain de simple saisine*. En Bretagne et en Normandie, *clamer garant*, c'était agir en garantie contre quelqu'un : de là aussi, en Normandie, la fameuse *clameur de haro*, qui pouvait être criée non-seulement pour maléfice de corps, mais encore pour toutes les actions civiles provisoires (3).

Il était tout naturel que les *clamatores* de première instance prissent le nom de *reclamatores* en appel, car alors les cris recom-

---

(1) *Steph. Baluzii notæ ad lib. Capit.*, p. 1179; et Ducange, v° *Clamare*.

(2) Coutumes d'Anjou, art. 69; du Maine, art. 80; du Bourbonnais, art. 159.

(3) Voyez Basnage, sur *la Cout. de Normandie*, art. 54 et suiv.

mençaient, et c'était le palais du prince qu'ils faisaient retentir : *magnum impedimentum faciebant ad aures domni imperatoris* (1). Aussi cette expression *reclamare* se trouve-t-elle dans tous les textes où il est question de recours (2).

Elle était consacrée chez les Francs, comme *appellare* chez les Romains. *Si apud acta quis appellaverit, satis erit si dicat : appello* (3).

(1) Baluze, t. 1, p. 765.

« Les appels se faisaient d'une manière analogue à des mœurs simples et grossières : les parties lésées se rendaient au palais du souverain, et demandaient à grands cris justice et réparation. Dans le royaume d'Aragon, la forme des appels au *justiza*, ou juge suprême, supposait que l'appelant était en danger imminent de mort ou de quelque outrage violent. Il courait devant le juge en criant : *Avi, avi, fuerza, fuerza*, implorant son assistance immédiate pour qu'il lui sauvât la vie. » Robertson, *Introd. à l'Hist. de Charles-Quint*, pag. 389.

(2) *Glossar. F. Pithœi ad lib. Capit.*, v° *Reclamare.*

Reclamatoria epistola quæ ad principem dirigitur ab eo qui se injustè possessionibus et prædiis suis vi aliquâ superiore queritur, quâ illius justitiam implorat. Ducange, v° *Reclamare.*

(3) *L.* 2, *ff. de appellat. et relat.* Appeler *apud acta*, c'était appeler de suite, *vivâ voce, ipso die,*

Il y a plus : c'est qu'on trouve chez les uns et chez les autres le mot *provocare* employé dans le même sens. Pas le moindre doute, sur ce point, en ce qui touche le droit romain ; je n'ai de preuve à fournir que pour les capitulaires. Or, je lis dans le livre 7, chap. 386 : *Qui manifestam detegitur commisisse violentiam, non jam relegatione aut deportatione insulæ plectatur, sed supplicium capitale accipiat, nec interpositâ provocationis sententiâ quæ in eum fuerint dicta suspendantur* (1).

Faut-il y trouver enfin le mot *appellare ?* Le voici, notamment dans les 181ᵉ et 333ᵉ chapitres du même livre : *Homicidæ, adulteri, malefici, venefici, convicti, si appellare voluerint, non audiantur* (2).—*Appellan-*

L. 5, § *ibid.* Lorsque l'appel n'était pas fait de cette manière, on le faisait par libelle appellatoire : *si autem hoc non fecerit, ad libellos appellatorios dandos biduum vel triduum computandum est.* Ibid.

Libelli qui dantur appellatorii ità sunt concipiendi, ut habeant scriptum et à quo dati sint ; hoc est, qui appellet, et adversus quem, et à quâ sententiâ. L. 1, § 4, ibid.

(1) Baluze, t. 1, p. 997.

(2) C'était, dans les mêmes termes à peu près, la

tem non debet afflictio ulla aut carceris aut detentionis injuriare custodia ; et liceat appellatori vitiatam causam appellationis remedio sublevare (1).

Il serait inutile de citer encore. Les Francs s'étaient accoutumés à employer les expressions du droit romain, à mesure qu'ils avaient pu s'en instruire; leurs derniers capitulaires en sont remplis.

Je ne puis mieux résumer cette discussion, sur l'état des choses au commencement de la seconde race, qu'en rapportant ce qui en a été dit par l'auteur des *Origines* (2).

« Tout ce qui était *rector populi*, juge ou gouverneur du peuple, pouvait être réformé par les commissaires (3), et devait également se rendre à leur plaid. On le tenait dans plusieurs parties de la province, afin que ceux qui avaient des plaintes à faire contre les

disposition des lois romaines. L. 16, ff. *de appellat.;* et 2, *Cod. quor. appellat. non recipiuntur.* C'était aussi le nouveau droit français pour les cas prevôtaux.

(1) Baluze, t. 1, p. 1064 et 1097.
(2) T. 3, p. 134 et 135.
(3) *Capit.* anno 823, c. 28.

magistrats, pussent s'y transporter commodément (1). Les défenseurs s'y rendaient de la
part des villes (2); c'était le comte qui y me-
nait les vicaires et les centeniers avec trois
ou quatre de ses assesseurs. Tous les évêques,
les comtes, les abbés, étaient obligés de s'y
rendre, à moins qu'ils n'en fussent empêchés
par maladie, ou que les ordres du roi ne
les appelassent ailleurs (3); mais, en ce cas
même, ils devaient y envoyer un vicaire, *vice
gerens*, qui pût rendre raison de tout en leur
nom.

» Les comtes pouvaient être jugés ou par
le roi, ou par les commissaires; ainsi le
plaid où ceux-ci présidaient *était compétent
pour réformer leurs sentences.* Ce n'était
cependant pas par-devant eux qu'on les rele-
vait (4); mais le roi leur envoyait ordinairement les affaires mues dans leur district, et
alors ils les jugeaient définitivement (5). Ils
terminaient aussi toutes celles que les comtes
ne s'étaient pas trouvés en état de régler, ou

(1) 3ᵐᵉ *Capit.* anno 812, c. 8.
(2) *Capit.* anno 823, c. 28.
(3) *Ibid.*, et *Loth.*, tit. 5, c. 24.
(4) *Capit. Synod. vernens.*, anno 755, c. 29.
(5) *Capit.* anno 823, c. 26.

sur lesquelles ils n'avaient pas prononcé, soit
par négligence, soit par mauvaise volonté :
car les commissaires recevaient les plaintes
de déni de justice, aussi bien que la cour du
palais. »

Telle est aussi l'opinion de l'abbé de Mabli,
de M. Espagne, de H. Hallam, et celle de plusieurs écrivains allemands, comme M. Meyer
en convient lui-même (1).

L'anarchie comprimée durant quarante-
sept années d'un gouvernement ferme et
régulier, reprit son cours dès que la main
de Charlemagne se fut retirée. Les *missi
dominici* parcouraient encore les provinces ; on faisait des capitulaires dans lesquels
on rappelait les précédens ; on recomman-
dait toujours la stricte exécution des lois
du royaume : mais ces démonstrations étaient
vaines ; il n'y eut plus ni règles, ni formes
de justice, et les faibles redevinrent la proie
des forts. Les centeniers, les comtes et les
bénéficiers se constituèrent propriétaires de
leurs offices et de leurs fiefs ; ils les reven-
diquèrent à main armée, quand les succes-

(1) *Instit. judic.*, tom. 1, pag. 466, à la note.

seurs de Charlemagne s'avisèrent de disputer
sur le droit d'hérédité. Les *missi* se firent
eux-mêmes un patrimoine de leurs légations,
et la couronne appauvrie se vit dans l'impuissance de faire face à des prétentions qui
éclataient de toutes parts. Certes il n'était plus
question d'appels, soit à la cour du souverain,
soit aux plaids des envoyés royaux, lorsque
le roi fut réduit à n'être plus que le seigneur
de Laon, et lorsque tous les échos des vieux
manoirs répétèrent cet axiome : *Entre toi,*
vilain, et ton seigneur, il n'y a de juge
fors Dieu.

Je puis me dispenser de parler avec détail
des guerres privées, et de cette confédération
turbulente de seigneurs et de vassaux qui
s'étaient partagé le pays, les habitans et le
pouvoir, lorsque commença la troisième race.
Tout le monde sait comment les appels se
vidaient dans ce temps-là, quand appel y
avait : car, si l'on s'était battu en première instance, la défaite du vaincu avait fini le procès.
Mais on ne combattait pas toujours de prime
saut : certaines causes se décidaient d'abord
par droit; du jugement de celles-là on pouvait appeler; puis l'appel se démenait par

gages de bataille. C'était un défi aux juges; la partie condamnée leur disait : *Vous avez fet jugement faus et mauvès, comme mauvès que vous este....*

Un appel de cette sorte étant une injure grave, un démenti formel, on ne pouvait le faire directement au seigneur sans commettre félonie, ce qui aurait entraîné pour l'appelant l'obligation d'abandonner son fief avant d'offrir le combat.

La provocation s'adressait donc aux pairs; elle devait avoir lieu à l'instant même où le jugement venait d'être prononcé, car le moindre délai le faisait tenir pour bon.

Entrer en lice avec tous les membres d'un tribunal, et n'avoir que cette alternative, ou de les vaincre tous l'un après l'autre, depuis le lever jusqu'au coucher de soleil, ou d'être pendu, c'était une manière d'appel terriblement chanceuse. « Nul homme qui aimoit son honor et sa vie ne devoit emprendre à le faire; si Dieu ne faisoit apertes miracles pour lui, il moroit de vil mort, et de honteuse et vergogneuse (1). »

D'un autre côté, le combat judiciaire étant

_____
(1) *Assises de Jérusalem,* chap. 112, pag. 88.

une sorte d'épreuve dans laquelle nos pères admettaient l'intervention du ciel en faveur du bon droit, ils devaient être fort embarrassés pour expliquer comment cinq ou six juges, par exemple, étaient tombés sous les coups de l'appelant, avant que la victoire restât au septième, en manifestation de la justice et de la vérité d'une sentence qu'ils avaient tous rendue.

On admit des modifications : la partie à laquelle il ne convenait pas de se mesurer avec un tribunal tout entier , obtint la faculté de demander que chaque juge fût tenu de dire son avis à voix haute. Quand le premier avait prononcé, si le second *l'ensuivait*, c'est-à-dire s'il opinait de même, c'était le moment d'appeler, en disant que le jugement auquel l'ensuivant s'accordait, était faux, mauvais et déloyal, et que tel on le ferait contre lui. Alors les gages de bataille étaient reçus; de cette façon, l'appelant n'eut plus qu'un combat à soutenir.

Toutefois il n'en restait pas moins exposé à être *pendu par son col*, en cas de défaite, ou à *avoir le chief copé*, s'il refusait de se battre après avoir faussé le jugement. A cette rigueur extrême on substitua de fortes amendes ; « et pour che il fut résou que l'appellant fit bonne seurté de poursiévir son appel (1). »

Le gentilhomme combattait à cheval avec ses armes, et le vilain à pied avec un bâton et un écu de cuir, sans fer ni acier. Mais, si le gentilhomme défiait le vilain, il se soumettait à combattre comme lui, parce que « *l'appelloir doit suivre le défendoir en sa loy.* Et seroit cruelle chose, ajoutoit Baumanoir, si le gentilhomme appeloit un homme de poote (2), et s'il avoit l'avantage du cheval et des armes (3). »

Lorsqu'il y avait déni de justice, *défaute de droit*, il était permis d'attaquer directement le seigneur, de lui déclarer la guerre, ou de le traduire par appel à la cour du suzerain. Cet appel se démenait par raisons et faits tendant à prouver la *défaute* ; mais, si des témoins étaient produits, celui contre lequel ils venaient déposer leur mettait sus

(1) Baumanoir, chap. 61, pag. 314.
(2) Un homme en puissance d'autrui, un serf.
(3) *Ibid.*

qu'ils étaient faux et parjures, et l'on se
battait encore (1).

Plus heureux que Louis-le-Gros, qui avait
tenté vainement de renouveler les *missi dominici* de Charlemagne, sous le nom de *juges
des exempts*, Philippe-Auguste parvint à instituer et à maintenir des baillis dans les provinces (2). Il n'y en eut d'abord que quatre : ceux
de Vermandois, de Sens, de Mâcon et de Saint-
Pierre-le-Moustier. On les multiplia dans la
suite, à mesure que l'autorité royale gagnait du
terrain ; ils se prévalurent des *défautes de
droit* et des mauvais jugemens rendus dans les
cours des barons, pour évoquer les causes et
les juger eux-mêmes. Les cas royaux réservés
aux baillis s'étendirent peu à peu, et finirent,
avec le temps, par resserrer beaucoup la juridiction des seigneurs. Quels étaient ces cas
royaux? Lorsque les barons de Champagne
vinrent faire cette question à Louis X, il leur
donna une définition qui dispense d'en cher-

(1) « Ainsi peuvent bien naistre gages de l'appel
qui est fait sur défaute de droit. » Baumanoir, *ibid.*
Voyez aussi l'*Esprit des Lois*, liv. 28, chap. 28.

(2) Voyez ci-dessus, pag. 107 et 114.

cher d'autres : « C'est assavoir que la royale majesté est étendue ès cas qui, de droit ou de ancienne coutume, peunt et doient appartenir à souverain prince et à nul autre (1). »

Je reprends l'ordre des temps. Saint Louis vint : ce prince, qui sut allier à la plus fervente piété le plus noble héroïsme, aux mœurs les plus douces le caractère le plus ferme, consacra tous ses soins au soulagement du pauvre peuple, et à la réforme d'une législation inhumaine. Si l'on considère toutes les résistances qu'il eut à surmonter, tous les préjugés qu'il eut à déraciner, toutes les obscurités qu'il eut à éclairer, on sentira de quel courage, de quelle sagesse et de quelles lumières il dut être favorisé pour triompher de la barbarie de son temps. Saint Louis proscrivit le combat judiciaire dans ses domaines. Il fut permis d'appeler d'une injuste sentence sans avoir la lance au poing; les appels de *faux jugemens*, comme ceux de *défaute de droit*, ne se démenèrent plus par défi, mais par actes et par témoins.

Cependant il était trop habile pour heurter brusquement le préjugé qui attachait aux

(1) *Ordonnance des Rois*, tom. 1, pag. 606.

appels l'idée d'une outrageuse félonie. Il renouvela les anciens recours par *amende-ment* : c'était, comme déjà je l'ai dit, une supplication au juge qui avait rendu la sentence, afin qu'il voulût bien y corriger ce qui n'était pas bon et juste.

Si l'amendement était refusé, on pouvait appeler au roi.

Ainsi les appels perdirent leur couleur hostile d'injure et de provocation. Les juges, plus ménagés, par cette humble voie de supplication qui leur permettait de revenir sur leurs pas, sans compromettre leur dignité, furent mieux disposés à entendre les griefs des plaideurs, et s'accoutumèrent insensiblement à se voir réformer par un tribunal supérieur.

L'amendement fut pratiqué dans les justices royales seulement, c'est-à-dire dans les pays *de l'obéissance le roi.* Au dehors, les sentences rendues par les cours de barons furent soumises à l'appel devant le suzerain, et cet appel arriva, de degré en degré, jusqu'à la cour du roi, qui était le premier seigneur par *amont,* ou *le grand fieffeux* du royaume.

Le *faussement* se réduisit donc aux termes d'un appel ordinaire; le mot seul fut conservé. On revint au bon sens primitif de la loi des

Bavarois : *Si judex per errorem injustè judicaverit, judicium ipsius in quo errasse cognoscitur, non habeat firmitatem ; judex non vocetur ad culpam* (1). « Et sachiez quel nul juge ne doit tenir à injure se l'on appelle de sa sentence, selon droit escrit en code *de appellationibus*, en la loi qui commence : *et in majoribus et in minoribus negotiis*, etc., où il est escrit de celte matière (2). »

Toutes ces choses ne s'accomplirent point d'un seul jet et sans de grands efforts. Ce fut une lutte longue et difficile que celle de l'autorité royale contre l'espèce de souveraineté que les barons s'étaient arrogée dans leurs terres. Leur fierté se mit en révolte à l'idée de cet abaissement où l'on voulait

(1) Voyez ci-dessus, pag. 405.

(2) *Établissemens de saint Louis*, liv. 1, chap. 81. Voici la loi citée dans ce chapitre : *Et in majoribus et in minoribus negotiis appellandi facultas est. Nec enim oportet sibi injuriam existimare, eo quod litigator ad provocationis auxilium convolavit. L.* 20, *Cod. de appellat.* Tout le monde sait que les établissemens se composèrent de textes pris dans le Droit romain, dans les Décrétales, dans les Conciles, et des points les plus sages des anciennes Coutumes.

les réduire, de mener leurs hommes, et d'être menés eux-mêmes par droit et par raison. Il est pourtant plus facile de concevoir leurs regrets que ceux d'un jurisconsulte anglais du dix-septième siècle, qui s'est donné la singularité de blâmer l'abolition du combat judiciaire, et d'écrire que ces beaux coups de lance et de dague « étaient fort préférables à la procédure du palais, bien plus conformes aux habitudes d'une nation guerrière, bien plus propres à maintenir l'égalité entre les parties, et à terminer promptement les procès (1). »

Il est à remarquer que cette aversion des juges pour le frein des appels, se manifeste à toutes les époques de l'histoire où l'on voit la civilisation se ranimer et essayer de faire reprendre à la justice un cours plus réglé : car le pouvoir judiciaire, quand il est parvenu à se désordonner et à secouer le joug des lois, n'est plus que le caprice de la force, et peut être le plus ambitieux de tous les despotismes.

Les gouverneurs des provinces romaines

(1) Th. Smith , *de republicâ et administratione Anglorum,* lib. 3, cap. 3.

employaient toutes sortes de violences contre ceux qui voulaient appeler de leurs jugemens ; ils les faisaient mettre aux fers, ou garder à vue par des soldats. Constantin fit une loi contre ces indignes excès : *Minimè fas est ut in civili negotio, libellis appellatoriis oblatis, aut carceris cruciatus, aut cujuslibet injuriæ genus, aut tormenta, vel etiam contumelias perferat appellator* (1).

Sous Charlemagne, les comtes et les centeniers faisaient battre le pays, pour fermer les chemins à ceux qui allaient implorer la justice de l'empereur (2).

Le comte d'Anjou avait fait jeter en prison un de ses vassaux, pour avoir appelé à la cour du roi. Saint Louis manda venir le comte son frère, et le réprimanda fortement, lui disant qu'il ne devait y avoir qu'un seul roi en France, et qu'il ne crût pas, parce qu'il était son frère, qu'il lui pardonnât de violer les règles de la justice : *Dicens ei quod unus rex debebat esse in Franciâ, et quod crederet quod, quia frater ejus*

(1) Lib. 12, *Cod. de appellat.*
(2) Voyez ci-dessus, pag. 411, note 1, le Capitulaire de l'année 789.

*erat, parceret sibi in aliquo contra jus-
titiam.* Il ordonna en même temps de mettre
le vassal en liberté, afin qu'il pût poursuivre
son appel.

Ce fut pis encore durant les règnes qui
suivirent.

Un arrêt rendu, en 1281, contre le comte
d'Angoulême, lui défendit sous peine d'a-
mende, suivant la loi de Charlemagne, de
mettre empêchement au voyage des plaideurs qui se rendaient à la cour pour suivre
leur appel (1).

Un manifeste de Philippe-le-Bel, publié
vers l'an 1293, et qui se trouve à la fin des
Olim, accuse le roi d'Angleterre, en sa qualité de duc d'Aquitaine, d'avoir fait pendre
les notaires qui recevaient les déclarations
d'appel, d'avoir mis au pillage les maisons
des appelans, de les avoir bannis, d'avoir fait
déchirer quelques-uns d'eux en quatre parts,
et d'avoir fait jeter leurs membres à l'eau.

L'évêque de Laon fut condamné, par un
arrêt de 1310, pour avoir confisqué les biens
de ses vassaux qui appelaient (2).

(1) Olim *in hunc annum.*
(2) Olim *in hunc annum.*

La même année, un abbé de Tulle avait fait couper la main droite à un vassal, pour avoir appelé d'une sentence qui le condamnait à perdre la main gauche (1).

L'usage de rendre les juges responsables de leurs jugemens se conserva jusqu'au quatorzième siècle. Si l'appel était d'un juge royal, on l'ajournait pour soutenir sa sentence; s'il était d'un juge seigneurial, on ajournait le seigneur qui l'avait institué. Un appel donnait toujours lieu à une amende; elle était payée par le juge lorsque le jugement était infirmé, et par l'appelant, en cas de confirmation. L'ajournement des juges tomba en désuétude sous Philippe de Valois; depuis ce temps-là, c'est à celui qui a gagné son procès en première instance de venir plaider contre l'appel, et l'on dit au palais : *factum judicis factum partis.* Il n'est plus resté de nos vieilles coutumes, touchant l'appel, que la peine d'une amende contre l'appelant qui succombe: *emendatur ratione vexationis curiæ.* Et c'est à tort, comme l'observe fort bien M. Henrion de Pansey, puisque l'appel n'a plus rien dans

(1) Olim 1310.

nos mœurs qui ressemble à une injure ou à une provocation. Ajoutez que ce n'est point, comme autrefois, le juge dont la sentence est attaquée qui reçoit l'amende; c'est le fisc.

« Au commencement, dit le chancelier de l'Hospital, en son *Traité de la réformation de la justice* (1), les juges étoient intimez pour soutenir leurs judgemens; et, en cas de mal jugé, estoient souvent condamnez aux dépends envers les partyes, en leurs propres et privés noms : cela les tenoit en discipline, et s'efforçoient de rendre la justice le plus équitablement qu'ils pouvoient le faire. Il y avoit lors peu d'appellations de leurs sentences, veoire mesme y alleoit aulcunement de la réputation de ceulx qui se rendoient appellants, et en estoient moins estimez parmy les gens d'honneur; et, s'il advenoit que quelqung d'esprit processif les eust follement intimez, il étoit si bien et promptement chastié par la bourse, que les aultres y prenoient exemple et se gardoient de mesprendre. »

Il est fort vrai qu'au temps dont parle le sévère chancelier, les appels devaient être

_____

(1) Tom. 2, pag. 293.

rares, car un seul parlement suffit long-
temps pour l'expédition des affaires; encore
n'avait-il par année que deux tenues, dont
chacune durait deux mois seulement. Depuis
il a fallu créer d'autres parlemens, les rendre
continuels, et y composer plusieurs chambres (1).

Je laisse l'histoire des appels et des parlemens au point où je l'ai prise dans le
chapitre VII; ainsi l'exigeait l'ordre de mon
travail. C'est un raccordement que l'on voudra
bien faire.

(1) Voyez ci-dessus chap. 7, pag. 111 et suiv.

CHAPITRE XVI.

DES JUGES D'APPEL DEPUIS 1790. — DES COURS ROYALES.

DE tous les plans présentés à l'Assemblée constituante pour la formation des tribunaux d'appel, le plus mauvais fut adopté.

On avait proposé d'abord une cour de vingt juges pour trois ou quatre départemens; mais la majorité crut voir renaître, dans ce projet, les têtes menaçantes de l'hydre qu'elle venait d'abattre. Il obtint à peine les honneurs de la discussion.

M. Thouret imagina, pour chaque département, un tribunal supérieur divisé en deux sections, l'une sédentaire, l'autre ambulante.

La section sédentaire, composée de trois juges, aurait formé le fond du tribunal; seule elle aurait statué sur les appels des sentences interlocutoires, en toutes matières; sur les appels des sentences définitives, en matière

sommaire; sur les demandes relatives aux
défenses d'exécution provisoire, et autres
incidens de même nature.

Trois grands juges auraient formé la section ambulante, pour le service de quatre
départemens; chaque année ils seraient venus
se réunir aux juges sédentaires, dans le chef-
lieu de chacun de ces départemens, et y
tenir de grandes assises pendant deux mois et
demi.

Les appels de toutes les sentences définitives des juges de district, en matière ordinaire, auraient été vidés à ces assises, sur
le rapport d'un juge sédentaire, lequel n'aurait point eu voix délibérative; de sorte que
les arrêts auraient été rendus par deux
juges sédentaires et les trois grands juges
ambulans.

« Il n'y a là, disait l'auteur de ce système,
ni corporation inquiétante, ni association permanente, ni force matérielle par le nombre,
ni force morale par l'esprit de corps. L'intervention périodique de la section ambulante
dérange ou rectifie sans cesse les vues et les
affections particulières de la section sédentaire; et la première, associée transitoirement
à des collègues différens, dans des lieux di-

vers, est toujours préservée de la contagion du préjugé local et de l'esprit particulier. »

Ces grands juges étaient, en petit, une imitation des juges de Westminster. Il n'y manquait que des jurés; mais quelques-uns trouvaient le système d'autant plus ingénieux, qu'il était tout disposé pour recevoir ce perfectionnement, aussitôt que la réforme de nos lois civiles et de nos mœurs politiques serait achevée.

Cependant il y avait encore dans les mots et dans les idées de ce plan, des attributs de supériorité et des gradations de pouvoir qui le firent rejeter; les plus sages n'y virent qu'une singularité inexécutable.

Enfin on trouva la solution de ce problème d'égalité parfaite, qui consistait à avoir des appels sans hiérarchie, et des degrés sans élévation.

Un tableau de sept tribunaux les plus voisins, dont un au moins hors du département, dut être formé dans chaque district.

L'appelant eut la faculté d'exclure trois de ces tribunaux, par son acte d'appel; il fut permis à l'autre partie d'user du même droit, par une déclaration faite au greffe. Restait un tribunal non exclus, et l'appel lui était dévolu.

Lorsqu'il y avait trois parties plaidant pour des intérêts opposés, chacune d'elles ne pouvait exclure que deux tribunaux, sur les sept portés au tableau ; si le nombre des parties était depuis trois jusqu'à six, l'exclusion pour chacune se bornait à un seul tribunal ; si elles étaient plus de six, on faisait au tableau un supplément d'autant de nouveaux tribunaux qu'il y avait de parties excédant le nombre de six.

Au surplus, les plaideurs pouvaient, si bon leur semblait, convenir d'un tribunal entre tous ceux des districts du royaume, pour lui déférer la connaissance de l'appel ; mais cet accord se voyait rarement (1).

C'était une combinaison assez étrange que ces appels circulant entre des tribunaux placés sur la même ligne, dont l'un réformait un jour celui qui devait le réformer le lendemain. La souveraineté judiciaire, incertaine et vague, ne résidait nulle part, et pouvait s'asseoir partout ; elle ne donnait pas plus de garantie pour le dernier que pour le premier

(1) Loi du 24 août 1790, tit. 5.

ressort. Tel plaideur avait eu tous les suffrages
des cinq juges de première instance, qui, sur
l'appel, en trouvait trois contre lui. Réunissez
les opinions de ces juges, égaux en nombre sur
leurs siéges, égaux en autorité, et probablement
en lumières, et vous verrez que le malheureux
perdait son procès avec une majorité favorable
de sept voix sur dix.

Quelque mauvais que fût un pareil système, sur lequel il y aurait encore beaucoup
de remarques à faire, il n'en resta pas moins
en vigueur pendant long-temps; car, en l'an
IV, après la suppression des tribunaux de
district, les tribunaux civils de département
furent aussi juges d'appel les uns des autres.

L'organisation judiciaire de l'an VIII offrit
des proportions plus larges et plus régulières.
De véritables tribunaux d'appel furent institués; le président, les vice-présidens, les
juges et les officiers du ministère public
furent nommés par le gouvernement.

Chaque tribunal d'appel eut un nombre
de magistrats calculé d'après la population
de son ressort : ceux d'Ajaccio et de Colmar
furent composés de douze juges seulement;
d'autres en eurent treize, quatorze, vingt,

vingt-un , vingt-deux , et jusqu'à trente-un.
Celui de Paris, qui comptait sept départemens
dans sa circonscription , obtint trente-trois
juges.

Les tribunaux de vingt à trente juges furent divisés en deux sections; Rennes et Paris
en eurent trois.

Le gouvernement se réserva le droit de
choisir parmi les juges le président et les
vice-présidens. La durée de leurs fonctions
fut limitée à trois ans; mais ils purent être
réélus (1).

Il fut dit que les juges seraient inamovibles , sauf le cas de condamnation pour
forfaiture.

Je ne m'arrêterai point à quelques changemens que les circonstances firent naître, dans
les années suivantes, jusqu'en 1810, parce que
le fond resta le même. Les tribunaux d'appel
reçurent le nom de cours d'appel, leurs présidens celui de premiers présidens , les vice-
présidens celui de présidens , leurs commissaires celui de procureurs généraux , et leurs
jugemens celui d'arrêts (2). On leur donna la

(1) Voyez, pour les détails de cette organisation, la
loi du 27 ventôse an 8.

(2) Sénatusc. org. du 28 floréal an 12, tit. 14.

toge et la pourpre des anciennes cours souveraines, dont le souvenir n'effrayait plus autant (1).

Cependant il est bon de savoir que, dans cet intervalle, on créa un grand juge ministre de la justice, avec le droit de surveiller, de reprendre même tous les membres de l'ordre judiciaire, et celui de présider les tribunaux d'appel, suivant le bon plaisir du gouvernement (2).

Il faut remarquer aussi que, sous le prétexte d'organiser le principe de l'inamovibilité, si solennellement proclamé dans la constitution, on déclara que l'institution à vie serait donnée, après cinq années d'exercice seulement, aux magistrats dont la conduite aurait mérité cette faveur (3). C'était réduire la justice à une sorte de vasselage; c'était dire au juge : Si ta conscience ne rend pas foi et hommage, *non es amicus Cæsaris.*

Jusqu'à l'époque où je suis arrivé, la jus-

_____

(1) Arrêté du 2 nivôse an 11.

(2) Sénatusc. org. du 16 thermidor an 10, art. 78, 80 et 81.

(3) Sénatusc. org. du 12 octobre 1807, art. 1 et 6.

tice civile et la justice criminelle avaient eu leurs magistrats séparés.

Les cours de justice criminelle n'étaient composées que d'un président, de deux conseillers-assesseurs et d'un procureur général; un seul département formait leur ressort, et leurs attributions étaient en moindre estime que celles des autres cours, parce que la science du droit civil suppose des connaissances beaucoup plus étendues que l'application de la loi criminelle.

Cet isolement et ces bornes étroites frappèrent les regards du chef du gouvernement, lors des premières discussions du Code d'instruction criminelle; et il communiqua lui-même au conseil d'état deux projets pour la réunion de la justice civile et de la justice criminelle.

« Dans l'état actuel des choses, disait-il, la poursuite des crimes est confiée à un magistrat de sûreté, à un juge instructeur, au procureur général, fonctionnaires isolés qui ne trouvent pas en eux assez de force pour attaquer les coupables puissans. Le tribunal ne peut les mettre en mouvement, ni ranimer leur énergie, car il est sans pouvoir sous ce rapport; et le président le plus ferme dans ses fonctions verrait commettre un délit, qu'il serait réduit à en être le témoin passif.

» Il faut, si le ministère public néglige ses devoirs, que la Cour criminelle puisse le mander et lui ordonner de poursuivre....

» Le ressort de la justice criminelle n'est pas assez étendu, et dès-lors l'ordre civil n'est pas constitué en France ; car il n'existe que lorsque la justice criminelle tient chacun dans le devoir. C'est surtout dans les pays qui ont une puissance militaire considérable qu'il convient de l'organiser fortement, afin que dans tous les temps il arrête le torrent de la force.

» Voilà le rapport sous lequel la réunion de la justice criminelle devient nécessaire. Il s'agit de former de grands corps, forts de la considération que donne la science civile, forts de leur nombre, au-dessus des craintes et des considérations particulières, qui fassent pâlir les coupables, quels qu'ils soient, et qui communiquent leur énergie au ministère public. Il s'agit enfin d'organiser la poursuite des crimes : elle est nulle dans l'état actuel des choses. »

Le système de la réunion fut combattu par une foule d'objections tirées presque toutes de la difficulté de le concilier avec le jugement par jurés. L'institution du juri fut à son tour très-vivement attaquée, et les deux questions se mêlèrent. Enfin, après de longs débats, on décida que la justice civile et la justice criminelle seraient réunies, et qu'il y aurait des assises (1).

Il fallut donc établir une nouvelle organisation sur ce plan : c'est celle de 1810. Je dois dire, pour en parler au présent, c'est celle des cours royales.

Les cours royales sont placées dans les mêmes lieux, et ont pour ressort les mêmes départemens que ceux désignés, pour les tribunaux d'appel, dans la loi du 27 ventôse an VIII.

Chacune se compose de vingt-quatre conseillers au moins, et de quarante au plus, y compris un premier président, et autant de présidens qu'il y a de chambres ou sections. Ils sont inamovibles.

A Paris, le nombre des membres de la Cour royale peut être porté à soixante ; il est maintenant de cinquante-six.

(1) Voyez M. Locré, *Légist. commerc. et crim.*, tom. 1, pag. 220, 227 et 228.

Les juges-auditeurs près les cours d'appel, créés par la loi du 16 mars 1808, ont reçu le titre de conseillers-auditeurs. Leur nombre, dans chaque cour royale, ne peut être au-dessous de quatre; il peut être égal au quart de celui des présidens et conseillers.

Les cours royales composées de vingt-quatre conseillers au moins, forment trois chambres, dont une connaît des affaires civiles, l'autre prononce sur les mises en accusation, et la troisième sur les appels en matière correctionnelle.

Les cours qui comptent trente conseillers ont deux chambres civiles; celles de quarante conseillers et au-dessus en ont trois.

Les chambres civiles ne peuvent rendre arrêt qu'au nombre de sept juges au moins. Cinq juges suffisent dans les autres chambres.

Lorsque le besoin du service l'exige, le premier président renvoie à la chambre des appels de police correctionnelle le jugement des affaires *sommaires* en matière civile. Les cinq juges qui la composent peuvent rendre arrêt, en ce cas, comme dans ceux de sa compétence ordinaire (1).

(1) Avis du conseil d'état du 10 janvier 1813.

Le premier président préside habituellement la première chambre civile; il préside aussi les autres chambres, quand il le juge convenable.

Les présidens et les conseillers sont alternativement attachés à toutes les chambres. Un roulement général, qui s'opère tous les ans, fait sortir le tiers des plus anciens membres de chaque chambre, pour les faire entrer dans une autre (1).

Dans les cas de nécessité, les membres d'une chambre civile ou criminelle peuvent être respectivement appelés pour le service d'une autre chambre.

Les questions importantes, et particulièrement celles qui concernent l'état des citoyens, les prises à partie, et les affaires renvoyées après cassation d'un arrêt, sont portées aux audiences solennelles (2). Ces audiences se tiennent dans la chambre où siége le premier président; elles sont formées par les deux chambres civiles. Dans les cours où il y a trois chambres civiles, la seconde et la troisième font alternativement ce service; dans celles

(1) Voyez l'ordonnance du Roi du 11 octobre 1820.
(2) Règlement du 30 mars 1808, art. 22.

où il n'y en a qu'une, le premier président peut requérir la chambre des appels de police correctionnelle, pour la composition des audiences solennelles.

Les conseillers-auditeurs sont répartis dans les différentes chambres de la cour ; ils ont voix délibérative à vingt-sept ans accomplis, et peuvent alors suppléer les conseillers dans toutes leurs fonctions. Avant cet âge ils n'ont que voix consultative, excepté dans les délibérés dont ils ont été nommés rapporteurs. Ils peuvent toujours être chargés des enquêtes, des interrogatoires, et autres actes d'instruction.

Toutes les fonctions du ministère public, dans les cours royales, sont spécialement et personnellement confiées au procureur général. Il a sous sa direction autant d'avocats généraux qu'il y a de chambres civiles, et un avocat général pour la chambre des appels de police correctionnelle. Le plus ancien prend le titre de premier avocat général ; il remplace, au besoin, le procureur général.

Il y a aussi des substituts et des conseillers-auditeurs (1) attachés au service du parquet.

(1) Décret du 6 juillet 1810, art. 47 ; ordonn. du 19 novembre 1823, art. 3.

La surveillance et l'autorité du procureur général s'étendent sur les procureurs du roi et les substituts établis près les tribunaux de première instance, et sur tous les officiers ministériels du ressort de la cour.

Les avocats généraux portent la parole au nom du procureur général, lorsqu'il ne la porte pas lui-même, aux audiences des chambres qu'il leur a assignées. Les substituts et les conseillers-auditeurs, de service au parquet, remplacent les avocats généraux, en cas d'absence ou d'empêchement.

Un greffier en chef, des commis-greffiers qu'il présente, et qu'il fait admettre au serment, complètent l'organisation.

Quant à leur compétence en matière civile, les cours royales prononcent souverainement sur les appels des jugemens rendus par les tribunaux civils, sur les appels des ordonnances de référé (1), sur les appels des jugemens rendus par les tribunaux de commerce, sur les appels des sentences arbitrales, quand il s'agit d'une contestation qui aurait dû être jugée par un tribunal de première instance, cessant l'arbitrage (2), et

(1) Cod. de proc., art. 809.
(2) Cod. de proc., art. 1023.

sur les appels des jugemens rendus par des
arbitres forcés, entre associés, pour raison
d'une société de commerce (1).

Les cours royales prononcent *omisso medio*, c'est-à-dire en premier et en dernier
ressort, sur les prises à partie (2), sur la réhabilitation des faillis (3), sur les difficultés
relatives à la jouissance des droits civils et
politiques de ceux qui réclament contre la
teneur des listes électorales (4), et sur les
oppositions formées par les instituteurs ou
les maîtres de pension contre les arrêtés des
conseils académiques, et les contraintes dé-
cernées par les recteurs, pour le paiement
des droits dus à l'université (5).

Ce que j'aurais à dire sur la discipline,

----

(1) Cod. de comm., art. 52.

(2) Cod. de proc., art. 509.

(3) Cod. de comm., art. 604.

(4) Loi du 5 février 1817, art. 6. Cependant un
arrêt de la Cour royale de Paris, du 12 novembre
1827, vient de décider que cette espèce de contestation devait subir les deux degrés de la juridiction
civile. Les difficultés relatives aux contributions ou
au domicile politique du réclamant, sont jugées par
le conseil d'état.

(5) Décret du 15 novembre 1811, art. 51 et suiv.

dans ses rapports avec la procédure civile, trouvera mieux sa place lorsque j'expliquerai le titre *des audiences, de leur publicité et de leur police*, et les *dispositions générales* du Code.

La compétence des cours royales, en matière de crimes et de délits, n'entre point dans le plan que je me suis proposé. Cependant j'ai dit qu'elles étaient nées de la fusion de la justice civile et de la justice criminelle ; et, sans trop me jeter en dehors de mon sujet, je peux ajouter un mot sur cette autre partie de leur organisation.

L'action publique appartient au ministère public.

Mais une cour royale peut, toutes les chambres assemblées, entendre la dénonciation qui lui est faite par un de ses membres, relativement à un crime ou à un délit ; elle peut mander le procureur général pour lui enjoindre de poursuivre, à raison de ces faits, ou pour se faire rendre compte des poursuites qui seraient commencées (1).

La chambre des mises en accusation, dans

(1) Art. 11 de la loi du 20 avril ; 64, 65 et 66 du décret du 6 juillet 1810.

les cours, remplace ce que l'on appelait le *juri d'accusation*, avant le Code d'instruction criminelle ; c'était le grand juri des Anglais. Lorsqu'une affaire est renvoyée à cette chambre, elle examine s'il existe contre le *prévenu* des preuves ou des indices d'un fait qualifié crime par la loi, et si ces preuves et ces indices sont assez graves pour que *l'accusation* soit prononcée (1).

En cas de mise en accusation, l'affaire est portée à la cour d'assises.

Les assises se tiennent ordinairement tous les trois mois, dans le chef-lieu de chaque département du ressort.

Le garde des sceaux ministre de la justice nomme, pour chaque tenue d'assises, un membre de la cour royale, qui les préside. Il nomme également les quatre conseillers qui assistent le président aux assises du département où siége la cour royale.

Dans les autres départemens, le président des assises est assisté par quatre juges du tribunal de première instance du lieu où elles se tiennent, à moins que la cour royale

_____

(1) Voyez le chap. 1, tit. 2, liv. 2 du Cod. d'inst. crim.

n'ait trouvé bon d'y envoyer des conseillers.

Lorsque le ministre de la justice n'a pas usé du droit de nommer les présidens d'assises, cette nomination appartient au premier président de la cour royale (1).

Le ministère public est exercé, aux assises du chef-lieu de la cour royale, par le procureur général, ou, en son nom, par les avocats généraux, ou par les substituts, ou par les conseillers-auditeurs attachés au parquet. Dans les autres départemens, l'accusation est soutenue par le procureur du roi ou par l'un de ses substituts.

Le procureur général peut faire le service des assises dans tout le ressort, quand il y croit sa présence nécessaire.

Cette belle organisation a donné aux nouvelles cours l'aspect imposant des anciennes compagnies souveraines; mais elle n'a point reculé les limites que la révolution avait tracées autour du pouvoir judiciaire.

(1) Décret du 6 juillet 1810, art. 79, 80 et 82.

CHAPITRE XVII.

DE LA COUR DE CASSATION.

J'ai déjà parlé, en divers endroits, de la nature du pourvoi en cassation (1): elle a été long-temps incertaine et méconnue; long-temps cette voie de recours a été comme un vaste champ ouvert à l'intrigue, à l'ambition et à la faveur.

Lorsque la règle des appels fut bien établie, Philippe-le-Bel rendit le parlement sédentaire à Paris, et il en mit un à Toulouse, sous la condition que les gens de ce pays consentiraient à ne point appeler de ses arrêts : *Et quod parlamentum apud Tholosam tenebitur, si gentes terræ prædictæ consentiant quod non appelletur à præsidentibus in parlamento prædicto* (2).

(1) Voyez ci-dessus, pag. 123, 124, 263, 392 et 393.

(2) Ordonn. du 23 mars 1052 ; voyez ci-dessus, pag. 111.

Les parlemens étaient une émanation du conseil du roi, ils rendaient la justice en son nom, et les décisions de cette justice devaient être souveraines. *Volumus, sancimus et etiam ordinamus quod judicata, arresta et sententiæ quæ de nostra curia, seu nostro communi consilio processerint, teneantur, et sine appellatione aliquâ, executione mandentur* (1).

Cependant la barrière du dernier ressort n'empêche pas toujours l'erreur de se glisser à travers, et l'on reconnut qu'il serait juste, en certains cas, de corriger, de rétracter, ou même d'annuler les arrêts. L'ordonnance ajouta donc, aux dispositions déjà citées, que si les arrêts renfermaient quelques erreurs ou quelques ambiguïtés qui méritassent d'être sérieusement examinées, toutes corrections, interprétations, révocations et déclarations à ce sujet appartiendraient au roi, à son conseil commun ou à la plus grande partie de son conseil, ainsi qu'il lui plairait de le déterminer par une permission spéciale : *Et si aliquid ambiguitatis vel erroris continere viderentur, ex quibus meritò suspicio indiceretur,*

(1) Ordonn. de 1302, art. 12.

correctio, interpretatio, revocatio, vel de-
claratio eorumdem, ad nos vel nostrum
commune consilium spectare noscantur,
vel ad majorem partem consilii nostri,
per providam deliberationem specialis
mandati nostri, et de nostra licentia
speciali, super omnia antea requisita ser-
vetur.

Ce texte aurait laissé beaucoup d'obscurités
à éclaircir, s'il n'eût pas été expliqué, en
l'année 1344, par Philippe de Valois. Les
requêtes en interprétation ou en rétractation
des arrêts, jugées dignes par le conseil du
roi d'être prises en considération, devaient
être renvoyées au parlement; le roi s'y rendait, et la cour, sous les regards du prince,
réformait elle-même ses propres décisions :
Cum tamen prout per prædecessores nos-
tros Franciæ reges semper fuit, et propter
autoritatem parlamenti, inviolabiliter
observatum, ne arresta curiæ nostræ, ali-
quatenus, nisi per ipsas gentes parlamenti
nostri, in nostra præsentia, cum hoc
præcipimus, vel nobis absentibus, per ipsas
quæ personam nostram immediatè repræ-
sentant, vel per ipsas, et aliquot alios
consiliarios nostros, quandò ad hoc cum

ipsis mittimus, aliquo modo corrigantur,
vel alias mutentur (1).

Les requêtes en rétractation d'arrêts devaient
contenir *les propositions d'erreurs ;* mais
il s'était introduit de grands abus en cette
matière, tellement que, sans alléguer d'erreurs, on faisait aisément réformer les arrêts,
intervertir leur sens, ou suspendre leur exécution : *Plures nituntur, etiam de facto,*
per eorum importunitatem, à nobis impe-
trare litteras, absque eò quod asserant er-
rores intervenisse in arresto, ut contra
arrestum et intellectum ejus, et arresto
nonobstante, quod etiam per litteras annul-
lamus, audiantur (2). On conçoit bien que,
pour arriver jusque-là, les importuns n'avaient
garde de retourner devant le parlement; ils s'a-
dressaient au conseil qui leur avait frayé une
large route, en s'attribuant le droit de réviser
seul les arrêts. *Ut arresti executio usque ad*
certum tempus etiam suspendatur, vel quod
partes super iis, super quibus arrestum
fuit latum, coram aliis quam coram gen-

(1) Ordonn. de 1344, art. 9. *Recueil des anciennes*
Lois franç., par MM. Isambert, etc., t. 4, p. 484.
(2) *Ibid.*

tibus parlamenti nostri, et non in ipso parlamento, adjornatæ audiantur (1).

M. le président Henrion de Pansey dit que l'ordonnance de 1344 fut exécutée pendant tout le règne de Charles V, et que les efforts de l'intrigue, pour faire revivre les abus, échouèrent contre la sagesse du monarque (2).

Non, la sagesse de Charles V ne fut pas toujours assez forte pour maintenir en sa liberté le cours de la justice, et pour fermer la dangereuse plaie des évocations; tant étaient grandes l'obsession et la ténacité des courtisans! témoin ce mandement adressé au parlement de Paris, le 22 juillet 1370.

« De par le Roi. Nous sommes assez recors que aucunes foiz vous avons mandé, par importunité de requérans, de surseoir à prononcer les arrez jusqu'à certain temps sur aucunes causes; et aussi par l'infestation des gens de notre hostel et autres, nous avons voulu oir, par-devant nous, la plaiderie d'aucunes petites causes dont il n'appartient point. Et pour ce que nous avons n'agaires esté et sommes acertenez que, par le délai desdiz

(1) *Ibid.*
(2) *Autorité judic.*, t. 2, p. 177.

arrez, le droit de partie a esté et est appéticié contre raison; et semblablement, pour oir telz menues causes, notre parlement a esté empêchié.

» Nous vous mandons que dores en avant, *pour quelconque lettre ou mandement que vous ayez de nous au contraire,* vous ne sursoyez ou delayez à prononcier et donner lesdiz arrez; sur ce procédiez touteffois qu'il vous semblera bon à faire, selon justice et raison : et aussi il n'est pas nostre entention de oir dores en avant telz causes, ne les rappeler par-devant nous (1). »

En parcourant les tristes fastes du règne de Charles VI, on rencontre aussi un mandement du 15 août 1389, par lequel il était enjoint aux gens du parlement de n'avoir aucun égard, soit aux lettres closes, soit aux lettres patentes qui leur seraient présentées de la part du roi, afin de suspendre la prononciation ou l'exécution des arrêts (2).

Mais la foible voix du monarque se perdait dans le bruit des armes, et dans le tumulte des factions qui déchiraient le royaume; il sem-

(1) *Recueil des anciennes Lois françaises,* par MM. Isambert, etc., t. 5, p. 346.
(2) *Ne litteris injustis et in læsionem partium*

blait que les ordonnances, pour la réformation des abus, ne servissent alors qu'à les faire
pulluler.

« Auquel temps, dit Pasquier, en parlant
des divisions entre les maisons d'Orléans et
de Bourgogne, toutes les choses de France
se trouvèrent étrangement brouillées et en
grand désarroi. Aussi ceux qui avoient la
force et puissance par-devers eux, pour gouverner toutes choses à leur appétit, faisoient
évoquer les négoces qu'il leur plaisoit, par-
devers le conseil du roi, qui étoit composé

impetratis et obtentis, pareatis vel obtemperetis...
sœpissime contingit quod non nullœ partes in
eadem curia nostra litigantes et causas habentes,
cavillationes et subterfugia ac causarum prolixi-
tatem perquirentes, suosque adversarios fatigare,
ac immensis laboribus et expensis afficere cu-
pientes, plures à nobis litteras clausas et apertas
per importunitatem et quandoque per inadver-
tantiam obtinuerunt, et de die in diem obtinere
satagunt, per quas, viâ justitiœ prætermissâ,
vobis mandari et inhiberi procurant ne de eorum
causis in præfata curia, quœ est totius justitiœ
regni nostri speculum et origo, pendentibus et
introductis cognoscatis.... Ibid., tom. 6, pag. 680.
Cette ordonnance est très-remarquable, j'aurais voulu
pouvoir la rapporter en entier.

ou de Bourguignons, ou d'Orléanois, selon
que les uns ou les autres des deux factions
avoient le crédit en la cour du roi Charles VI,
qui lors étoit mal disposé de son bon sens;
et, par cette voie, frustroient ceux de la
cour de parlement des causes qui leur étoient
affectées.... Et, à peu dire, toutes et quantes
fois que les seigneurs qui gouvernoient
avoient envie d'égarer quelques matières, en
faveur des uns ou des autres, ils en usoient
en cette manière (1). »

Charles VII fit, en 1446 et en 1453 (2), de
nouvelles ordonnances pour l'administration
de la justice. On a dit de la dernière qu'elle fut
notre premier Code de procédure. J'observe
d'abord que l'une et l'autre sont muettes sur la
rétractation ou la cassation des arrêts; et, sauf
quelques articles relatifs à la retenue des causes
en appel (3), au délai du recours (4), à l'exécution provisoire des jugemens (5), et aux
actions possessoires (6), je n'y ai vu qu'un

(1) Pasquier, *Rech. de la France*, l. 2, ch. 6.
(2) *Rec. des anc. Lois franç.*, par M. Isamb., etc.
(3) Ordonn. de 1453, art. 9.
(4) *Ibid.*, art. 15.
(5) Art. 11.
(6) Art. 70.

détail fort minutieux pour la police des audiences, et la répétition d'un grand nombre
de maximes touchant les devoirs des juges,
lesquelles se trouvaient déjà, soit dans les
capitulaires, soit dans un règlement de Philippe-le-Long, du mois de décembre 1520 (1).

J'oserais ajouter que l'ordonnance de 1453
a été beaucoup trop vantée, si l'on n'y trouvait pas le principe de la rédaction par écrit
des coutumes, usages et styles de tous les
pays du royaume (2).

Charles VII déclara, comme ses prédécesseurs, que tous les baillis et tous les justi-
ciers de ses états ne devaient avoir aucun
égard, ni obéir aux lettres dilatoires ou évo-
catoires, *souventes fois inciviles et déraison-
nables,* qui lui seraient arrachées par *importunité des requérans et autrement* (3).
Ces belles paroles se reproduisent dans une
foule d'ordonnances des règnes suivans. Mais
les effets y répondirent rarement : gravées
dans le cœur des bons rois, elles furent

(1) Recueil de MM. Isambert, etc., tom. 3, pag.
254.

(2) Art. 125.

(3) Art. 66 et 67.

écrites comme des clauses banales dans les
édits des autres; et il n'y eut pas toujours
sûreté à les prendre à la lettre, et à refuser
d'obéir. On cite cependant le trait courageux
de l'avocat général Jean Juvénal des Ursins,
dans l'affaire du duc de Lorraine (1), et
l'arrêt rendu par le parlement de Paris, en
1406, contre Jacques de Bourbon, nonobstant
des lettres closes du roi, portant ordre de
surseoir (2).

La justice de Louis XI n'était pas celle
des tribunaux réguliers; ses commissaires
la rendaient plus soudainement. Toutefois il fit une ordonnance, au mois de novembre 1479, pour fixer à deux années, à
compter de la prononciation des arrêts, le
terme dans lequel *les lettres, pour être
reçu à proposer erreur contre iceux,
devaient être impétrées;* car plusieurs prétendaient qu'on pouvait y être reçu pendant
trente ans. Louis XI ne manqua pas de dire
aussi que, dans le cas où, par *importunité
ou autrement,* des lettres à ce contraires
seraient obtenues de lui ou de ses succes-

(1) Voy. Pasquier, *Rech. de la Franc.*, l. 6, ch. 35.
(2) Lucius, *Placitorum summæ apud Gallos curiæ*, lib. 5, t. 4, § 8.

seurs, il voulait qu'il n'y fût aucunement obtempéré (1).

Charles VIII donna, sur la fin de son règne, des audiences où les moindres de ses sujets étaient admis. « Ce n'est pas, si l'on en croit Commines, qu'il y fît de grandes expéditions d'affaires; au moins était-ce tenir les gens en crainte, et, *par espécial, ses officiers, dont il avait suspendu aucuns pour pillerie.* » Mais l'accoutumance des abus déjoua les précautions du monarque, et le torrent des évocations continua de passer par la *brèche faite à la majesté royale et à l'autorité du parlement,* comme disait le seigneur des Ursins.

Qui ne croirait que le mal devait être à son comble? Cependant il s'accrut encore après Louis XII. C'était une si grande commodité, pour les gens en crédit, de plaider au conseil, que des moyens nouveaux furent imaginés pour échapper à l'austère justice des parlemens.

Il n'y eut qu'à prétexter des récusations, sous couleur de suspicion, de faveur, de

(1) *Recueil des anc. Lois franç.,* par MM. Isambert, etc., tom. 10, p. 818.

parenté ou alliance de l'une des parties avec
quelques-uns des présidens ou conseillers des
cours, pour obtenir l'évocation des causes
au grand conseil. De preuves, il n'en était
aucun souci; alléguer, c'était assez.

François Ier, « désirant oster et abolir toutes
cauteleuses voies de ceux qui poursuivoient
telles évocations au retardement de justice,
préjudice et dommage de ses sujets, » ordonna, par un édit du 18 mai 1529, que
les moyens de récusation et de suspicion
seraient préalablement vérifiés; que, s'ils se
trouvaient admissibles, et dans le cas seulement où il ne resterait pas, après le jugement
des récusations, un nombre suffisant de magistrats pour terminer l'affaire (1), il y aurait
lieu au renvoi; mais que ce renvoi serait fait
au plus prochain parlement, et non au grand
conseil, à moins que les parties n'y consen-
tissent formellement.

Cet édit ne fut qu'une hypocrite démonstration du chancelier Duprat, de ce ministre
qui *osa tout et trafiqua de tout.* Guil-

(1) Il fallait qu'il en restât vingt aux parlemens de
Paris, Toulouse, Bordeaux et Rouen, tant présidens
que conseillers; aux autres, douze.

laume Poyet vint après, et ne fit qu'attiser
le feu de la discorde que son prédécesseur
avait allumé entre les parlemens et le conseil;
il fut condamné, en 1547, mais trop tard,
pour *péculat, altérations de jugemens,
faussetés commises et protégées, violences,
abus de pouvoir, évocations vexatoires,
etc., etc.* (1). Aussi les récusations avaient-
elles conservé leur allure comme ci-devant. On
fit bien mieux, on inventa des lettres pour
être reçu à *alléguer nullités, griefs et contrariétés* contre les décisions des parlemens.
Ce mode de recours engageait une nouvelle
discussion sur tout le procès, sur les vices
de la procédure, sur le mal jugé au fond, sur
le désaccord des dispositions de l'arrêt entre
elles; et les cours, dépouillées de leur souveraineté, furent, comme des tribunaux inférieurs, soumises, par appel, à la censure du
grand conseil.

Un nouvel édit parut au mois de mars 1545;
celui-là, dicté par la sagesse la plus éclairée
et par la plus inflexible probité, fut l'ouvrage du chancelier Olivier, l'une des belles

_____

(1) *Histoire du Procès du chancelier Poyet.*
Londres, 1776.

illustrations de la magistrature française
Le préambule en est fort remarquable ; on y
voit les ravages incompressibles et toujours
plus hardis de cette anarchie judiciaire, dont
le tableau, partout ailleurs, passerait pour une
exagération ; le voici : « Comme pour obvier
aux abus et calomnies (1), dont plusieurs plaidoyans avoient accoustumé user pour vexer
et molester leurs parties, et les consumer en
frais et mises insupportables, retarder le jugement des procez, et les rendre immortels,
par le moyen des interdictions et évocations
qu'ils obtenoient, en proposant causes de récusations procurées et procédans de leur fait,
dol et coulpe, et autrement inadmissibles,
supposans consanguinitez, affinitez et amitiez
contre les présidens et conseillers de nos
cours de parlemens ; eussions, par l'advis des
gens de notre conseil privé, décerné notre
édict et ordonnance au lieu de la Bourde-
sière, le 18ᵉ jour de may 1529, lequel édict
auroit été leu, publié et enregistré en nos-

_____

(1) Mauvaise chicane, vexations. *Per calomniam
petere dicitur qui vexandi alicujus gratia petit.
L. 46, ff. de petit. hered. L. 29, § penult., de liber.
caus.* Voyez Brisson, *de verb. signifi.*

distes cours de parlement ; néant moins, comme aucune d'icelles nosdistes cours nous ont fait dire et remonstrer iceluy édict *n'estre gardé ni observé ,* aussi par iceluy n'estre suffisamment pourveu ès cautelles et inventions des poursuivans , interdictions et évocations, *tellement qu'à présent plusieurs nos sujets sont autant et plus travaillez, au moyen desdistes évocations, qu'auparavant notredit édict.* Et outre, combien qu'il ne soit loisible, tant par dispositions de droict et ordonnances de nous et nos prédécesseurs, d'impugner les arrests de nosdistes cours souveraines, autrement que par proposition d'erreur, et en gardant les solemnitez requises; néant moins, depuis quelques temps, aucuns ont trouvé moyen d'obtenir lettres pour estre reçeus à alléguer nullitez, griefs et contrariétez contre plusieurs arrests de nosdistes cours, à quoy ont esté reçeus, et, par cette voie, ont tenu l'exécution de plusieurs arrests en suspens; et sur la vérification desdistes nullitez et contrariétez d'arrests, la procédure a été quelques fois plus longue et de plus grande mise, en notre grand conseil, que la principale instance; et pour faire droit sur lesdistes nullitez et contrariétez d'arrests, font

apporter toutes les pièces et productions des-
dists principaux procez, et iceux font revoir,
comme si c'étoit une voie d'appel. Ce qui
est rendre tous lesdists arrests *illusoires et
sans effect*, et consumer en frais ceux qui
les avoient obtenus à leur profit; vexation
et charge à nos sujets insupportable. »

Les dispositions des anciennes ordonnances,
sur les propositions d'erreurs, furent renouvelées. Cette fois elles auraient été rigoureusement exécutées; mais François Ier mourut, et
la duchesse de Valentinois obtint de Henri II
l'exil du chancelier.

Les sceaux lui furent rendus lors de l'avénement de François II, en 1559. « Le cardinal
de Lorraine voulut gagner la bienveillance
du public, en rétablissant dans ses fonctions
un magistrat si zélé pour la justice (1). »
Olivier mourut l'année suivante. L'Hôpital
lui succéda.

Les états-généraux avaient été assemblés;
leurs cahiers étaient remplis de doléances
sur les faveurs désordonnées des évocations.
L'Hôpital les entendit, et il fut décidé que
« les prétendues nullités et contrariétés des

_____

(1) *Abrégé de l'Hist. univ.*, par de Thou, liv. 10.

arrêts des cours souveraines seraient jugées où les arrêts auraient été rendus (1). »

On commença à donner le nom de *requête civile* aux suppliques contenant les *propositions d'erreur*. Elles ne furent plus admises que pour de simples erreurs de fait.

L'ordonnance de Moulins n'offrit aucunes dispositions nouvelles sur ce point. Seulement il y était dit « que les requêtes civiles seraient renvoyées à la chambre où le procès aurait été jugé (2). »

Cependant on confondait toujours les erreurs de fait, venant de la prévention ou de l'ignorance des juges, avec celles qui procédaient du dol des parties, comme les soustractions de pièces, ou des fautes des officiers ministériels, comme les nullités de procédure. On s'aperçut que, dans le premier cas, il était malséant d'obliger les juges à entendre critiquer leur première décision, et à la rétracter eux-mêmes. Le parlement fit des remontrances. Une déclaration rendue en interprétation de l'ordonnance de Moulins, décida que la requête civile serait portée à une autre

(1) Ordonn. d'Orléans, art. 38.
(2) Art. 61.

chambre que celle où l'arrêt aurait été rendu, toutes les fois que la partie se plaindrait *du fait et faute du juge.*

De même, on attribua au conseil du roi les requêtes fondées sur la contrariété des arrêts qui auraient été rendus par deux cours différentes; et cela était indispensable : car laquelle de ces cours, égales en pouvoirs et en dignité, aurait statué sur la préférence? Les parties armées chacune de leur arrêt, se seraient donc fait la guerre, comme il advint en 1474, à l'occasion d'un procès jugé à Paris et à Bordeaux, dont s'ensuivirent *grans bateures, esclandes, mutilacions et violences oultrageuses* (1).

La requête civile ou la proposition d'erreur n'étant plus admise que pour erreur de fait, il restait à ouvrir une voie de recours contre les erreurs de droit : elle fut tracée, en 1579, par l'ordonnance de Blois (2). La violation expresse de la loi donna ouverture à la *cassa-*

_____

(1) Ordonnance du 7 avril 1474. *Recueil des anc. Lois franç.*, par MM. Isambert, etc., t. 10, p. 687.

(2) Cette ordonnance est datée de Paris, et parut trois ans après la tenue des états de Blois; mais elle fut dressée sur leurs cahiers.

tion. « Déclarons les jugemens , sentences et arrêts rendus contre la forme et teneur des ordonnances faites tant par nous que par les rois nos prédécesseurs, nuls et de nul effet et valeur. » Art. 208.

La cassation prit alors le caractère d'un acte de souveraineté législative. Elle dut être, pour ainsi dire, fulminée par le roi en son conseil, puisque le conseil du roi était la vraie source de la loi qu'il s'agissait de maintenir, contre les fausses doctrines ou les entreprises arbitraires des cours.

J'arrive à l'ordonnance de 1667. La disposition de l'article 208 de celle de Blois, sur la nullité et la cassation des arrêts contraires aux lois du royaume, s'y retrouve dans les mêmes termes, à peu près.

Mais la proposition d'erreur fut abrogée, c'est-à-dire qu'il ne fut plus permis de revenir devant le juge, pour alléguer la faute du juge lui-même sur l'appréciation des actes et des faits : sous ce rapport, plus de révision des arrêts; bien ou mal rendus, ils durent terminer le litige. Leur sceau fut celui de la vérité, et l'on dit comme à Rome: *Res judicata pro veritate accipitur*.

La requête civile resta pour le redressement de certaines erreurs qui ne pouvaient être imputées qu'à la fraude des parties, ou à la faute de leurs défenseurs ; elle reçut un caractère plus nettement défini et des formes plus sévères. Les cas d'ouverture furent limitativement déterminés, afin qu'il devînt impossible de déguiser un véritable appel sous les couleurs indécises d'une requête civile (1).

Voilà le dernier état de la législation, sur les voies de recours contre les arrêts, à l'époque de 1790.

La commission du conseil du roi, chargée de prononcer sur les demandes en cassation, sur les conflits de juridiction, et sur les règlemens à faire entre les cours, prenait le nom de *conseil des parties*.

Le principe de cette institution était conforme à la nature du gouvernement.

Il y avait sans doute au conseil des parties des hommes du mérite le plus élevé ; ses règlemens ne manquaient point de sagesse ; mais ils n'étaient pas toujours scrupuleusement suivis. Ses actes appartenaient à l'exercice direct de l'autorité royale, source commune de laquelle tous les autres pouvoirs tiraient leur existence

(1) Voyez le tit. 35 de l'ordonn. de 1667.

et leur force, et qu'ils troublaient quelquefois en revenant s'y mêler et s'y confondre.

Le roi, en son conseil, révisait, de pleine science et de pleine autorité, tous les jugemens; il réglait les compétences; il cassait les arrêts des parlemens; il évoquait le fond des affaires; il posait la borne où il voulait. Des listes variables indiquaient les conseillers d'état et les maîtres des requêtes qui devaient y assister; leur nombre, pour la validité des décisions, n'était point déterminé: le parent opinait avec son parent; leurs voix comptaient comme s'il n'eût existé aucun lien entre eux. Jamais il n'y avait partage d'avis, parce que la voix du chancelier était prépondérante. Enfin on ne trouvait point là ces garanties précieuses que la justice offrait aux plaideurs, dans les cours et dans les tribunaux ordinaires: l'indépendance des juges et la publicité des jugemens.

L'Assemblée constituante eut le rare bonheur de trouver, en cette matière, le plus juste et le plus sage milieu entre l'ardeur à tout détruire et l'obstination à tout conserver. Deux pouvoirs furent reconnus: l'un administratif et l'autre judiciaire. Une ligne fut tracée pour distinguer leurs attributions, arrêter leurs empiétemens, et maintenir leur mutuelle indépendance. Le conseil du roi resta comme la sommité du pouvoir administratif (1), et un tribunal de cassation fut institué comme le centre du pouvoir judiciaire.

Cette belle institution ne trouva point de contradicteurs; mais lorsqu'on vint à discuter le mode de son organisation, les idées anglaises, et le goût des justices ambulatoires, ne manquèrent pas de reparaître. Quelques-uns proposèrent de faire tenir les assises de cassation par des sections qui voyageraient dans les différentes parties du royaume. C'était un assez mauvais moyen pour obtenir cette rassurante uniformité de jurisprudence à laquelle on attachait un si haut prix : car il pouvait arriver que la même question fût agitée à la fois dans le nord et dans le midi, et que l'assise de Strasbourg la jugeât tout autrement que l'assise de Marseille. « Il n'y a qu'un moyen de répondre à cela, disait M. de Clermont-Tonnerre (2), c'est de faire voyager le tribunal tout entier, de lui faire perdre toute sa dignité, et de le réduire à juger

(1) Voyez la loi du 27 avril 1791.
(2) Séance du 24 mai 1790.

trois procès, pendant qu'il en jugerait trente. »

Il fut décrété qu'il n'y aurait pour toute la France qu'un tribunal de cassation, qu'il serait sédentaire, et qu'il siégerait à Paris (1).

Les membres de ce tribunal furent élus pour quatre ans; leur nombre fut fixé à la moitié de celui des départemens. En conséquence, pour la première élection, on tira au sort, dans une séance de l'Assemblée nationale, chacun des quarante-deux départemens dont les électeurs devaient être appelés à choisir un juge de cassation (2). Il n'est pas besoin de dire que le nombre s'accrut ensuite avec celui des départemens.

Les choses restèrent dans cet état jusqu'à l'organisation judiciaire de l'an 8. A cette époque, le choix des juges fut déféré au chef du gouvernement, la constitution proclama leur inamovibilité, et leur nombre fut invariablement fixé à quarante-huit.

Le sénatus-consulte du 28 floréal an 12 donna au tribunal de cassation le nom de Cour, et à ses jugemens celui d'arrêts.

(1) Décrets des 24, 26 mai, 12 août et 1er décembre 1790.
(2) Décret du 1er décembre 1790, tit. 2.

Il était dit dans le décret du 1ᵉʳ décembre 1790, art. 28 : « Provisoirement, et jusqu'à ce qu'il ait été autrement statué, le *règlement* qui fixait la forme de procéder au conseil des parties sera exécuté au tribunal de cassation, à l'exception des points auxquels il est dérogé par le présent décret. »

Il n'avait point encore été autrement statué, lorsque parut la loi du 27 ventôse an 8. On y lit, art. 95 : « Jusqu'à la formation d'un code judiciaire, les lois et règlemens précédens seront suivis pour la forme de se pourvoir, et celle de procéder au tribunal de cassation. »

Mais, les auteurs du Code *judiciaire* ou de procédure ne s'étant point occupés des formes relatives aux demandes en cassation, il en résulte que l'ancien règlement du conseil, donné en 1738, forme toujours *la loi fondamentale sur la procédure spéciale qui doit être suivie devant la Cour de cassation,* sauf quelques points qui ont été modifiés, retranchés ou ajoutés par les nouvelles lois.

Je passe sur une foule de petites variations qui n'ont eu aucune importance; je vais dire quelques mots de la composition actuelle de la Cour de cassation, et de sa compétence en matière civile (1).

La Cour de cassation est composée de quarante-neuf membres nommés à vie par le roi, y compris un premier président et trois présidens (2).

Elle se divise en trois sections, composées chacune de quinze conseillers et d'un président.

Le premier président siége dans celle des sections à laquelle il veut s'attacher. Il préside les autres lorsqu'il le juge convenable.

La première section se nomme *section des requêtes ;* la seconde, *section civile ;* la troisième, *section criminelle.*

Il faut onze membres au moins, dans chaque section, pour rendre un arrêt.

Il y a près de la Cour de cassation un procureur général et six avocats généraux.

Le procureur général, ou l'un des avocats

(1) Voyez le règlement de 1738, et les lois rendues sur cette matière depuis 1790, dans les *Lois de procédure civile,* de M. Dupin, pages 457—623.

(2) Ordonn. du 17 février 1815.

généraux, en son nom, porte la parole dans toutes les affaires.

Le greffier en chef nomme et présente à la Cour, pour les faire instituer, quatre commis - greffiers : il en est responsable, et par conséquent il peut les révoquer.

Des avocats attachés à la Cour de cassation, et nommés par le roi, y remplissent les fonctions attribuées aux avoués dans les tribunaux ordinaires (1).

On connaît déjà la nature du pouvoir que la loi a confié à la Cour de cassation ; on sait qu'un pourvoi formé devant ce tribunal suprême n'est pas une voie de ressort, parce qu'il ne connaît jamais du fond de l'affaire. Je ne répéterai point ce que j'ai été conduit à dire, sur ce sujet, dans les chapitres qui précèdent.

Il y a ouverture à cassation quand les formes substantielles et constitutives des actes, ou celles dont l'observation est prescrite à peine de nullité, ont été violées, et quand un arrêt, ou un jugement en dernier ressort,

(1) Loi du 27 ventôse an 8, art. 93, 94 et 95 ; décret du 25 juin 1806.

présente une contravention expresse à la loi.

Le *mal jugé* n'est pas toujours une contravention à la loi, car il n'y a d'autres lois, pour l'appréciation des faits et pour l'interprétation des clauses d'un contrat, que celles de l'intelligence et de l'équité : le pouvoir régulateur ne pénètre pas jusque-là, autrement la Cour de cassation ne serait qu'une autre cour d'appel.

Le mal jugé ne froisse qu'un intérêt privé; la contravention à la loi attaque les bases de l'ordre et du repos public. Et comme les particuliers ne peuvent compromettre l'autorité et la certitude de la loi, soit par leur silence, soit par leur acquiescement à une violation ouverte de ses dispositions, si le procureur général près la Cour de cassation apprend qu'il a été rendu un arrêt (1) contraire aux lois, sans que ni l'une ni l'autre des parties ait réclamé pendant le cours du délai prescrit, il en poursuit d'office la cas-

(1) Je n'ajouterai plus, *ou un jugement en dernier ressort*, parce qu'on sait qu'un jugement en dernier ressort est aussi *souverain* qu'un arrêt. Tout ce que je dis pour les arrêts, relativement à la cassation, s'applique de soi-même aux jugemens en dernier ressort.

sation, dans l'intérêt de la loi seulement.

Alors l'arrêt cassé reste dans toute sa force à l'égard des parties; nul comme acte émané de la justice, il vaut pour elles comme transaction émanée de leur volonté (1).

Le pourvoi en cassation n'est ouvert que lorsqu'il n'existe plus aucune autre voie de recours; de là il est facile de conclure qu'on n'est pas admis à déférer à la Cour suprême un arrêt dont les dispositions ne sont que préparatoires, et ne lient pas les juges qui l'ont rendu, parce que cet arrêt peut être corrigé en définitive.

Les tribunaux et les cours jugent les procès; la Cour de cassation juge les jugemens et les arrêts.

Tout cela est fort clairement résumé dans un avis donné par le conseil d'état, le 18 janvier 1806, dont voici les motifs principaux :

« La loi n'a établi que deux degrés de juridiction. Elle a créé les cours d'appel pour juger en dernier ressort; mais les actes émanés de ces cours n'ont le caractère de décisions

_____

(1) Art. 88 de la loi du 27 ventôse an 8; art. 441 et 442 du Cod. d'inst. crim.

souveraines qu'autant qu'ils sont revêtus de toutes les formalités requises pour constituer un jugement. Si les formes ont été violées, il n'y a pas de jugement, à proprement parler, et la Cour de cassation détruit un acte irrégulier ; si, au contraire, toutes les formes ont été observées, le jugement est réputé la vérité même.

» Deux raisons puissantes, d'un intérêt général, ont impérieusement exigé cette maxime. Des juges supérieurs sont établis pour réparer les erreurs d'une première décision. S'il était encore permis de remettre en question ce qui aurait été jugé par les cours, où faudrait-il arrêter ces examens ultérieurs? et quelle plus forte garantie la société aurait-elle contre les erreurs de troisièmes ou de quatrièmes juges?

» Cependant la stabilité des jugemens rendus par les cours repose, il faut en convenir, non sur la certitude acquise qu'un arrêt est juste, mais sur la présomption de sa justice, quand il est revêtu des formes qui lui donnent le caractère d'un jugement.

» Or, il est de la nature de toute présomption de céder à une vérité contraire, quand elle est démontrée; si donc un arrêt se trouve en opposition formelle avec une disposition textuelle de la loi, la présomption de sa justice disparaît, car la loi est et doit être la justice des tribunaux : aussi la Cour de cassation a-t-elle le droit d'annuler encore, dans ce cas, les actes des cours.

» Voilà les seules garanties que les constitutions aient données contre les erreurs des magistrats. On ne pourrait s'écarter de ces principes conservateurs, sans tomber dans un arbitraire inconciliable avec le droit de propriété et avec la liberté civile. »

Il y a cependant quelques distinctions qu'il est bon de faire sentir.

Pour que la violation des formes prescrites à peine de nullité donne ouverture à la cassation, il faut qu'on puisse l'imputer aux juges qui ont rendu l'arrêt; c'est-à-dire que la nullité ait été proposée devant eux, et qu'ils aient refusé d'y avoir égard. Autrement ce serait une erreur, ou une omission involontaire, que l'on devrait faire réparer par le moyen de la requête civile (1).

On a disputé long-temps sur la question de savoir si la violation *des conventions*

(1) Art. 480 du Cod. de proc.

légalement formées , qui tiennent lieu de loi à ceux qui les ont faites (article 1134 du Code civil), devait être considérée comme une contravention à la loi. La jurisprudence n'a pas toujours été constante sur ce point.

On pense généralement aujourd'hui qu'il n'y a contravention expresse à l'article 1134 du Code civil que dans un seul cas : celui où un arrêt décide qu'une convention reconnue pour avoir été légalement formée , n'oblige pas les parties contractantes. Alors ce n'est pas seulement la loi particulière du contrat, c'est la loi commune qui est violée. Cet arrêt doit être cassé.

Que si les juges ont interprété la convention d'après des faits et des circonstances, il y a eu peut-être une injustice, une appréciation erronée de ces faits et de ces circonstances, qui blesse l'intérêt privé d'un plaideur : mais cet accident ne porte aucune atteinte à l'intégrité de la loi générale ; il n'a aucune influence sur la sécurité publique, parce que les nuances d'une espèce individuelle ne s'étendent pas en dehors du procès. La violation *de la loi du contrat* n'est donc qu'un *mal jugé* qui échappe à la censure de la Cour de cassation.

Cette théorie fait voir à sa majestueuse hauteur l'institution de la Cour suprême. S'il est permis aux particuliers d'implorer son autorité, c'est uniquement lorsque leur intérêt se trouve lié à l'intérêt général, au maintien des lois du pays, et à l'uniformité de leur application.

Voici quelques exemples.

La loi définit la vente : c'est une convention par laquelle l'un s'oblige à livrer une chose, et l'autre à la payer. Elle est parfaite entre les parties lorsqu'il y a consentement sur la chose et sur le prix (1). Or il est avoué que tous ces élémens constitutifs d'une vente existent dans les faits ou dans les actes de la cause. Cependant un arrêt donne à la convention une autre nature, il la transforme arbitrairement en louage, en prêt, ou en dépôt. Ce n'est pas seulement un extrême *mal jugé*, c'est une violation de la loi, parce que, donnant une fausse qualification au contrat, et le plaçant dans une classe à laquelle il ne devait pas appartenir, les juges l'ont affranchi des règles spéciales auxquelles il était soumis, et l'ont soumis à des règles qui ne pouvaient pas

---

(1) Art. 1582 et 1583 du Cod. civ.

lui être appliquées. Il en serait de même d'une donation entre-vifs convertie en testament, et de tout ce qui dénaturerait le caractère *défini* de certains actes (1).

Mais un arrêt décide qu'il n'y a pas eu consentement réciproque des parties, soit sur la chose, soit sur le prix, et que la vente n'est pas parfaite. Je suppose qu'il y ait erreur manifeste dans cette conséquence tirée des faits et des écrits; toutefois, comme la loi n'a pas déterminé les signes auxquels on doit reconnaître la qualité efficiente d'un consentement, il n'y aura point ouverture à cassation, car la loi n'a pas été entamée.

M. Carré fait une distinction (2) : ou la clause d'un contrat est claire, ou elle est obscure. Dans le premier cas, il veut que l'arrêt qui aura forfait à l'évidence soit cassé ; dans le second, il accorde l'impunité de l'interprétation. Je ne puis adopter cette doctrine, à moins que la loi ne marque le point où les lueurs douteuses disparaissent et se perdent dans les clartés de l'évidence.

(1) Voyez l'arrêt de cassat., sections réunies, du 26 juillet 1823.

(2) *Lois d'organis. et de comp.*, t. 2, p. 780

Les textes offrent-ils un modèle normal de l'évidence? Non; ce qui est pour celui-ci une lumière éblouissante ne présente aux yeux de celui-là qu'un jour vague et incertain. Une fausse opinion sur la clause d'un acte n'est qu'une erreur ordinaire, quand la loi n'a rien statué sur l'expression et les effets de cette clause; et la Cour de cassation n'a pas été créée, comme une cour d'appel, pour redresser la fausse interprétation des contrats.

Autre exemple: il a été jugé qu'un verger ne faisait pas partie d'une maison des champs *vendue avec ses appartenances et dépendances;* c'est évidemment à tort, si l'on veut. Mais ce tort n'affecte qu'un intérêt privé; la loi générale n'en souffre pas, car elle n'a pas dit jusqu'où devaient s'étendre les *appartenances et dépendances.* Leurs limites sont dans la manière de voir et d'entendre, et cette manière n'a point de *criterium* légal.

Supposez maintenant qu'un arrêt ait adjugé l'argent comptant et les pierreries d'une succession au légataire *des meubles :* cet arrêt sera cassé, parce que la loi dit que le mot *meubles* employé *seul* dans la disposition de l'homme, *sans autre addition ni désigna-*

tion, ne comprend ni l'argent comptant, ni les pierreries (1).

Les présomptions qui ne sont point établies par la loi sont abandonnées aux lumières et à la prudence du magistrat; mais il ne peut admettre que des présomptions graves, précises et concordantes, et dans le cas seulement où la loi admet les preuves testimoniales. Tel est le texte de l'article 1355 du Code civil. M. Carré enseigne qu'il y a lieu à cassation, lorsqu'un arrêt est basé sur des présomptions, hors des cas où la preuve testimoniale est admissible : rien n'est plus juste et plus raisonnable, parce que la loi, en déterminant les cas d'admissibilité de la preuve testimoniale, détermine en même temps ceux où les présomptions peuvent être accueillies. Mais, ajoute M. Carré, l'article 1353 du Code civil prescrit une autre condition indivisiblement liée à celle de l'admissibilité de la preuve testimoniale : il faut encore, pour qu'il soit permis aux juges de se laisser toucher par des présomptions, qu'elles soient graves, précises et concordantes. « Il y a, ce sont les termes de l'auteur, même raison de décider en faveur de

(1) Art. 533 du Cod. civ.

la cassation, lorsqu'il est maintenu que les présomptions sur lesquelles un arrêt est motivé, n'ont pas les caractères auxquels la loi attribue les effets d'une preuve. Alors, continue-t-il, on présente à juger s'il y a eu violation de l'article 1353 ; et, comme il est impossible de résoudre la question sans prendre connaissance des faits et circonstances, il est de toute nécessité, pour savoir si la loi a été respectée ou enfreinte, que la Cour de cassation examine et apprécie à son tour le point de fait. »

Je regrette encore de ne pouvoir me rendre, sur ce point, à l'avis de mon savant et estimable collègue. Je négligerai l'objection qu'il semble redouter, et que l'on peut tirer de la loi du 16 septembre 1807 (1) : il vaut mieux suivre l'idée dominante de cette discussion. La loi a-t-elle tarifé le poids qui doit rendre les présomptions graves, la règle qui les fait précises, le caractère et le nombre des rapports qui produisent leur concordance ?

(1) Voyez le *Répertoire de jurisprudence*, v° *Société*, sect. 2, § 3, art. 2, et la collection nouvelle de M. Dalloz, v° *Cassation*.

Non ; ces inductions du connu à l'inconnu, ces sensations de conscience, toute cette mystérieuse philosophie de l'esprit humain n'est point définie dans les codes.

La conviction déclarée par un arrêt n'est pas plus *cassable* que la conviction déclarée par un juri, sous le prétexte que les présomptions qui l'ont formée n'auraient pas été assez graves, assez précises, assez concordantes. Autrement il faudrait dire que ce n'est point aux lumières et à la prudence des magistrats ordinaires que les présomptions sont abandonnées, mais seulement aux lumières et à la prudence de la Cour suprême.

Certes la loi serait désavouée par la raison, si elle avait entendu mettre une différence entre les présomptions simples et les dépositions d'une enquête. Les unes et les autres doivent être graves et précises, pour composer une preuve *concluante* (1). Et cependant on ne s'est point encore avisé de songer à faire une ouverture de cassation du défaut de gravité, de précision et de concordance des faits admis en preuve.

(1) Voyez les art. 253 et 254 du Cod. de procéd.

L'incompétence et l'excès de pouvoir sont des violations de la loi (1).

La contrariété d'arrêts rendus par des cours *différentes*, entre les mêmes parties et sur les mêmes moyens, donne ouverture à la cassation (2).

Lorsque la contrariété existe entre des arrêts émanés de la même cour, on présume qu'elle a été produite par une erreur involontaire ; et c'est le cas de la requête civile. Cependant il faut encore distinguer : si cette présomption d'erreur involontaire vient à cesser ; par exemple, si l'autorité de la chose qu'elle a déjà jugée est opposée devant une cour par une des parties, contre une prétention que l'autre renouvelle; et si, nonobstant cette défense, un second arrêt est rendu en sens contraire, alors l'erreur est commise en connaissance de cause : il y a contravention expresse à la loi, et l'on devra se pourvoir en cassation.

La Cour de cassation connaît des demandes en renvoi d'un tribunal à un autre, pour cause de suspicion légitime ou de sûreté publique.

(1) Voyez ci-dessus la distinction de l'incompétence et de l'excès de pouvoir, chap. 12, pag. 283, à la note.

(2) Art. 504 Cod. de proc.

Elle connaît aussi des demandes en règlement de juges, quand le conflit s'élève entre deux cours royales, ou entre deux tribunaux qui ne ressortissent pas à la même cour (1).

La prise à partie contre les cours d'assises, contre les cours royales, ou l'une de leurs chambres, est portée à la Cour de cassation (2).

Le sénatus-consulte du 16 thermidor an 10 avait déjà soumis les cours et les tribunaux à la surveillance du ministre de la justice, et à la censure *disciplinaire* de la Cour de cassation. Ce principe a reçu depuis des développemens qu'il faut voir dans le décret du 30 mars 1808, et dans la loi du 20 avril 1810.

« Le pouvoir censorial a été institué pour la dignité de la magistrature : il veille à ce que la considération et le respect qu'elle doit toujours mériter, et qui lui sont dus, ne soient pas altérés, non-seulement par des prévarications, mais encore par des faits que réprouveraient les bonnes mœurs. Il s'étend

(1) Art. 76 de la loi du 27 ventôse an 8, et 363 du Cod. de proc.

(2) Art. 509 du Cod. de proc.

donc sur la vie privée, comme sur la vie publique des magistrats (1). »

A l'entrée de ce sanctuaire du culte rigoureux de la loi, se trouve la section des requêtes. Toutes les affaires civiles y sont d'abord portées : le demandeur en cassation y comparaît seul; son adversaire n'y est point partie, et ne reçoit même pas communication du pourvoi.

Si le pourvoi n'est pas *recevable*, ou paraît évidemment mal fondé, il est rejeté; l'arrêt attaqué reste dans sa force, et à l'abri de tout autre recours. Le demandeur est condamné au paiement de l'amende.

Lorsque le pourvoi est *recevable*, et paraît mériter une discussion sérieuse, il est admis. Dans ce cas, le demandeur doit signifier l'arrêt d'admission à son adversaire, et l'assigner devant la section civile, dans les délais du règlement, à peine de déchéance. L'affaire se discute là contradictoirement. Le défendeur signifie sa défense, le demandeur peut répondre, l'autre peut répliquer; c'est toute l'instruction.

(1) *Répert. de la nouv. Légist.*, par M. Favard, *v° Cassation*, sect. 2, § 2, n° 6.

Si le pourvoi est rejeté par la section civile, le demandeur est condamné à l'amende et aux dommages et intérêts de la partie.

Si la cassation est prononcée, la cour ordonne la restitution de l'amende que le demandeur avait dû consigner en formant son pourvoi, ainsi que la restitution des sommes ou des choses perçues en vertu de l'arrêt annulé, et renvoie l'affaire devant d'autres juges pour être reprise sur les derniers erremens qui n'ont pas été atteints.

Tous les arrêts sont rendus sur le rapport de l'un des conseillers commis par le président de la section.

Lorsque le procureur général provoque la cassation d'un arrêt ou d'un jugement, dans l'intérêt de la loi, son pourvoi ne passe point par la section des requêtes, il est porté directement à la section civile.

Il est aussi des cas où la Cour suprême, en cassant un arrêt, ne renvoie point l'affaire devant une autre cour. Par exemple : lorsque l'arrêt cassé avait mal à propos reçu l'appel d'un jugement en dernier ressort, il n'y a plus rien à juger. De même, lorsque la cassation est prononcée pour contrariété d'arrêts, c'est le premier qui seul doit être exécuté.

Il manque beaucoup de détails à cette esquisse. Je me propose de parler, avec plus
de développemens, des formes et des délais
du pourvoi en cassation, dans un *appendice*
que je placerai après le livre IV de la première partie du Code de procédure civile.

Les arrêts qui *rejettent* n'ont pas, en jurisprudence, la même autorité que les arrêts
qui *cassent*. La raison en est simple.

Il est possible qu'il n'y ait pas eu violation expresse de la loi, dans l'appréciation de
certaines circonstances particulières à l'espèce d'une cause. Le pourvoi est rejeté:
cela ne prouve point qu'il eût dû être admis
en supposant le cas tout-à-fait contraire,
parce que le texte formel de la loi ne se
serait pas plus trouvé compromis dans l'un
que dans l'autre.

Mais on conçoit que les arrêts qui cassent
et annullent, en fixant un point de droit
tout pur, doivent nécessairement avoir une
influence plus puissante sur les questions semblables.

Cependant un arrêt, de si haut qu'il vienne,
ne fait pas la loi, il la déclare, comme les juges
l'ont entendue ; et il n'est pas très-rare de voir

entre les Cours royales et la Cour de cassation, de ces dissidences d'opinion qui tiennent
ou à la diversité des esprits, ou à la difficulté
de la décision, ou à l'interprétation même des
principes.

Je suis heureux de trouver ici l'occasion
de citer les belles paroles que M. le premier
président Desèze prononçait, il y a peu de
jours, pour la rentrée de la Cour suprême (1):
« Nous proclamons, et nous nous en fai-
sons un devoir, que ces dissidences d'opinion
n'ont jamais été un obstacle à tous ces sentimens d'estime, de justice, de confraternité,
de confiance, qui ne doivent jamais cesser
d'exister entre des magistrats, qui, quoique
séparés de pays, de fonctions, de pouvoir,
vivent tous sous l'empire du même monarque,
et sont les honorables esclaves des mêmes lois.
Aussi, Messieurs, est-ce sans étonnement que
nous avons vu souvent, et dans les occasions
même les plus remarquables, des cours royales
abandonner volontairement leur propre jurisprudence, pour adopter celle que la Cour
de cassation avait établie; comme c'est de
même sans regret que nous avons vu d'autres

_____

(1) Le 5 novembre 1827.

cours émettre, dans d'autres occasions non
moins importantes, des opinions opposées
aux nôtres, et y persévérer, malgré nos arrêts.
Il est même arrivé quelquefois que la Cour
de cassation, pénétrée des motifs à l'aide desquels on combattait ceux qui l'avaient en-
trainée elle-même, n'a fait aucune difficulté
de revenir sur l'opinion qu'elle avait d'abord
adoptée, pour s'en tenir à celle des cours.
Ce ne sont pas là, au reste, des efforts qui
puissent coûter à des magistrats; ce n'est
pas à eux qu'on peut reprocher de mettre
de la domination dans l'autorité, ou de la
faiblesse dans les déférences. Ils n'y voient
au contraire que de la dignité et de la justice;
ils regardent ces combats d'opinion comme
utiles, comme ne présentant rien que de noble,
comme tournant même souvent au profit de
l'ordre public; et enfin ils s'honorent de penser à cet égard comme d'Aguesseau, qui, dans
ces discours qu'on ne saurait jamais trop rappeler, remarque « que c'est la providence elle-
» même qui permet quelquefois ces espèces
» de guerres innocentes entre les ministres
» de la justice, où tous les avantages parais-
» sent également partagés, où l'on voit com-
» battre la vertu contre la vertu; la doctrine

» contre la doctrine, l'expérience contre l'ex-
» périence, et où l'orgueil de l'homme, plei-
» nement confondu, est obligé de reconnaître
» l'humiliante incertitude des jugemens hu-
» mains. »

Le législateur n'a pas manqué de prévoir
ces oppositions de doctrines et ces divergences
de jugemens, dont il vient quelquefois s'accuser lui-même.

Après une cassation, la cour royale à laquelle
le jugement de la cause a été renvoyé, peut rendre un arrêt conforme au premier. Si l'on attaque ce second arrêt par les mêmes moyens que
ceux sur lesquels était fondé le premier pourvoi,
l'affaire exige naturellement un examen plus
approfondi et une discussion plus solennelle:
elle est portée devant toutes les sections réunies
de la Cour suprême, sous la présidence du
ministre de la justice. La Cour a la faculté de
statuer de suite sur le nouveau recours, ou de
demander au roi l'interprétation de la loi.

Si l'interprétation n'est pas demandée, et
si la Cour de cassation annulle encore,
l'affaire est toujours renvoyée à une autre
cour royale. Mais il n'est pas sans exemple que cette autre cour adopte l'opinion
de celles dont les arrêts avaient été déjà

cassés, et qu'il y ait un troisième pourvoi. Alors on doit croire que la loi renferme un vice de rédaction qui rend sa lettre obscure et son esprit ambigu; il faut absolument qu'elle soit interprétée.

Il était dit dans l'article 21 du décret du 1er décembre 1790: « Lorsque le jugement aura été cassé deux fois, et qu'un troisième tribunal aura jugé en dernier ressort de la même manière que les deux premiers, la question ne pourra plus être agitée au tribunal de cassation, qu'elle n'ait été soumise au corps législatif, qui dans ce cas portera un *décret déclaratoire* de la loi; et lorsque ce décret aura été sanctionné par le roi, le tribunal de cassation *s'y conformera dans son jugement.* »

Cette disposition était conforme au droit public du temps; car, à cette époque, le pouvoir de proposer, de discuter et de décréter les lois, résidait tout entier dans le corps législatif. Le roi pouvait seulement inviter l'assemblée à prendre tel objet en considération.

La constitution de l'an 3 reconnut, dans les mêmes termes à peu près, la nécessité de l'interprétation, avec cette différence que le décret *déclaratoire* devait être sollicité et rendu après une première cassation.

Mais on n'y songea plus, en l'an 8, quand on voulut reconstruire l'organisation judiciaire. Il fut dit seulement, dans l'article 78 de la loi du 27 ventôse : « Lorsqu'après une cassation, le second jugement sur le fond sera attaqué par les mêmes moyens que le premier, la question sera portée devant toutes les sections réunies du tribunal de cassation. »

Peut-être croyait-on qu'un arrêt si solennellement rendu serait adopté, sans opposition, par les cours souveraines, comme la règle de leur jurisprudence. Le sort de l'affaire, après la cassation du second jugement, et dans le cas d'un troisième pourvoi fondé sur les mêmes moyens, ne fut donc pas prévu. Il résultait de cette lacune, que la faculté de se pourvoir devenait indéfinie; que les mêmes décisions pouvaient toujours renaître et se reproduire, malgré la cassation; et que la lutte entre le tribunal régulateur et les nouveaux juges auxquels il renverrait successivement le fond de la cause, pouvait ne pas avoir de terme.

Le besoin de prévenir un inconvénient aussi

grave se fit bientôt sentir. La loi du 16 septembre 1807 déclara qu'il y aurait lieu à interpréter la loi, dans le cas d'un troisième
pourvoi; mais elle ajouta que l'interprétation
serait donnée dans la forme des règlemens
d'administration publique, c'était à dire, par
le conseil d'Etat.

Il est de principe incontestable que celui
qui a fait la loi a seul le droit de l'interpréter : or le conseil d'Etat n'avait pas le pouvoir de faire la loi ; c'était donc une atteinte
portée à la maxime : *Ejus est interpretari,
cujus est condere.*

Mais on répondait, et cela était vrai, que le
conseil était un des grands pouvoirs de l'Etat ;
que dans ses attributions constitutionnelles
se trouvaient déjà la mission de préparer les
projets de loi, de les exposer, de les soutenir
devant le Corps législatif, la compétence pour
résoudre les difficultés qui s'élevaient en matière administrative, et le privilége de développer, dans ses avis, le sens des points de législation sur lesquels le Gouvernement était
consulté (1). On aurait pu ajouter qu'il y avait

(1) Constitution de l'an 8, art. 52 et 53; règlement
pour l'organis. du cons. d'État, du 5 nivôse an 8,
art. 11.

alors deux législateurs : le législateur de droit, dont les pouvoirs négligés, ou plutôt asservis, dormaient, après la suppression du tribunat, dans le sein d'une constitution morte, et le législateur de fait, dont le conseil d'Etat était l'âme et le vivant organe ; que le Gouvernement ne se donnait plus guère le souci de déguiser ses usurpations, et qu'il était assez naturel que le conseil d'Etat expliquât les ambiguïtés de la loi, et révélât sa propre pensée, puisque, dans la réalité, il était le véritable et le seul législateur (1).

Sous l'empire naissant de la Charte, la face des choses n'était plus la même, et la chambre des députés voulut corriger cet abus ; elle prit, le 21 septembre 1814, une résolution en ces termes :

« Lorsqu'un arrêt ou jugement des cours ou tribunaux aura été cassé deux fois, si un troisième tribunal juge de la même manière que les deux précédens, et qu'il y ait, par les mêmes moyens, un pourvoi en cassation, il y a lieu à l'interprétation de la loi, et il doit en être référé au pouvoir législatif par la Cour de cassation.

(1) Voyez *les Questions de droit administratif*, par M. le baron de Cormenin, tom. 2, pag. 245.

» La déclaration interprétative des lois est donnée par le pouvoir législatif dans la forme ordinaire des lois. »

Cette résolution fut portée à la chambre des pairs. La commission chargée de son examen proposa de l'adopter, sauf quelques changemens de rédaction qui ne touchaient en rien au fond du projet (1). Mais la sanction royale n'y fut pas donnée : le roi dit qu'il en délibérerait.

Le régime de la loi du 16 septembre 1807 subsiste donc encore.

On a beaucoup écrit pour et contre cet état de choses.

(1) La commission demandait qu'au lieu de ces mots : *il doit en être référé au pouvoir législatif*, on substituât ceux-ci : *il en sera référé au ministre de la justice.* La raison qu'elle donnait de cet amendement était que la Cour de cassation ne devait pas être mise en rapport direct avec les deux chambres ; que l'initiative n'appartient qu'au roi, et que c'est à lui seul que la demande en interprétation doit être déférée.

La commission écarta aussi l'expression de *pouvoir législatif*, comme trop vague et trop abstraite. Elle proposa cette autre rédaction : *La déclaration interprétative est présentée, discutée, adoptée et promulguée dans la forme ordinaire des lois.*

Il ne peut y avoir de difficulté dans les pays
où le prince fait seul la loi ; c'est à lui de l'interpréter : *Quis legum enigmata solvere et omnibus aperire idoneus esse videbitur, nisi is
cui soli legislatorem esse concessum est* (1)?

« Si, dans les procès qui seront pendans
en nos cours, disait Louis XIV, il survient
aucun doute et difficulté sur l'exécution de
quelques articles de nos ordonnances, édits,
déclarations et lettres patentes, nous leur défendons de les interpréter; mais voulons qu'en
ce cas elles âient à se retirer par-devers nous,
pour apprendre ce qui sera de notre intention (2). »

Frédéric tint le même langage dans son
Code.

Rien de plus légitime, si l'on eût distingué
l'interprétation d'autorité et l'interprétation
de doctrine. Mais l'usage et la force naturelle
des choses y pourvurent : car il serait impossible aux magistrats de rendre la justice,
s'il ne leur était pas accordé de percer l'é-
corce de la lettre, pour découvrir l'esprit
de la loi (3).

(1) *L.* 12, *Cod. de legibus.*
(2) Ordon. de 1667, tit. 1ᵉʳ, art. 7.
(3) Il y a deux sortes d'interprétation des lois :

Dans les gouvernemens mixtes , où la puissance législative est partagée , le principe que l'interprétation d'autorité appartient aux législateurs, peut se compliquer de quelques inconvéniens.

Chez nous la loi se fait par le concours du

l'interprétation *d'autorité* , et l'interprétation de *doctrine*.

La première consiste à résoudre les difficultés et les doutes, par des règlemens ou dispositions générales qui déclarent le vrai sens de la loi. Cette interprétation appartient au législateur, parce que nul autre que lui ne peut mieux savoir ce qu'il a voulu prescrire : *quilibet est optimus suorum verborum interpres, et sic etiam legislator.* Elle est une loi nouvelle, et la règle de tous les jugemens futurs.

La seconde est l'opinion des juges et des jurisconsultes sur la pensée du législateur, et l'application de leur doctrine à un cas particulier. *Interim his qui jura docent et illustrant, aut secundum illa judicant, non erit adempta facultas sensum ex legibus eruendi secundum probabiles conjecturas , cùm, absque hoc medio, interpretandi jura, nec doceri nec applicari valeant.* Bohemer, *introd. in jus public. univ.*, p. 406 et 407.

C'est pour faire cesser l'incertitude et la diversité des interprétations *de doctrine*, que le législateur élève la voix, et donne son interprétation *d'autorité,*

roi et des deux chambres. Les chambres ne sont pas toujours assemblées; et si, dans l'intervalle d'une session à l'autre, il arrive qu'il y ait lieu à l'interprétation d'une loi, ce sera un nouveau sacrifice de temps et de longueurs ajouté aux fatigues des parties, déjà froissées par ces chocs d'arrêts et de cassations.

On peut supposer encore que les deux chambres ne soient pas d'accord, ou que le roi refuse sa sanction : ainsi la justice, vainement interrogée, serait forcée de rester muette sur les intérêts des citoyens.

Ces objections furent faites en 1814, et l'on convint, à la chambre des pairs, qu'il pourrait y avoir des inconvéniens dans la mesure proposée. Mais, ajoutait-on, quelle est la loi où il ne s'en rencontre pas? Ils naissent ici de la constitution du corps législatif, et nullement du principe de la loi. Or, quand des inconvéniens tiennent à la constitution même de l'Etat, on est dispensé d'y répondre.

Et l'on disait, après tout, que cette discordance des chambres, ce refus de sanction et toutes les suppositions semblables, étaient de ces choses qui, métaphysiquement parlant, peuvent arriver, mais qui, considérées moralement, n'arrivent jamais.

Ces raisons furent développées à la tribune avec beaucoup de force et de talent; mais au dehors, elles ne rallièrent point tous les esprits, et le système de la *résolution* a été combattu depuis par un grand nombre d'auteurs, soit dans son principe, soit dans son exécution.

Les uns voudraient que la troisième cour d'appel à laquelle l'affaire serait renvoyée, après deux cassations, prononçât définitivement, et sans qu'il fût permis de se pourvoir de nouveau, dans le cas où elle partagerait l'opinion déjà émise par les précédentes(1).—Mais ne serait-ce pas réduire les magistrats spécialement institués pour réprimer les excès de pouvoir et les décisions arbitraires, à rester spectateurs impuissans des atteintes portées à la loi, si, par un entraînement d'esprit de corps, trois cours royales cédaient à l'ambition d'élever leur pouvoir au-dessus de celui de la Cour suprême? Ne serait-ce pas renverser l'ordre de la hiérarchie, et changer la nature des juridictions?

On a parlé aussi d'obliger la troisième cour

(1) *Ordre légal en France,* par M Duvergier de Hauranne, chap. 18.

royale à prendre pour loi le second arrêt de cassation (1). — Ne serait-ce pas violer les conditions de l'établissement de la Cour suprême, qui, *sous aucun prétexte et dans aucun cas, ne* PEUT *connaître du fond des affaires* (2)? Ne serait-ce pas à la fois lui conférer le pouvoir législatif, la pousser dans le domaine des tribunaux ordinaires, créer un troisième degré de juridiction, et faire déborder de vive force le cours de la justice?

Il en est d'autres qui proposeraient de placer, entre ces deux extrêmes, l'idée de déroger, pour le cas extraordinaire de l'interprétation, à l'article de la Charte qui fait concourir à la formation de la loi les trois branches de la législation (3). Ils disent: la couronne et la chambre des communes sont déjà si fortes, l'une par le pouvoir exécutif, l'autre par la popularité qu'elle peut se donner, qu'il serait au moins inutile d'ajouter à leurs prérogatives. On remettrait donc à la chambre héréditaire le droit d'interprétation ; alors plus de longueurs, plus de discordances à prévoir

(1) *Ibid.*
(2) Loi du 1ᵉʳ décembre 1790.
(3) M. Henrion de Pensey, *autorité judic.*, t. 2, chap. 22.

et à redouter. La constitution y gagnerait plus qu'elle n'y perdrait, puisque cette branche de la puissance législative étant chargée de contenir les deux autres dans leurs limites, ce serait affermir les bases constitutionnelles, que d'ajouter à son éclat, à sa considération et à sa force. — A part le très-grand danger de ces vicissitudes d'exceptions, et de ces ébranlemens de la loi fondamentale, qui a classé les différens pouvoirs et défini leurs attributions, n'y aurait-il point de l'indiscrétion à investir une cour politique, composée en grande partie de prélats et de militaires, du droit de prononcer sur les matières civiles, qui exigent des études spéciales et l'expérience des applications?

Nous resterons donc dans les termes de la loi du 16 septembre 1807. — Mais le conseil d'État d'aujourd'hui ressemble-t-il au conseil d'État de 1807? Celui-là était dans la constitution de l'an VIII; il fit nos codes, et presque toutes les lois et les règlemens qui nous régissent encore; il n'est plus dans la Charte. Le nouveau conseil d'État a été établi par une simple ordonnance du 29 juin 1814; ce n'est, à bien dire, qu'une commission d'hommes versés dans la science des lois et dans l'habi-

tude des affaires, appelés auprès du gouvernement pour vérifier des faits, apprécier des
actes, examiner des questions qui viennent se
rattacher au contentieux de la sphère administrative, et préparer, dans ce genre de procès, les décisions proclamées sous le nom du
roi. Le véritable conseil du roi est le conseil
des ministres, où se discutent les projets de
loi et les grandes mesures d'administration
publique.

Pressé par les doutes qui s'élevaient de
toutes parts, M. le garde-des-sceaux convoqua
le conseil d'État, en novembre 1823, pour
délibérer sur la question de savoir si la
Charte avait abrogé, soit tacitement, soit expressément, la loi du 16 septembre 1807.
Le conseil d'État fut d'avis que le recours
en interprétation ne pouvait pas être exercé
devant l'autorité législative, et qu'il devait l'être
devant le roi. Il se fonda sur ce que toute justice
émane du souverain, et qu'à lui seul appartient la portion de l'autorité judiciaire qui
n'est pas comprise dans la délégation que
ses tribunaux ont reçue; sur ce que l'exécution de la loi étant confiée au chef de l'État,
c'est à lui de faire cesser les obstacles devant

lesquels s'arrête la justice, qui n'est elle-
même que l'exécution de la loi. On décida
donc que le système de la loi du 16 septembre 1807 *était parfaitement compatible
avec le régime constitutionnel établi par
la Charte, et que le roi pouvait et devait,
dans les cas prévus, et dans les formes dé-
terminées, exécuter ses dispositions.* Mais
en même temps, et ceci est fort remarquable, il fut reconnu, « que la décision interprétative, accordée à l'occasion d'un procès, pour lever l'obstacle qui en empêchait
le jugement, et rendue par le roi, chef suprême de l'État et source première de la justice, n'est qu'une interprétation judiciaire,
qui n'a ni le caractère ni les effets d'une interprétation législative; que cette interprétation,
légalement bornée au cas particulier pour lequel elle a été donnée, *n'est pas la règle nécessaire pour tous les cas analogues,* en
quoi elle diffère essentiellement de la loi. »

Ainsi, en résultat, c'est une interprétation
de doctrine, c'est un jugement particulier
que donne le roi, lorsqu'il faut enfin terminer un procès que la dissidence des cours
royales et de la Cour de cassation pourrait

rendre éternel. Tranchons le mot, c'est l'évocation d'une cause au conseil.

Telle n'était pas l'intention du législateur, en 1790 : la Cour de cassation devait se conformer, dans son troisième arrêt, au décret déclaratoire de la loi (1).

Les auteurs de la loi du 16 septembre 1807, en disant que l'interprétation serait donnée dans la forme des règlemens d'administration publique, entendaient bien aussi que ce serait une interprétation d'autorité, un décret d'intérêt général dont la puissance s'étendrait, à l'avenir, sur tout l'empire, comme celle de la loi (2).

Mais, suivant *l'avis* du 27 novembre 1823, il n'y a plus d'interprétation réglémentaire. On a trouvé le moyen de finir les affaires, et non de faire cesser les ambiguïtés de la loi et les incertitudes de la jurisprudence : on a fait du conseil d'État un troisième degré de juridiction; et l'ordonnance du roi, qui intervient dans ces débats, n'éteint qu'une

____

(1) Art. 91 de la loi du 1er décembre 1790.

(2) Art. 21, 37 et 44 de la constit. de l'an 8 ; 27 et suiv. du sénatusc. du 28 floréal an 12.

question individuelle. Cette question pourra toujours être agitée de nouveau dans une autre cause; les disputes reviendront avec tout leur cortége d'argumens ; et la loi, tourmentée par les systèmes, flottant au milieu des doutes, comme un esquif dont les ancres sont perdues, n'obtiendra point l'uniformité d'application qui l'affermit, et l'universalité de puissance sans laquelle elle ne règne pas.

L'intérêt de cette discussion vient de se ranimer dans ces derniers temps : il s'agissait de savoir si un règlement du 28 février 1723, concernant le commerce de la librairie, abrogé par la loi du 17 mars 1791, avait été remis en vigueur par celles de 1810 et de 1814. La négative ayant été décidée, dans la même affaire, par deux arrêts que la Cour suprême avait cassés, un troisième arrêt a jugé comme les précédens, et il y a eu un troisième pourvoi.

La Cour de cassation a sursis, et a renvoyé, pour l'interprétation, *devant qui il appartiendrait*.

Sur quoi est intervenue, le 1ᵉʳ septembre 1827, une ordonnance royale qui, vu la loi du 16 septembre 1807, vu *l'avis* du 27 novembre 1823, vu, etc., *et le conseil d'État entendu,* a décidé que la peine de 500 fr. d'amende, prononcée par l'art. 4 du titre 4 du règlement du 28 février 1723, devait encore être appliquée.

Voilà un procès jugé.

Cependant la difficulté s'est reproduite dans une autre affaire de ce genre; et, le 10 novembre 1827, le tribunal de Nantes a rendu un jugement que les journaux ont rapporté dans les termes suivans :

« Attendu que l'ordonnance du 1er septembre 1827, rendue sur l'avis du conseil d'État, dans l'affaire du sieur T..., n'est qu'une interprétation judiciaire, qui n'a ni le caractère ni les effets d'une interprétation législative, que l'intervention de l'autorité législative pourrait seule lui attribuer; que cette interprétation, légalement bornée au cas particulier pour lequel elle a été donnée, n'est pas la règle nécessaire de tous les cas analogues, en quoi elle diffère essentiellement de la loi, ainsi qu'il a été décidé par l'avis du conseil d'État du 17 décembre 1823;

» Que l'ordonnance du 1er septembre dernier est elle-même basée sur cet avis du conseil d'État;

» Que le sieur M.... n'est poursuivi, en ce moment, que pour le fait d'avoir exercé la profession de libraire, sans être breveté ni assermenté conformément à la loi;

» Attendu que le règlement de 1723 a été abrogé par la loi du 17 mars 1791, qui a rendu libre l'exercice de toutes les professions, et notamment de celle de libraire;

» Que le décret du 5 février 1810, et la loi du 21 octobre 1814, tout en rétablissant la nécessité du brevet pour l'exercice de la profession de libraire, n'ont point rappelé les dispositions pénales portées par ledit règlement;

» Que les tribunaux, même pour des motifs d'intérêt public, ne peuvent prononcer par induction des peines qui ne sont pas expressément établies par la loi, conformément aux principes consacrés par la Cour de cassation, notamment dans ses arrêts de 1809;

» Renvoie le prévenu de la poursuite dirigée contre lui. »

Le même point de droit vient d'être résolu dans le même sens par la Cour royale de Paris et par sept à huit tribunaux de première instance. La Cour de Nancy, plus récemment encore, a jugé le contraire.

Quelle que soit la décision définitive que recevront ces nouvelles causes, ce sera toujours un malheur que cette lutte d'opinions, où la loi est compromise, sans pouvoir se fixer, ni dominer toutes les dissidences. Quand les diverses interprétations de doctrine troublent l'ordre légal, il faut que l'interprétation d'autorité vienne le rétablir, et l'interprétation d'autorité ne peut être donnée que par le pouvoir législatif.

Le système de la loi du 1er décembre 1790, que faisait revivre *la résolution* adoptée par les deux chambres en 1814, est incomparablement le meilleur. Il a des inconvéniens; mais, on l'a déjà dit, quel est le système où il ne s'en rencontre pas? Celui-là en présente moins que les autres, et il a le grand avantage d'être en harmonie parfaite avec les principes de la constitution de l'État.

Quelques-uns répètent, encore de bonne foi, une objection qui se trouve, on ne sait comment, dans l'exposé des motifs de la loi du 16 septembre 1807; ils disent : « La loi interprétative aura donc un effet rétroactif, puisqu'on la fera servir à juger un procès préexistant? » C'est une inconcevable erreur.

La loi interprétative déclare *que la loi interprétée a toujours dû être entendue dans*

un tel sens, et exécutée de telle manière.
Elle ne fait pas une disposition nouvelle, elle
explique une disposition déjà faite; elle régit
même le passé, dit Bacon, sans qu'on puisse
l'accuser de rétroactivité, parce qu'elle est
contemporaine de la loi qu'elle interprète:
*Non enim tum incipit interpretatio cùm
declaratur, sed efficitur tanquam con-
temporanea ipsi legi.* De restropect. leg.,
aphor. 51.

Une loi rétroagit, si elle annulle des droits
acquis par des transactions, ou par des jugemens passés en force de chose jugée. Mais il
n'y a point encore de droits irrévocablement
acquis, lorsque toutes les voies de recours ne
sont pas fermées; et comme l'interprétation
est demandée à cause d'un troisième pourvoi,
qui tend à faire remettre les parties dans
l'état où elles se trouvaient avant les arrêts
successivement attaqués, la loi interprétative
ne fait point un injuste retour sur un passé
fini. C'est, au surplus, ce que proclamait l'article 4 de la *résolution* du 21 septembre 1814:
« La loi interprétative ne change rien aux jugemens qui auraient acquis l'autorité de la
chose jugée, et aux transactions arrêtées avant
sa publication. »

CHAPITRE XVIII.

DU MINISTÈRE PUBLIC.

QUELQU'UN a dit, avec une grande raison :
« La plupart du temps, on n'a trouvé dans
les écrits des anciens que ce que l'on croyait
d'avance devoir y trouver. »

Ainsi, les auteurs qui ont parcouru l'histoire du droit romain, avec des dispositions
à y découvrir l'origine du ministère public,
n'ont pas manqué d'en apercevoir les premières traces dans l'établissement des *rationales* ou *procuratores Cæsaris*, au temps
d'Auguste.

Comme les Francs avaient conservé dans
les Gaules ce qui leur convenait de l'administration de Rome, il n'y a eu qu'un pas à faire
pour trouver chez eux des *procuratores* ou
actores regis. Suivant une opinion assez
commune, cette espèce d'agens serait le type
du noble emploi, dont toute la hauteur et
toute la dignité ont été peintes d'un si beau

trait, quand on a dit d'un magistrat célèbre, qu'il fut l'homme de la loi et l'orateur de la patrie (1).

Pour bien apprécier la solidité d'un système, il faut un peu fouiller autour de sa base.

A Rome, les *rationales* furent d'abord des régisseurs ou intendans établis dans les domaines du prince, pour percevoir ses revenus, veiller à ses intérêts, repousser les usurpateurs et gourmander les tributaires négligens. Plus tard, Constantin leur attribua le droit de juger les causes fiscales, c'est-à-dire qu'ils devinrent à la fois juges et parties : *ad fiscum pertinentes causas rationalis decidat* (2). Certes, ce n'est point pour de telles

(1) Eloge de M. Antoine-Louis Seguier, premier avocat général du parlement de Paris, prononcé à l'Institut, le 2 janvier 1806, par M. Portalis, ministre des cultes

On connaît le mot de Gustave III, lorsque M. Seguier lui fut présenté : « Il faudrait n'être pas d'Europe, pour ignorer le nom d'un homme aussi éloquent. » Aujourd'hui tout le monde en dirait autant de son panégyriste.

(2) *L. 5, Cod. Ubi causæ fiscales vel divinæ domus nominumque ejus agantur.*

lois que la sagesse des Romains doit être
vantée.

M. de Montesquieu a fort judicieusement
observé que leurs formes populaires, touchant
la poursuite des crimes, ne pouvaient s'accorder avec le ministère d'une partie publique (1). Il faut en dire autant de leur procédure civile; et c'est s'abuser, je crois, que
de voir dans les fonctions anomales de ces
receveurs transformés en juges fiscaux, des
traits de ressemblance avec nos officiers du
ministère public. Les Romains ne leur avaient
point fait l'honneur de les charger de protéger
les veuves, les orphelins et les pauvres. On
nommait à ces personnes un avocat pour les
défendre, lorsqu'elles en avaient besoin. Accuser et poursuivre était un droit commun à
chaque citoyen. L'amour de la gloire et l'a-
mour de la patrie créaient des accusateurs;
il fallait souvent choisir entre ceux qui se présentaient, et Cicéron n'obtint la faveur d'accuser Verrès, qu'après l'avoir disputée à Cœci-
lius Niger (2).

(1) *Esprit des Lois*, liv. 28, chap. 36.
(2) *Si plures existant qui eum in publicis judiciis accusare volunt, judex eligere debet eum qui
accuset, causâ scilicet cognitâ, estimatis accusa-*

Il y avait chez les peuples germaniques des officiers auxquels ils donnaient le nom de *Schulteti* (1), ce qui signifiait, en langage teuton, *exacteurs de dettes*. Après l'invasion, ils les appelèrent, en latin, *procuratores, actores*.

Chaque maison royale eut son procureur ou *actionneur*. Il revendiquait les sujets domaniaux; c'était à lui que l'on s'adressait pour réclamer les serfs des particuliers, qui s'étaient réfugiés dans les terres du roi; il faisait payer les revenus et les impôts. Lorsque le prince devait passer dans son district, le procureur ordonnait les préparatifs de réception; il exigeait les corvées et les provisions nécessaires pour le charroi et la subsistance de la Cour (2).

torum personis, vel de dignitate, vel de eo quod interest, vel œtate, vel moribus, vel aliâ justâ de causâ. L. 16 ff. de accusat. Voyez le Dict. de Prost. de Royer, tom. 2, pag. 208 et 209.

(1) *Schultetus, schutetus vel sculdais: apud Theutones,* schoud-heel, schoud-heyd, *vel* schuldeys : *noxœ debitivœ exactor, qui pœnas irrogat et mulctas exposcit ab iis qui deliquerunt.* Ducange, v° *sculdais.*

(2) Hincmar, *Epist.*, tit. 14, cap. 22.

La loi n'avait pas d'autres organes et d'autres défenseurs, dans les tribunaux, que les juges eux-mêmes. Les comtes se portaient parties contre ceux qui appelaient de leurs sentences, et ils les faisaient suivre à la cour du roi par un député du plaid, pour répondre aux griefs, ou pour étouffer les cris des plaignans (1). Mais comme le prince avait droit à une bonne partie des amendes et des confiscations, il entretenait aussi des agens chargés de veiller à cette branche importante de son revenu. Ces agens, à l'instar des *rationales* de Rome, prirent l'habitude de se constituer juges dans les causes où il échéait composition au profit du roi. Tout cela s'introduisit naturellement dans le régime féodal, dès que l'hérédité des bénéfices en eut fait autant de souverainetés.

On dira, peut-être, que ce sont bien là les premiers signes de la naissance du ministère public, puisque, de nos jours, il est encore le défenseur du domaine et des droits de la couronne.

Je répondrai qu'il ne faut pas prendre des analogies pour des origines; car, avec un pareil

(1) Voyez ci-dessus, pag. 417.

procédé, il serait trop facile de faire jaillir partout des sources historiques.

Le ministère public est aujourd'hui ce qu'il fut, aussitôt qu'on vit surgir, au sein du parlement, cet ordre régulier de justice, sans lequel les royaumes ne peuvent avoir *durée ne fermeté aucune*, comme a dit Charles VII. Il veille aux intérêts de la société tout entière ; il est le défenseur du domaine royal, et celui de toutes les propriétés, parce qu'on ne peut ni appauvrir le peuple, sans appauvrir le trône, ni blesser une seule propriété, sans blesser du même coup toutes les autres. Souvent on l'a entendu conclure lui-même au rejet des actions formées sous le nom du roi, et combattre les prétentions des *fiscaux* qui auraient voulu tout réduire en *régales*. Je demande d'où procéderait une affinité entre cette belle magistrature, et les antiques défenseurs du fisc, ces part-prenans du *fredum*, ces agens ombrageux et avides, pour qui défendre c'était attaquer, et conserver c'était envahir ?

Il y avait, dans les lois franques, des tarifs de compositions pécuniaires pour la réparation des crimes ; la poursuite en était toute civile ; chaque particulier pouvait l'intenter.

Là, il n'était pas besoin de ministère public, et l'exercice en eût été trop périlleux, quand toutes les querelles judiciaires se vidèrent en champ clos : car , suivant l'expression de M. de Montesquieu, qui aurait voulu se faire le champion de tous contre tous?

On trouve dans le Répertoire de jurisprudence, au mot *ministère public,* un article attribué à M. Garat , qui fait cependant partie de la collection des œuvres de M. Lacretelle aîné , imprimée en 1807. L'auteur a emprunté au livre des *Origines de l'ancien gouvernement de la France, de l'Allemagne et de l'Italie,* une analyse des fonctions que les Saïons exerçaient chez les Visigoths : « Nous avons cru , dit-il, devoir rapporter ce morceau en entier; il est précieux pour expliquer l'origine si obscure et si ignorée du ministère public. »

Je ne le copierai point, à mon tour, ce serait trop long et assez inutile; le Répertoire est entre les mains de tout le monde. Je citerai seulement de cette compilation , les traits principaux que l'on a érigés en preuves, et je prierai qu'on me permette d'y entremêler quelques observations.

Voici le début : « C'est à l'époque de Char-
» lemagne qu'on voit le défenseur du fisc de-
» venir un magistrat conservateur des lois, et
» protecteur des opprimés. Chaque canton
» avait un comte qui tenait un tribunal de jus-
» tice ; dans chacun de ces tribunaux il y
» avait un officier appelé *Saïon*. Les lois fran-
» çaises ne nous expliquent pas quelles étaient
» ses fonctions, mais les formules de Cassiodore
» nous les présentent dans un grand détail. »

Première observation : la constitution des
Visigoths n'était pas la même que celle des
Francs, et Cassiodore ne connaissait pas les
lois particulières à ces derniers, car il n'en a pas
dit un mot ; il n'a parlé que de l'état politique
des Gaulois, sujets des Goths et des Visigoths
du midi de la France.

Si les fonctions des saïons eussent été d'une
aussi haute importance, dans l'administration de la justice des Francs, pourquoi donc
Charlemagne et ses successeurs n'en auraient-
ils fait aucune mention, dans les détails souvent minutieux de leurs capitulaires, touchant
l'office des comtes, des viguiers, des centeniers,
des rachimbourgs, des scabins, etc ? Au vrai,
les saïons n'étaient, chez les Francs, que des
officiers chargés de donner les ajournemens,

d'amener les récalcitrans devant les juges, et
de procéder à l'exécution des sentences. Ils
s'appelaient saïons, à cause de la *saie,* (*sa-
gum*) dont ils étaient revêtus ; comme, de
notre temps, on a appelé *hoquetons* les ar-
chers et les gardes qui portaient la soubreveste
à laquelle ce nom avait été donné (1). Cela va
infiniment mieux à l'origine des huissiers ou
sergens, *servientes* (2), qu'à celle du ministère
public.

Ce qui a pu tromper l'auteur de l'article du
Répertoire, sur l'importance des saïons, c'est
que les Visigoths reconnaissaient deux espèces
de saïons : les saïons ordinaires, et les saïons
royaux. Ces derniers étaient destinés à porter
les ordres du souverain sur tous les points
de l'empire ; ils concouraient quelquefois à
leur exécution (3). On conçoit qu'ils de-

(1) *Saïones vel sajones, à saio, vel sago, ipsorum veste propriâ nuncupari videntur. Quomodo*
hoquetons *appellari videntur ii qui veste ejusdem
nominis utuntur.* Ducange, v° *Saïones.*

(2) Il y en a qui croient que sergent est un abregé
de *serre gens.* Cette étymologie rappelle un peu
certain érudit espagnol, qui voulait que le nom de
Sénèque fût dérivé de *se necans.*

(3) *Saïones apud Gothos et Visigothos dicti*

vaient être beaucoup plus relevés que les autres.

Je vais tâcher de le démontrer, et, pour cela, je reprends la citation du Répertoire.

« Le saïon devait se rendre partie contre
» les violateurs des lois; il contraignait ceux
» qu'une sommation juridique n'amenait point
» devant le juge; il usait d'adresse pour les y
» forcer. Il ne devait point craindre de se rendre
» odieux, pourvu qu'il devînt redoutable aux
» méchans. Il était l'exécuteur des sentences
» rendues par le juge auprès duquel il oc-
» cupait; dans leur exécution il ne devait pas
» s'écarter de l'intention du juge. »

Ceci est extrait du titre 3, liv. 12, des *Variarum* de Cassiodore. C'est une espèce de circulaire adressée aux saïons détachés auprès des chanceliers: *universis saïonibus qui sunt cancellariis deputati;* elle a, comme les lois visigothes en général, et suivant l'expression de Montesquieu, une physionomie de puérilité et de gaucherie (1); elle est pleine de réthorique et vide de sens, frivole dans le

apparitores, regii videlicet et magistratus minis-
tri, qui ad eorum jussa exequenda semper praesto
erant. Ducange v° Saïones.

(1) *Esprit des Lois,* liv. 28, chap. 1.

fond et gigantesque dans le style. On y trouve, par exemple, cette prétentieuse sentence, à propos de la charge des saïons : *Ægris non una causa salutis est : alter cibis reficitur, alter per abstinentiæ beneficia tenuatur ; hic lavacra mollia, ille ferrum quærit ad vulnera, et varium pascit remedium diversa qualitas passionum.*

Je reviens au point de ma discussion : on dit *que les saïons devaient se porter parties contre les violateurs des lois.* Il y aurait bien là quelque chose du ministère public ; mais je n'ai rien vu, en lisant le texte, qui puisse autoriser une pareille supposition. Serait-ce dans ces mots : *ut contra nullum alium erigaris, nisi qui legibus parere despexerit?* Évidemment, ils n'ont trait qu'à l'exercice des contraintes, car il faut lire *exigatis* au lieu *d'erigaris* (1). Et puis aurait-on recommandé à des officiers revêtus du plus noble caractère, chargés de la belle mission de maintenir tous les droits et de veiller à tous les intérêts, de se faire plutôt haïr qu'aimer : *Timeri te amplius volumus quam probari ?*

Les saïons, députés çà et là, n'avaient point

_____

(1) *Notæ Gulielmi Fornerii in variarum formularum libro Cassiodori.*

de résidence fixe, et point de fonctions arrêtées; ils revenaient à la cour du prince, après
avoir vaqué au fait de leur course, et ils recevaient la promesse d'un nouvel emploi, si l'on
était content de leur dévotion (1). *Nos autem
gratanter accipimus cum laude venien-
tem, et otio vacare non sinimus quem pro-
babiliter egisse sentimus.*

Je poursuis :

« Le saïon faisait rentrer dans leurs biens
» ceux qui en avaient été dépouillés injuste-
» ment. »

On croirait peut-être que c'était là une des
attributions générales de l'office du saïon ;
point du tout. La phrase citée se rapporte au
titre 20 du liv. 3 des formules ; ce titre contient un ordre particulier adressé à Grimoda,
saïon, pour se rendre au près de Faustus, préfet
du prétoire, et le menacer de toute la colère
de Théodoric, s'il ne restituait pas les domaines qu'il avait enlevés à un nommé Casto-
rius. Il était également en joint au saïon de
charger de fers et d'amener aux pieds du roi
ceux qui se seraient prêtés à des actes fraudu.

(1). C'était leur titre d'honneur : *devotionem
tuam deputamus.*

leux, dans les vues de favoriser l'usurpation et la désobéissance de Faustus.

« Le saïon contraignait les débiteurs à ren-
» dre à ceux qui les avaient cautionnés, l'ar-
» gent que ceux-ci avaient payé à leur dé-
» charge. » Liv. 2, tit. 13.

Cela signifie-t-il que le saïon était un juge qui contraignait en jugeant, ou un huissier qui contraignait en exécutant? C'est ce qu'il faut éclaircir. Il s'agissait d'un débiteur de deniers royaux, pour lequel un certain Venantius avait répondu : or ce Venantius, homme très-mal noté, *notus solummodò querelis assiduis*, avait eu recours à une foule de moyens illicites, pour se dispenser de remplir son engagement, et le receveur public se trouvait exposé à perdre la somme. Sur la requête présentée par ce receveur, le prince donna ordre à un saïon d'assigner directement Venantius : *In presenti negotio decernimus conveniri, ut legaliter convictus, ea quæ promisisse suggeritur, sine aliquâ morâ tergiversationis adimpleat.* Voilà encore un mandement isolé, un fait individuel que l'auteur a présenté comme l'article d'une loi générale sur la compétence des saïons.

Tout ce que l'on pourrait extraire des for-

mules du chancelier de Théodoric, touchant
les saïons, rentre dans cet ordre des choses. Ils
n'étaient mis en action qu'en vertu des commissions particulières qui leur étaient adres-
sées, et ces commissions étaient souvent étrangères à l'ordre de la justice ; ils étaient des
messagers, des agens pour la manutention
politique et domestique, plutôt que pour la
manutention civile.

Par exemple, on envoyait un saïon pour
marquer les lieux où devaient s'établir les
Romains (liv. 4, tit. 32). On les chargeait de
conduire dans les ports les matelots levés pour
l'équipement des flottes (liv. 3, tit. 19). On
leur faisait parcourir les forêts, pour choisir et
faire abattre les arbres propres à la construc-
tion (liv. 5, tit. 20). On les dépêchait sur le
passage des troupes, pour veiller à l'ordre de
la marche et à la distribution des vivres (liv. 5,
tit. 10). On leur faisait faire des tournées pour
visiter les maisons de poste, et pour réprimer
les prétentions illégitimes de ceux qui, sans y
avoir droit, exigeaient des chevaux ou des
voitures au compte de l'État (liv. 5, tit. 5).

Certes, voilà une mine très-féconde pour les
amateurs d'origines, qui se plaisent à admirer
la physionomie antique du génie dans la vieille

enfance des siècles barbares. Je m'étonne qu'ils n'aient pas encore découvert sous la casaque diaprée d'un saïon visigoth, non-seulement le type de nos procureurs du roi, mais encore celui de nos intendans militaires, de nos agens forestiers, de nos commissaires de marine, de nos inspecteurs des postes, etc. etc, (1).

J'ai dit qu'il y avait deux espèces de saïons : les saïons ordinaires et les saïons royaux. En effet je trouve dans le tit. 25 du liv. 2 de la loi des Visigoths, une disposition par laquelle il était défendu aux saïons qui marchaient pour les particuliers, d'exiger un salaire au-dessus de la taxe : *quia cognovimus quod saïones qui pro causis alienis vadunt, majores pro labore suo mercedes*

(1) Remarquez que l'auteur du livre *des Origines*, d'après lequel on a copié ces documens extraits de Cassiodore, concernant les fonctions des saïons, ne les a point placés dans son chapitre du *Ministère public*, mais dans celui ayant pour titre : *Des juges ou procureurs fiscaux.*

M. Pailliet a également emprunté ces documens pour son *Dictionnaire universel de Droit français*. Il n'en a point fait usage aux mots, *administration de la justice*, il les a adaptés au bel article de *l'Ancienne administration française* du dictionnaire de Prost de Royer.

quàm merentur accipiunt. Le saïon infidèle qui négligeait d'exécuter la sentence du juge, était passible de dommages-intérêts envers la partie lésée ; il s'exposait même, dans certains cas, à être battu de verges : *quod si ea quæ judex ordinare decrevit, saïo callidus implere neglexerit, res de quâ agitur, si unciam auri, vel infrà, valere consisterit, illi cui res debita est, idem saïo de suo auri solidum reddat.... idem vere, si super duas uncias, usque ad libram auri, eadem res valere probatur, X flagella suscipiat; ac sic, crescente auri numero, crescat et pœna flagelli.*

Il faut croire que les saïons français dont il est parlé une seule fois dans les ordonnances de Charlemagne, à propos des pillages que les comtes faisaient exercer sur les Espagnols réfugiés (1), n'étaient que des sergens, comme ceux de la loi visigothe que je viens de rapporter. Toutefois il y avait aussi,

(1) *Dicunt etiam quod aliquas villas quod ipsi (Hispani) laboraverunt, laboratas illis abstractas habeatis, et beboranias illis superponatis, et saïones qui per forcia super eos exactant.* Baluze, *Præcept. pro Hispanis qui in regnum Francorum confugerant.* Tom. 1, p. 499.

parmi nos *sergens*, des degrés de supériorité; car, suivant l'ancienne coutume de Normandie, au titre des *semonces* ou *ajourne-*
mens, les barons étaient *semoncés* par le bailli,
ou par le vicomte, ou par le *maître sergent*,
en présence de quatre chevaliers, au moins,
qui devaient porter témoignage de la *se-*
monce.

C'est assez parler des saïons.

Il n'y avait pas encore de ministère public
au temps de Saint-Louis. Voyez les établissemens de ce prince, et les coutumes de Beauvoisis par Beaumanoir (1).

Cependant les juges fiscaux, dont j'ai fait
mention au commencement de ce chapitre,
étaient redescendus à leur véritable rang d'administrateurs et de receveurs. On avait donné
aux baillis et aux sénéchaux la garde des droits
du roi. Lorsqu'il y avait lieu de défendre
ces droits en justice, ils *nommaient une per-*
sonne suffisante pour ce faire, laquelle,
avant de plaider, était obligée, comme tous
les avocats, de jurer qu'elle ne procédait point
par esprit de chicane et de vexation.

Philippe-le-Long ordonna, en 1318, « qu'il y

(1) *Esprit des Lois*, liv. 28, chap. 36.

aurait au parlement une personne *pour avoir cure de faire avancier et délivrer les causes le roi*, et qu'elle serait de son conseil avec ses avocats; *item*, qu'en la chambre des enquêtes y aurait une autre personne, *ayant cure de faire cherchier et délivrer les enquêtes qui toucheroient le roi.* » Je sais qu'on pourrait citer des ordonnances antérieures, et notamment celles du 13 mars 1302, qui contenaient des dispositions à peu près semblables; mais elles n'avaient point été exécutées, ou elles l'avaient été mal, difficilement et par intermittences : car on a vu rarement, surtout à cette époque, les abus qu'un pouvoir avide avait rivés dans la rouille des vieilles traditions, céder aux premiers coups de la réforme. Les nouvelles idées sur l'administration de la justice restèrent long-temps stériles sur un sol ingrat; c'est ainsi que la direction de l'aimant vers le nord fut connue plus d'un siècle avant que l'on songeât à faire usage de la boussole. Nous sommes toujours plus ou moins formés par les circonstances dans lesquelles nous vivons, a dit M. Portalis (1); cette grande véri-

(1) *De l'usage et de l'abus de l'Esprit philosophique*, chap. 3.

té est écrite à chaque page de l'histoire de tous les âges.

L'établissement du ministère public ne date que des jours où l'administration de la justice, prenant un cours plus réglé, se détacha de la puissance féodale ; où la magistrature sédentaire commença de former un ordre dans l'État, fit passer le patronage des hommes d'armes aux gens de loi, et opposa les mœurs graves et studieuses des parlementaires à la pétulante ignorance des preux. Les procureurs du roi servirent merveilleusement à diriger cette régularité naissante, à maintenir l'influence de la couronne dans les tribunaux, à défendre ses droits contre les prétentions des grands vassaux, et contre les tentatives du pouvoir ultramontain. La diversité des coutumes, l'adoption du droit romain dans quelques provinces, toutes ces législations avaient besoin d'un organe qui expliquât les limites de leur empire respectif et les difficultés de leur application, qui présentât aux juges des considérations sur les questions qui leur étaient soumises, et sur les rapports qu'elles pouvaient avoir avec le bon ordre et l'utilité publique.

Le ministère public devint le protecteur des

faibles et des opprimés, et l'accusateur légal des coupables.

« Ainsi naquit cette belle institution qui a préservé nos gouvernemens modernes de cette foule de délateurs, devenus les fléaux des familles et de l'état, sous les empereurs de l'ancienne Rome; cette institution qui, sur tous les points d'un vaste empire, donne un organe à la loi, un régulateur à la jurisprudence, un appui consolant à la faiblesse, un accusateur redoutable au méchant, une sauvegarde à l'intérêt général contre les prétentions toujours renaissantes de l'intérêt particulier, enfin une sorte de représentant au corps entier de la société (1). »

Ce qui distingue éminemment l'origine du ministère public, en France, de la vieillerie des *rationales* et des *schulteti*, c'est que pendant long-temps les causes du roi furent plaidées par des avocats du barreau. Il y avait des procureurs généraux et des procureurs du roi en titre, mais point d'office d'avocat du roi.

« Avant la vénalité des charges, dit M. Bou-

(1) M. Portalis, *Eloge de M. l'avocat général Séguier.*

ches d'Argis, tous les avocats du roi, soit aux bailliages, soit au parlement, étaient choisis parmi les avocats des parties. On commettait un avocat pour le roi, à chaque cause où le roi avait intérêt. Dans la suite, cet emploi fut fixe et donné à titre d'office, mais ce n'était point à prix d'argent : ce fut la récompense du mérite jusqu'en 1573, qu'un avocat célèbre acheta cet office, au milieu des réclamations de tout l'ordre des avocats (1). »

Je viens de mettre mon opinion à côté de celles que l'on a déjà publiées sur l'origine du ministère public ; mais je n'ai point eu la ridicule prétention d'arriver à une vérité historique entièrement satisfaisante : c'est un trop rare bonheur, quand on n'a pour se guider que les textes douteux du moyen âge.

François Ier défendit à *ses* avocats *au parlement* « de prendre aucune charge de judicature, ou pension d'autres personnes, et de plaider aucunes matières, soit civiles, soit criminelles, autres que ses causes (2). »

(1) *Histoire abrégée de l'ordre des Avocats*, chap. 16. Voyez aussi le *Dialogue des Avocats*, par Loisel.

(2) Ordonn. d'octobre 1535.

Cependant l'ordonnance de Moulins permit aux avocats du roi, *des bailliages et autres justices royales,* de postuler, consulter et écrire pour les parties, dans les affaires où le roi n'aurait point d'intérêt. Cela fut encore toléré sous l'ordonnance de Blois, mais par provision seulement, *et jusqu'à ce qu'il leur eût été pourvu de gages suffisans.* Il en est de même aujourd'hui chez les Anglais : ils ont une ombre de ministère public dont les officiers se réduisent à trois : *l'attorney général,* le *sollicitor général,* et l'*attorney* près la Cour du banc du roi, ou *maître de l'office de la couronne. L'attorney général* et le *sollicitor général* n'ont point de gages fixes ; rien ne s'oppose à ce qu'ils soient employés pour des particuliers, dans les causes où le gouvernement n'est pas intéressé.

Le Code de procédure civile dit formellement que les parties ne pourront charger de leur défense, soit verbale, soit par écrit, *même à titre de consultation,* ni les juges, ni les officiers du ministère publie, même dans les tribunaux autres que ceux près desquels ils exercent leurs fonctions. Néanmoins il leur est permis de plaider, *devant tous les tribunaux,* leurs causes personnelles, celles de leurs fem-

mes, parens ou alliés *en ligne directe*, et celles
de leurs pupilles (1). La défense devient alors
un devoir qui s'accorde très-bien avec l'indépendance de la magistrature.

Lorsque le ministère public eut acquis cette
constitution fixe et régulière qui a jeté un si
grand éclat, ses officiers retinrent pour eux
la dénomination de *gens du roi,* que l'on donnait auparavant à tous les officiers de judicature et de finance. Philippe de Valois appelait
les trésoriers de ses troupes *gentes nostræ*(2),
et Charles VI, dans des lettres de 1394, qualifiait de gens du roi les juges de Provins.

Le procureur général *avait la plume ,*
comme on disait alors, et les avocats généraux
avaient la parole.

Les événemens des derniers siècles nous
ont appris jusqu'à quel point le pouvoir judiciaire avait étendu son influence sur l'administration de l'État. Émule de la puissance
législative, il revisait, modifiait, ou rejetait

(1) Art. 86.

(2) Ordonn. du mois de juin 1338.

les édits; rival du pouvoir administratif, il contrôlait ses opérations, arrêtait ses mouvemens et jugeait ses agens. Ce n'est pas ici le lieu d'examiner si cette fière attitude de la magistrature ne fut qu'un ambitieux esprit de domination, et si la hauteur de ses prétentions a été justifiée par une suffisante compensation d'avantages réels; je rapporte ce qui était, pour donner une idée de l'imposant ministère de la partie publique dans ces temps-là.

Tout le monde sait la part que prit le parlement aux affaires de la Fronde. Au milieu d'une séance orageuse on manda les gens du roi. L'avocat général Talon vint : il improvisa la plus belle harangue sur le désordre des affaires publiques, et fit succéder un calme religieux au dévergondage des jeunes conseillers. « Je n'ai jamais rien ouï ni lu de plus éloquent, dit le cardinal de Retz lui-même; il accompagna ses paroles de tout ce qui leur put donner de la force : il invoqua les mânes d'Henri-le-Grand; il recommanda la France à saint Louis, un genou en terre. Vous vous imaginez peut-être que vous auriez ri à ce spectacle, mais vous en eussiez été ému comme toute la compagnie, qui s'en émut si fortement, que j'en vis les clameurs des enquêtes commencer à s'affaiblir (1). »

Le nouvel ordre de choses que la révolution a fait naître, était incompatible avec l'intervention des tribunaux dans les affaires publiques. Il a fait rentrer l'autorité judiciaire dans ses limites naturelles, et ces limites ont dû circonscrire en même temps l'exercice du ministère public.

Autrefois les procureurs et les avocats généraux étaient propriétaires de leurs charges. Il est vrai que leurs provisions contenaient la clause : *pour exercer tant qu'il nous plaira;* mais il n'y avait point eu d'exemple de révocation.

En 1790, on fit des juges temporaires et des commissaires du roi inamovibles; ce fut un contre-sens. Toutefois il y a encore aujourd'hui des publicistes qui réclament l'inamovibilité en faveur du ministère public, pour assurer son indépendance. L'exercice du ministère public est un mandat; il ne peut y avoir de mandat irrévocable, ce serait une aliénation des droits du mandant. L'indépendance d'un officier du ministère public con-

_____

(1) *Mémoires du cardinal de Retz,* liv. 3, an 1651.

siste, non à censurer l'autorité qui l'a commis, mais à se démettre de son mandat, lorsque la voix de sa conscience, ou les embarras de sa position, ne lui permettent plus de le conserver.

J'ai déjà parlé de la composition du ministère public dans les cours et les tribunaux.

Au criminel, le ministère public agit *par voie d'action*. Au civil, et c'est sous cet aspect seulement que je dois le considérer ici, il n'agit que par *voie de réquisition*, excepté dans les cas spécifiés par la loi (1). Il serait trop long de rappeler tous ces cas; on en trouvera des exemples dans les articles 184, 190 et 191 du Code civil, pour certaines nullités de mariages, et dans l'article 491, pour l'interdiction d'un furieux que sa famille abandonne à lui-même, ou d'une personne en démence qui n'a pas de famille.

L'article 14 de la loi du 8 novembre 1814, relative *à la liste civile et à la dotation de la couronne*, porte : « les biens de la couronne sont régis par le ministre de la maison du roi, ou, sous ses ordres, par un intendant.

(1) Lois du 24 août 1790, tit. 8, art. 2, et du 20 avril 1810, art. 46.

Le ministre, ou l'intendant par lui commis, exerce *les actions judiciaires du roi;* et c'est contre lui que toutes les actions à la charge du roi sont dirigées, et les jugemens prononcés. Néanmoins, conformément au Code de procédure civile, les assignations lui sont données en la personne des procureurs du roi et des procureurs généraux, lesquels *sont tenus de plaider et de défendre les causes du roi,* soit dans les tribunaux, soit dans les cours. »

Ici les gens du roi ne doivent plus leur opinion personnelle à la justice et à la cause qui s'agite, mais un exposé sincère et complet des moyens, qu'il faut balancer avec ceux de l'adversaire, pour que le juge puisse consciencieusement se décider. On a dit que les officiers du ministère public *tenus* de plaider et *défendre* les causes du roi, auraient moins de liberté qu'un avocat ordinaire, puisqu'on en a fait les défenseurs *nécessaires* des prétentions des agens du domaine, lesquelles peuvent n'être pas toujours justes. Il n'y a qu'un mot à répondre : le ministère public appelé à défendre le domaine du roi, doit plaider comme un avocat honnête, plaidant pour le client le plus délicat.

« Dans les causes importantes et ardues, les avocats généraux communiquent au procureur général les conclusions qu'ils se proposent de donner : ils font aussi cette communication dans toutes les affaires dont le procureur général veut prendre connaissance.

» Si le procureur général et l'avocat général ne sont pas d'accord, l'affaire est rapportée par l'avocat général à l'assemblée générale du parquet, et les conclusions sont prises à l'audience, conformément à ce qui a été arrêté à la majorité des voix.

» En cas de partage, l'avis du procureur général prévaut. Le procureur général peut aussi, lorsque son avis n'a pas prévalu au parquet, porter lui-même la parole à l'audience, et conclure d'après son opinion personnelle (1). »

« Le ministère public veille au maintien de l'ordre dans tous les tribunaux; il surveille les officiers de police judiciaire et les officiers ministériels du ressort (2). »

Les membres du parquet et les mem-

(1) Décret du 6 juillet 1810, art. 48 et 49.
(2) Loi du 20 avril 1810, art. 45, 46 et 47.

bres des tribunaux sont placés dans une indépendance mutuelle. Les juges ne sont point liés par les réquisitoires ou par les conclusions du ministère public, mais ils n'exercent à son égard aucun droit de surveillance et de discipline; seulement ils instruisent l'autorité supérieure, toutes les fois que les officiers de ministère public s'écartent du devoir de leur état, et qu'ils en compromettent l'honneur, la délicatesse et la dignité (1).

Le procureur général rappelle à leurs obligations ceux des officiers du ministère public de son ressort dont la conduite est répréhensible (2).

Les procureurs généraux des cours royales sont eux-mêmes soumis à la surveillance du procureur général près la Cour de cassation (3).

Je réserve les explications de détail pour les titres du Code de procédure auxquels se

(1) Loi du 20 avril 1810, art. 61.
(2) *Id.*, art. 60.
(3) Sénatus-consulte du 16 pluviôse, an 10, art. 84.

rattache l'intervention du ministère public:
c'est dire que j'aurai souvent l'occasion d'y
revenir.

CHAPITRE XIX.

DES OFFICIERS MINISTÉRIELS.

Un officier ministériel est celui qui est nommé par le roi, pour prêter son ministère aux magistrats ou aux parties. Tels sont les avoués, les greffiers, les notaires, les commissaires-priseurs et les huissiers.

En général, les officiers ministériels répondent des dommages résultant des fautes qu'ils commettent dans l'exercice de leur profession. Ils sont soumis à un cautionnement, affecté, par premier privilége, à la garantie des condamnations prononcées contre eux, pour faits de charge (1). Ils peuvent même, suivant la gravité des cas, être suspendus ou destitués de leurs fonctions.

Un officier ministériel, *non destitué*, a la faculté de traiter de sa charge et de présenter un successeur à l'agrément du roi. Cette fa-

_____

(1) Loi du 25 nivôse an 13, art. 1.

veur s'étend à ses héritiers et ayant-cause (1),

Les avoués représentent les parties devant les tribunaux; ils ont le droit exclusif de postuler et de conclure pour elles (2), c'est-à-dire, de rédiger tous les actes, et de remplir toutes les formalités prescrites par les règles de la procédure, pour préparer les voies de la justice.

Il y a près de chaque tribunal civil d'arrondissement, et près de chaque cour royale, un certain nombre d'avoués fixé par le gouvernement; on les appelait autrefois *procureurs*.

Nul ne peut être appelé aux fonctions d'avoué s'il n'est âgé de 25 ans; s'il n'a suivi le cours de procédure et celui de première année sur le Code civil, dans une faculté de droit; s'il n'a subi un examen devant les professeurs et obtenu un certificat de capacité. Il doit justifier, en outre, de cinq années entières de *cléricature* chez un avoué. Cependant il paraît que les bureaux du ministère de la justice n'exigent que trois années, lorsque le candidat est licencié en droit (3).

(1) Loi du 28 avril 1816, art. 91.
(2) Loi du 27 ventôse an 8, art. 93 et 94.
(3) M. A. Chauveau, rédacteur du *Journal des Avoués*, avait consulté sur ce point Mgr le garde

Comme dans l'anciene législation romaine les actions du droit formulaire étaient légitimes, *legis actiones , id est legitimæ actiones* (1), il n'était pas permis d'agir en justice au nom d'un autre : *nemo alieno nomine lege agere potest* (2); car on ne pouvait acquérir par

des sceaux. La réponse suivante lui a été transmise, le 20 décembre 1827, par M. le procureur du Roi près le tribunal de première instance de Paris :

« Sa Grandeur Mgr le garde des sceaux de France me charge de vous faire connaître, en réponse à la demande que vous lui avez faite, que nul ne peut être nommé aux fonctions d'avoué, s'il ne justifie de cinq années entières de cléricature chez un avoué ; mais que cependaut il suffit de trois ans, si le candidat est licencié ou docteur. »

Je saisis avec empressement cette occasion de recommander le Journal des Avoués à ceux qui étudient et à ceux qui pratiquent la procédure. M. Chauveau rapproche et compare avec beaucoup de soin les arrêts, pour tirer de leur conformité ou de leur opposition les observations les plus judicieuses ; il indique les auteurs que l'on peut consulter sur chaque question ; il y joint des formules à l'usage des officiers ministériels, et réunit ainsi tout ce qui peut à la fois éclairer la science, et diriger la pratique.

(1) L. 2, § 6, ff. *de Orig. juris.*
(2) L. 123, ff. *de Reg. juris.*

celui que l'on n'avait pas en sa puissance (1).

Il y avait cependant quelques exceptions puisées dans la nature des choses, et dans des considérations d'intérêt public.

Ainsi, le peuple, les villes, les communautés, tous ces êtres moraux qui ne peuvent comparaître en personne, étaient représentés par un agent ou syndic : *Actor sive syndicus, per quem, tanquàm in republicâ, quod communiter agi fierique oporteat, agatur, fiat* (2).

Les pupilles étaient défendus par leurs tuteurs.

La loi *hostilia* permit aussi de poursuivre l'action *furti*, au nom de ceux qui se trouvaient chez les ennemis, au nom des absens pour les affaires de la république, et au nom des personnes en tutelle (3).

Mais on reconnut bientôt les inconvéniens de la règle et l'insuffisance des exceptions. L'âge, la maladie, les voyages, une foule d'autres motifs pouvaient empêcher un

(1) Inst., *per quas personas cuique acquiritur*, § 5.

(2) *Tit.* ff. *quod cujuscumque universitatis nomine, vel contra eam agatur.*

(3) *Ibid.*

homme de se présenter lui-même devant les juges, et le meilleur droit, faute d'être soutenu, se perdait dans les rigueurs d'une gêne absurde; il fut donc permis de se faire représenter par des procureurs (1). Toutefois, comme il fallait sauver le vieux principe, à l'aide de ces fictions que les Romains aimaient tant, on imagina de considérer le procureur comme propriétaire et maître du procès qu'il se chargeait de poursuivre ou de défendre (2). Le jugement se prononçait contre lui, il pouvait interjeter appel, et même constituer, à cet effet, un autre procureur, comme si c'eût été sa propre affaire (3).

Les procureurs étaient tenus de toutes les

(1) *Sed quia hoc non minimam incommoditatem habebat, quod alieno nomine neque agere, neque excipere actionem licebat, ceperunt homines per procuratores litigare; nam et morbus, ætas, et necessaria peregrinatio, itemque aliæ multæ causæ, sæpe hominibus impedimento sunt quominus rem suam ipsi exequi possint.* Inst., lib. 4, tit. 10, *de iis per quos agere possumus.*

(2) L. 22 et 23 *Cod. de procurat.*

(3) *Meminisse oportet quod procurator, lite constestatâ, dominus litis efficitur, et ideò per procuratorem appellare potest.* L. 4, § *ult,* ff. *de appell. et relat.*

obligations du mandataire, et leurs fonctions expiraient avec le procès : ils ne furent jamais admis dans les affaires criminelles (1), ni pour les actes de la juridiction volontaire, tels que l'adoption, l'émancipation, etc.

Au surplus, l'usage des procureurs, à Rome, n'était point imposé comme une obligation ; il fut seulement accordé comme une faveur, que les parties étaient libres de ne point accepter, si elles voulaient agir en personne (2).

Les actions de la loi et les formules avaient fait du droit et de la pratique un art très-difficile. Avec des *procuratores*, représentant en justice les parties qui ne pouvaient ou ne voulaient pas comparaître elles-mêmes, la nécessité de recourir à des personnes versées dans la science de l'instruction et de la discussion des affaires, n'en devint pas moins indispensable, et l'on vit s'établir des *cognitores juris*. Ceux-ci dirigeaient la cause, soit que la partie comparût elle-même, soit qu'elle eût un procureur. Asconius indique en ces termes la différence qui existait entre le *procurator* et le *cognitor* : *Ut nimirum*

(1) L. *Penult.*, § 1, ff. *de publicis judiciis.*
(2) L. 1, § 2, ff. *de procurat.*

*procurator sit qui absentis negotium sus-
cipit; cognitor qui causam præsentis sic
tuetur ut suam.*

C'est un trait assez remarquable, dans les
premières mœurs judiciaires des peuples, que
ce système prohibitif qui, presque partout,
privait les parties de la faculté de se faire
représenter devant les juges.

La loi d'Athènes avait, sur ce point, la
même disposition que l'ancien droit de Rome :
Apud Athenienses, dit Quintilien, *alieno
nomine causam dicere non licebat.*

En France, chacun devait aussi comparaître de sa personne. Si l'une des parties
était malade, si elle était hors d'état de parler, le président du plaid, ou l'un des juges,
rendait compte de l'affaire ; ou bien, dans le
cas d'une véritable nécessité, il donnait un
défenseur aux absens, aux infirmes, aux
idiots, aux veuves et aux orphelins : encore
ne le pouvait-il faire qu'avec l'agrément des
autres juges (1).

Les villes et les églises avaient des avoués
qui les représentaient en justice.

(1) *Ut nemo in placito pro alio rationare usum
habeat... sed unusquisque pro suâ causâ, vel*

En Angleterre, avant Edouard Ier, on ne
pouvait plaider par procureur qu'avec une
permission expresse du roi. La faculté de se
faire représenter devant les tribunaux n'est
devenue un principe général que par le treizième statut de ce prince, chap. 10 (1).

Nos procureurs ou avoués s'appellent chez
les Anglais *attorneys*, du vieux mot *at-
tourné* que les Normands leur avaient porté.
On le trouve dans une ancienne charte concernant le patronage des églises en Normandie,
et dans la coutume de Loudun, chap. 15,
art. 38. Il y est employé pour désigner un sol-
liciteur, commis ou député, chargé de poursuivre en justice les droits d'un autre.

Les établissemens de saint Louis disaient

*censu, vel debito rationem reddat, nisi aliquis
sit infirmus, aut ratione nescius, pro quibus missi
vel priores qui in ipso placito sunt, vel judex qui
causam hujus rationis sciat, rationetur cum
placito.*

*Vel si necessitas sit, talem personam largiatur
ut rationem qui omnibus probabilis sit, et qui
in ipsâ bene noverit causâ. Quod tamen omninò
fiat secundùm convenientiam priorum vel missorum qui presentes adsunt.* Cap. Caroli Magni,
anno 802. Baluze, t. 1, p. 365.

(1) Comm. de Blakstone, liv. 3, chap. 3.

comment un homme malade, vieil ou infirme, *ayant essoine de son corps*, devait établir *procureur pour lui*, lorsqu'il était ajourné en justice. Il ne pouvait se faire représenter que par son fils aîné; et, s'il n'avait pas d'enfant, c'était l'héritier présomptif de sa terre qui devait venir (1).

Nul n'était ouï par procureur en demandant (2); mais cette trop rigoureuse prohibition reçut des accommodemens. Les demandeurs furent admis à se faire représenter, en prenant des lettres de chancellerie, qui se vendaient six sols parisis.

« Il fallait, dit le chancelier de l'Hôpital (3), obtenir des lettres du prince, que l'on appelait lettres de grâce, pour plaider par procurateur, comme nous l'enseigne l'ancien style du parlement, et Boutellier, en la somme rurale, où il dit précisément que aulcung n'est reçu à plaider par procureur, sans lettres de grâce du roi notre sire, dont

(1) Liv. 1, chap. 102.
(2) Beaumanoir, chap. 4. L'auteur du grand Coutumier, qui vivait sous Charles VI, dit *qu'au procureur du demandeur faut grâce.*
(3) *Traité de la Réformation de la justice*, t. 1, p. 255.

il doit faire apparoir par lettres-patentes, lesquelles lettres ne duraient qu'un an; de manière que la charge de procureur, ainsi cons-
tituée, expirait toujours avec le parlement; et
s'il n'estait vidé, il fallait renouveler cette
procuration par le bénéfice du scel de la
chancellerie, dont les secrétaires combinaient
un grand gaing, qui estait un intérêt et charge
pour les parties, pour raison de quoi elles se
plaignaient.

» Pour y remédier, l'an 1528, par ordonnance de François Iᵉʳ, feurent toutes lettres et
procurations confirmées, et ordonné qu'elles
seraient continuées jusqu'à l'expresse révocation d'icelles. Il arrivait aussi parfois que,
pour d'autres causes, le roy accordait cette
grâce, tantôt aux grands seigneurs, qui es-
taient empêchez pour le service de la couronne, tantôt aux simples gentilshommes ou
bourgeois, qui n'avaient pas la capacité pour
déduire bien à point et soutenir leur fait,
contre ung bien entendu et plus subtil
qu'eulx. »

Le nombre des procureurs fut d'abord
excessif. C'est à ces premiers temps, où la
foule des clercs, des scribes, des procureurs,
inonda les portiques du palais, qu'il faut rap-

porter la source d'une opinion qui a fait jeter
tant de cris , et rimer tant de poètes. Le
commerce, les arts et l'industrie étaient à
peine connus ; la population était craintive et
sédentaire ; l'ignorance était profonde ; le servage avait corrompu les mœurs , et l'on vit
une foule de gens, faute de mieux, s'adonner
au métier de poursuivre les causes devant les
tribunaux. Plus le nombre des travailleurs
était grand , moins il y avait d'argent à
gagner, « et cette sorte de gens , la plupart
desquels n'avaient d'autre but que de faire
multiplier , provigner et immortaliser les procez, ne trouvait jamais maulvaise cause, excepté quand ils avaient une pauvre partie qui
n'avait pas moyen de fournir aux frais, ou
qu'ils avaient épuisé leurs clients jusqu'aux
mouelles (1). »

On prit soin, à plusieurs reprises, de réduire le nombre des procureurs ; dans la suite
on les établit en titre d'office.

Les abus de confiance , les brigues , les
exactions , cet art captieux de distiller la justice goutte à goutte, tout cela fut souvent
signalé par des édits, des arrêts de règlemens

(1) L'Hôpital, *ibidem*.

et des mercuriales. Mieux eût valu ne pas consacrer par ces édits l'énormité des procédures
et l'immensité des ressorts; mieux encore
eût valu compter et punir les coupables, que
de généraliser le blâme et de faire gronder
sur la tête de tous des foudres qui n'éclataient
presque jamais. Chaque profession a son lot,
a dit Montesquieu; mais ce lot n'est pas toujours réparti avec justice et discernement.

Les mœurs graves et austères des cours
souveraines avaient corrigé, autour d'elles,
et par un irrésistible ascendant, les antiques
désordres du palais. La corruption et les hon-
teuses manœuvres s'étaient cachées dans les
petits siéges; c'est là surtout que la comédie
prenait ses rôles de fripons et ses figures
grotesques.

Il y avait, à cette époque, une sorte de
moquerie de convention, qui s'attachait à des
noms, à des états, à des costumes. Elle ne
réussirait plus de nos jours; ses piqûres seraient à peine senties, nous sommes devenus
trop positifs. Mais le ridicule qui se tire du
fond des choses, fut presque toujours aussi
meurtrier que le mépris : c'est encore de
même. Or, le fond des choses vaut infiniment mieux aujourd'hui qu'autrefois; on a

comblé ces vieilles ornières de procédure, où se traînait une routine avide et corrompue. Les avoués, sortis de nos écoles de droit, ont des sentimens plus élevés et plus généreux, parce qu'ils comprennent mieux l'utilité de leur profession, parce qu'ils possèdent une instruction plus franche et plus développée. Il y a moins d'ivraie mêlée dans le bon grain. La poussière du greffe couvrait jadis les plus criminelles prévarications; aujourd'hui la publicité, cette vigilante sentinelle, livre les abus au contrôle de la morale, et à l'action de la justice : ses mille voix évoquent la honte et réveillent les consciences endormies.

En Angleterre, les parties ne sont point obligées, comme en France, en Allemagne et en Espagne, d'avoir un *attorney* pour les matières civiles; mais la nécessité y fait la loi. On se perdrait infailliblement dans le dédale des procédures anglaises, si l'on ne se donnait pas un guide, et ce guide coûte fort cher. « Quiconque n'a pas cinq ou six cents livres sterling, pour s'amuser à plaider, n'est point en état de commencer un procès. Si sa fortune lui permet de recourir aux tribunaux, une équivoque peut lui faire perdre la cause la plus juste. Aux yeux d'un légiste anglais, la modicité des salaires serait une note d'infamie (1). »

Les fonctions d'avoué sont incompatibles avec celles d'avocat.

Les avoués sont chargés de l'instruction des procès.

La plaidoirie appartient exclusivement aux avocats, sauf les exceptions qui suivent :

La première a été établie pour les avoués qui ont obtenu le diplôme de licencié en droit, dans l'intervalle de la loi du 22 ventôse an XII, concernant les écoles de droit, à l'ordonnance du 2 juillet 1812, portant règlement pour la plaidoirie.

La seconde a lieu lorsque le nombre des avocats n'est pas suffisant pour l'expédition des affaires.

Les avoués peuvent aussi plaider, dans les causes où ils occupent, *les incidens de procédure, et les demandes incidentes susceptibles d'être jugées sommairement.*

Tel est le dernier état de choses, relativement à l'exercice de la plaidoirie : il a été fixé par une ordonnance du 22 février 1822.

(1) Bentham, *Truth versus Ashurst,* etc. Lond. 1823.

Cependant les avoués des chefs-lieux de département ont prétendu que le droit de plaider les affaires sommaires (1), qui leur avait été accordé par le décret du 2 juillet 1812, subsistait encore, nonobstant les termes de l'ordonnance du 22 février 1812. La question a d'abord été diversement jugée; mais on a reconnu, en définitive, que cette ordonnance for-

(1) Il faut bien se garder de confondre les *affaires sommaires* avec les *incidens de procédure* et les *demandes incidentes*, qui doivent être jugées *sommairement*.

La nature sommaire d'une cause se détermine par l'objet de la contestation, et par la demande introductive de l'instance. La procédure pour cette sorte d'affaires est plus simple, plus rapide; elle est dégagée d'une partie des formalités prescrites pour les autres causes : c'est un abrégé, *summarium*, de l'instruction *ordinaire*.

Des incidens peuvent s'élever dans le cours d'une instruction ordinaire ; ils ne font point à eux seuls une cause, ils sont une émanation, un épisode de la cause principale ; mais comme ils arrêtent la marche de la procédure, la loi veut qu'il y soit statué avec célérité, *sommairement*. Telle est ici la signification de ce mot.

Un incident de procédure est du ressort de l'avoué ; c'est un obstacle à écarter, une explication à donner, une communication à faire, quelque chose à régu-

mait un règlement complet sur le privilége des avocats et sur les attributions des avoués, et qu'elle avait abrogé tout ce qu'elle n'avait pas formellement réservé des décrets antérieurs. Les avoués se prévalaient surtout de l'article 67 du tarif du 16 février 1807, qui n'alloue point d'honoraires aux avocats dans les matières sommaires. La Cour suprême a répondu que cette disposition, utile aux parties, et honorable pour le barreau, se conciliait très-bien avec le droit exclusif de plaider, accordé aux avocats (1).

Il arrive quelquefois que des particuliers, sans titre, font des procédures et des actes judiciaires sous le nom d'un avoué. Cette fraude s'appelle *postulation;* elle peut avoir les plus funestes inconvéniens, compromettre

lariser ; il n'est pas besoin d'avocats pour cela.
Mais une cause *sommaire* peut être d'un grand intérêt, quoiqu'elle n'admette point toutes les solennités de l'instruction ordinaire, et présenter à décider des questions fort graves : c'était un motif pour ne pas les laisser plaider par d'autres que par des avocats.

(1) Arrêt de cassation du 11 décembre 1826. *Journal des Avoués*, t. 32, p. 284 et suiv.

les droits des parties et la dignité de la justice. Les anciens règlemens prescrivaient des
recherches, et prononçaient des peines sévères contre ceux qui se livraient à la postulation ; ils punissaient également les procureurs
assez complaisans pour prêter leur nom. Ces
dispositions ont été renouvelées par un décret
du 19 juillet 1810 (1).

Les greffiers sont établis près de chaque
cour ou tribunal, pour écrire tous actes et
procès-verbaux du ministère du juge, pour
recevoir les déclarations des parties, dans certains cas, garder les minutes, et délivrer des
expéditions.

Ils sont tenus de présenter aux magistrats
près desquels ils exercent leurs fonctions, et
de faire admettre au serment, le nombre de
commis-greffiers nécessaire pour les remplacer au besoin.

Un greffier fait partie essentielle d'une Cour
ou d'un tribunal : le jugement rendu sans son
assistance serait radicalement nul. Il en serait
de même de tous les autres actes du minis-

(2) Voir le Nouveau Répertoire de jurisprudence,
v° *postulation*.

tère du juge, *dont il doit rester minute ;* car le greffier qui les écrit devient responsable de leur conservation.

Je fais une distinction entre les actes dont il doit rester minute, et ceux pour lesquels cette précaution n'est point exigée, parce qu'il a été prétendu, dans quelques cours, que l'assistance et le contre-seing du greffier étaient nécessaires pour tous : c'est une erreur. Les ordonnances que le juge donne dans son hôtel et qu'il met au bas des requêtes, ces ordonnances qui restent aux mains des parties, et qui ne vont point se placer parmi les minutes du greffe, sont valables nonobstant l'absence du greffier.

De même que l'art et la discipline militaires ont leurs gens d'armes, dit La Roche Flavin, ainsi la discipline publique a ses sergens, ses licteurs, ses appariteurs : *suos statores, lictores, executores, viatores, apparitores habet.*

L'origine des sergens est presque aussi ancienne que la monarchie. J'en parlerai avec plus de détail au titre des *ajournemens.*

On donna le nom d'huissiers, *hostiarii,* à ceux qui gardaient les portes du tribunal. Cette qualification ayant été rendue commune à tous les huissiers, on a appelé *huissiers au-dienciers* ceux qui faisaient le service auprès du juge, pour les distinguer des autres. Cette distinction subsiste encore.

En 1811, le ministre de la justice fut chargé de présenter un rapport sur l'organisation et les attributions des huissiers, sur les règlemens de police et de discipline auxquels ils devaient être soumis, et sur les bases d'une communauté à former entre ceux d'un même arrondissement communal.

Les cours et les tribunaux furent consultés; ces travaux préparatoires produisirent le décret du 4 juin 1813. C'est le Code des huissiers; on y trouve réunies une foule de dispositions éparses dans les lois anciennes et modernes, et l'aplanissement de plusieurs difficultés que l'expérience avait signalées.

Je vais en extraire ce qui se rapporte plus particulièrement au dessein de cette introduction.

Le roi nomme les huissiers des cours et tribunaux. Ils sont révocables.

La Cour de cassation seule a le privilége de nommer et de révoquer les siens.

Les conditions exigées pour la nomination aux fonctions d'huissier, sont, 1° l'âge de 25 ans; 2° un certificat de travail, pendant deux ans au moins, dans l'étude d'un notaire ou d'un avoué, ou chez un huissier, ou pendant trois ans au greffe d'une cour royale ou d'un tribunal de première instance; 3° une attestation de bonne conduite et de capacité, délivrée par la chambre de discipline des huissiers de l'arrondissement.

Les huissiers sont chargés de faire toutes citations, notifications et significations requises pour l'instruction des procès, ainsi que tous les actes et exploits nécessaires, pour l'exécution des ordonnances de justice, des jugemens et des arrêts.

Autrefois il y avait des huissiers qui, suivant le titre de leurs offices, avaient le droit d'exploiter par tout le royaume : tels étaient les huissiers à cheval du Châtelet de Paris, les premiers huissiers audienciers des juridictions royales, les huissiers des cours supérieures, de la connétablie et maréchaussée de France. Aujourd'hui tous les huissiers ont les mêmes attributions, et le droit d'exploiter seulement dans l'étendue du ressort du tribunal civil de l'arrondissement où ils résident. Hors de ces limites, ils sont sans pouvoir.

Ainsi, un huissier de la Cour de cassation instrumente exclusivement à Paris, pour les affaires de la compétence de sa cour, et, pour les cas ordinaires, concurremment avec les autres huissiers de la capitale.

Les huissiers d'une cour royale font exclusivement auprès d'elle le service pour les audiences, pour les enquêtes, les interrogatoires et autres commissions ; ils donnent les significations d'avoué à avoué : mais ils ne peuvent exploiter partout le ressort; leurs fonctions sont circonscrites dans les bornes du tribunal de première instance du lieu où siége la Cour.

Les huissiers désignés pour le service personnel, près des tribunaux de commerce et des justices de paix, sont choisis parmi ceux de l'arrondissement. Toutes citations et exploits, pour les justices de paix, appartiennent aux huissiers qui y sont attachés (1).

D'après ces explications, il est aisé de voir que les tribunaux de première instance ont seuls des *huissiers audienciers* et des *huissiers ordinaires*. Les autres tribunaux et les Cours n'ont que des huissiers audienciers.

Les prisées et les ventes publiques d'effets

(1) Code de procédure, art. 4 et 52; décret du 14 juin 1813, art. 28.

mobiliers étaient faites, avant 1790, *par des jurés-priseurs-vendeurs de meubles ;* leurs offices avaient été créés par Henri II, en 1556. Tour à tour supprimés et rétablis par divers édits et arrêts du conseil, ils disparurent dans les premières réformes de la révolution, et il fut dit, par l'art. 1ᵉʳ du décret du 26 juillet 1790, « que les notaires, greffiers, huissiers et ser- gens seraient autorisés à faire des ventes de meubles dans les lieux où elles étaient *ci- devant* faites par les jurés-priseurs. »

Cet état de choses dura jusqu'à la loi du 27 ventôse an IX, qui créa quatre-vingts *com- missaires-priseurs,* auxquels elle donna le privilége exclusif de faire, à Paris, les prisées et les ventes publiques de meubles, et le droit de concurrence avec les notaires, gref- fiers et huissiers, pour les ventes de même nature qui se feraient dans le département de la Seine. Ils furent soumis à un cautionne- ment.

On ne songea point, pendant long-temps encore, à en mettre dans les départemens ; ce fut seulement par la loi de finance du 28 avril 1816, qu'il fut dit, article 89 : « Il pourra être établi dans toutes les villes et lieux où Sa Majesté le jugera convenable, des commissaires-priseurs, dont les attributions seront les mêmes que celles des commissaires-priseurs créés à Paris par la loi du 27 ventôse an IX. Ces commissaires n'auront, conformément à l'art. 1ᵉʳ de ladite loi, de droit exclusif que dans le chef-lieu de leur établissement : ils auront, dans tout le reste du département, la concurrence avec les autres officiers ministériels, d'après les lois existantes. »

Une ordonnance royale rendue, en exécution de cet article, le 26 juin de la même année, a placé des commissaires-priseurs dans les villes chefs-lieux d'arrondissemens, ou qui sont le siège d'un tribunal de première instance et dans celles qui, n'ayant ni sous-préfecture ni tribunal, renferment une population de cinq mille âmes et au-dessus.

Les commissaires-priseurs sont nommés par le Roi ; ils doivent avoir vingt-cinq ans accomplis ; ils sont sous la surveillance du procureur du roi du tribunal de première instance. Leurs fonctions sont compatibles avec celles d'huissier, de notaire et de greffier de justice de paix, c'est-à-dire, avec celles des officiers qui les exerçaient avant eux, qui les exercent encore là où ils n'ont pas été établis, et qui ont conservé la concurrence, hors des chefs-lieux de leur établissement (1).

Remarquez que la loi n'a confié aux commissaires-priseurs que ces opérations rapides, où la tradition de l'objet vendu et l'acquittement du prix n'emportent aucun trait de temps entre celui qui vend et celui qui achète. Là tout se consomme à l'instant même; le commissaire-priseur met en vente, reçoit les enchères, et touche le prix : le procès-verbal n'est qu'une sorte de renseignement destiné à régler le compte qu'il devra rendre à qui de droit.

Toutes autres espèces de ventes mobilières sont de la compétence des notaires; seuls ils ont reçu la noble mission de donner une sanction authentique aux contrats qui lient les parties entre elles, comme lorsqu'il s'agit d'une époque de livraison, d'un terme de paiement, d'un bail de caution, d'une clause pénale, etc. Les commissaires-priseurs, les huis-

(1) « Les greffiers de justice de paix, *seulement*, partagent avec les notaires et les huissiers le droit de faire les ventes publiques de meubles, dans les lieux où il n'a pas été établi de commissaires-priseurs. » M. Carré, *Lois d'organis. et de compét.*, t. 1, p. 308.

siers et les greffiers ne pourraient y jouer
d'autre rôle que celui de témoins inutiles,
sans pouvoir et sans responsabilité.

On a élevé la question de savoir s'ils avaient
le droit de procéder aux ventes publiques de
fruits et de récoltes sur pied.

Quant aux récoltes et fruits *saisis*, point
de difficulté ; la saisie est *mobilière*, car les
articles 634 et 635 du Code de procédure la
soumettent aux formalités prescrites pour la
saisie-exécution.

Mais si la vente n'est pas la suite d'une saisie,
les fruits tenant encore au sol seront-ils réputés meubles, ou conserveront-ils au moment de la vente, comme auparavant, leur
nature d'immeubles ?

L'article 92 de la Coutume de Paris disait :
«Bois coupé, foin fauché, supposé qu'ils soient
encore sur champ, et non transportés, sont
réputés meubles. Mais quand ils sont sur pied
et pendans par racines, ils sont réputés immeubles.» Le Code civil a reproduit cette disposition,
dans les mêmes termes à peu près : « Les récoltes pendantes par racines et les fruits non
encore cueillis, sont immeubles. Dès que les
grains sont coupés et les fruits détachés, quoique non enlevés, ils sont meubles. Si une

partie seulement de la récolte est coupée, cette partie seule est meuble. » (Art. 520.)

La règle ne reçoit d'exception, et les récoltes sur pied ne sont fictivement mobilisées, que dans le cas d'une *saisie-brandon* : la saisie les détache de droit, pour ainsi dire, quoique par le fait elles tiennent encore à la terre.

Mais le propriétaire du sol, qui fait de sa récolte sur pied une vente volontaire, ne vend pas un objet qui soit meuble par sa nature, car, au moment de la vente, cet objet ne peut se transporter d'un lieu à un autre; ni une chose qui soit *meuble* par la détermination de la loi, car la loi la déclare *immeuble*.

D'où il suit que les commissaires-priseurs n'ont que le droit de vendre aux enchères : 1° les effets mobiliers corporels, avec exposition, livraison et paiement, séance tenante; 2° les récoltes sur pied, et les fruits pendans, mais seulement quand il y a eu saisie.

La Cour de cassation l'a ainsi jugé, sous la présidence du garde des sceaux, le 1er juin 1822, en revenant sur une décision contraire qu'elle avait rendue le 3 mars 1820 (1).

Voici les motifs de son arrêt :

(1) Sirey, tom. 22, 1re partie, p. 277.

» 'Attendu que les commissaires-priseurs établis par le Roi dans les départemens, en vertu de l'article 89 de la loi du 28 avril 1816, ont les attributions que l'article 1ᵉʳ de la loi du 27 ventôse an **IX** a conférées aux *commissaires-priseurs, vendeurs de meubles établis à Paris*;

» Attendu que ces attributions sont exclusivement la prisée de meubles et les ventes publiques, aux enchères, d'effets mobilers;

» Attendu que par ces mots, *effets mobiliers*, il faut entendre, en ce cas, les choses qui sont meubles par leur nature ou par la détermination de la loi, *avant la vente et au moment de la vente*, et non celles qui ne sont mobilières que par l'effet de la vente même, sauf les exceptions spéciales qui pourraient être portées par les lois, et notamment celle introduite au Code de procédure civile, au titre de *la saisie-brandon*. (1) »

La même question s'est représentée à la Cour suprême, le 18 juillet 1806; elle y a reçu la même décision (2). C'est à cette doctrine qu'il faut se tenir.

Il est défendu aux commissaires-priseurs

(1) Sirey, tom. 22, 1ʳᵉ partie, p. 3o8.
(2) Sirey, tom. 27, 1ʳᵉ part., p. 93.

de s'immiscer dans les ventes à faire par les employés des douanes, et autres agens des administrations publiques. Mais un avis du Conseil d'Etat, du 18 août 1818, leur a reconnu le droit de procéder aux ventes mobilières, par suite de saisie pour contributions directes, à l'exclusion des porteurs de contraintes (1).

Je l'ai déjà dit : les officiers ministériels sont responsables des nullités et des fautes qu'ils commettent dans l'exercice de leurs fonctions, soit par ignorance, soit par négligence, *vel faciendo, vel omittendo*. Nous avons banni du palais le vieil axiome : *à mal exploiter point de garant*.

Toutefois il est des causes où le préjudice de certaines nullités ne saurait être racheté par toute la fortune de celui qui les a faites. La probité, l'instruction, voilà les plus solides de toutes les garanties; et l'on demande, depuis long-temps, pourquoi ceux qui veulent exercer la profession d'huissier, ne sont pas soumis à la condition du cours de procédure et du certificat d'aptitude, que l'on exige pour les avoués.

(1) Cet avis se trouve au répertoire de M. Favard, v° *commissaires-priseurs*, t. 1, p. 532.

A plus juste raison encore, doit-on s'étonner de cette facilité qui crée chaque jour des notaires, avec des *attestavit* de *stage* délivrés par le vendeur de l'office, ou accordés par un patron trop complaisant. Les fonctions de notaire tiennent à la procédure, au droit civil, au droit commercial, à tous les droits, à tous les intérêts. Ils sont des juges volontaires ; ils donnent, comme les autres juges, la force exécutoire à leurs actes; mais ce qu'ils ont écrit et prononcé n'est pas, comme les sentences des autres juges, sujet à l'appel. Leur influence s'étend sur tous les détails de la vie civile; ils sont dépositaires des titres et des secrets des familles; ils sont les hommes de toutes les confiances. Dans les campagnes, les parties contractantes n'ont pas d'autres guides qui puissent les éclairer sur la force, sur le sens et sur les suites d'une transaction.

D'où naissent tous ces procès qui rendent la propriété incertaine, et qui vont troublant sans cesse la paix des familles? de la mauvaise rédaction des actes.

Si l'on veut avoir partout des notaires éclairés, il faut à la fois leur donner le moyen, et leur imposer la nécessité de l'être; ou bien il faut, comme en Angleterre, exiger que les contrats soient écrits sur un papier *spécial*, portant en marge la notice des lois relatives à l'acte qu'il s'agit de dresser.

Les tabellions formaient à Rome un grand collége, sous la direction d'un *primicerius* ; ils devaient être jurisconsultes, savans dans l'art d'écrire et de parler, et d'une probité reconnue. Ils n'admettaient dans leurs rangs que des candidats éprouvés par de longs travaux. Après l'élection, ils les présentaient à l'audience du préfet de la ville; ils juraient tous que leur choix n'avait été déterminé ni par intérêt, ni par indulgence ; puis les nouveaux élus recevaient du magistrat un anneau, sur lequel un cachet était gravé. On observait, dit Cujas, pour leur admission, toutes les cérémonies qui se pratiquent en France pour le doctorat.

« Il n'est qu'un seul moyen de donner à tous les notaires l'estime qu'ils doivent avoir, disaient en 1786 les auteurs de l'*Encyclopédie méthodique*(1); et ce moyen nous le trouvons dans les écrits des plus grands magistrats. Ce serait de faire une loi précise pour interdire des fonctions qui tiennent de si près au bon-

(1) Partie de la jurisprudence, *v° notaires*.

heur public, à ceux qui n'auraient pas le serment d'avocat, et qui, pendant deux ans au
moins, n'auraient pas fait un cours de droit. »

Cette loi à faire fut solennellement promise
par l'orateur du gouvernement, qui vint exposer, en l'an XI, les motifs de celle relative à
l'organisation du notariat. Voici ses paroles :

« Sans doute qu'à la probabilité imposante que procure le stage, on ajoutera d'autres garanties d'instruction, lorsque les écoles
de droit seront rétablies, et qu'on exigera surtout du candidat qui se destinera aux places
de première classe, quelques-unes des preuves d'études et de savoir qui seront demandées à ceux qui devront remplir les autres
fonctions judiciaires. »

Les écoles de droit furent rétablies l'année
suivante, en l'an XII; mais il n'a point encore
été dit que les aspirans aux fonctions de notaires seraient tenus d'y prendre des degrés.

CHAPITRE XX.

DES AVOCATS.

L'ORDRE des avocats appartient à l'organisation judiciaire.

Considéré dans l'exercice de sa profession, un avocat n'appartient qu'à lui-même; son indépendance est la meilleure garantie de sa bonne foi.

L'indépendance de l'avocat n'est point ce titre banal que prend une fastueuse oisiveté ou la turbulence d'un esprit fort, ni cette insultante pédanterie qui songe moins à défendre une cause, qu'à attaquer des vérités constantes et précieuses ; ce n'est ni l'affranchissement des devoirs du citoyen paisible, du sujet fidèle, ni le mépris des convenances, ni cette liberté farouche qui brave la justice et ses ministres, et dont les accens ressemblent au bruit d'une émeute.

Celui qui ne rend compte qu'à lui-même de ses travaux et de ses loisirs, qui peut ar-

river à une glorieuse élévation, sans perdre
aucun des droits de sa première liberté ; celui
que la sagesse fait noble sans la naissance ,
riche sans de grands biens ; celui qui voit les
grands déposer chez lui l'éclat de leur rang ,
et attendre de ses conseils la paix et le repos
de leurs familles; celui dont les occupations
ne sont que des exercices de droiture , de justice et de religion, celui-là peut s'enorgueillir
de son indépendance : c'est la nôtre.

Lorsque le titre et la profession d'avocat devinrent, à Rome, sous les derniers empereurs,
un office public, une faveur du pouvoir ,
l'autorité morale des jurisconsultes tomba en
discrédit; car les honneurs et l'éclat extérieur
d'une place ne suffisent pas toujours pour
obtenir cette confiance qu'inspirent un noble
désintéressement et des talens éprouvés.

Chez nous, la profession d'avocat est incompatible avec toutes les fonctions de l'ordre judiciaire, à l'exception de celles de suppléant ; avec
les fonctions de préfet, de sous-préfet et de secrétaire général de préfecture; avec celles de
greffier , de notaire et d'avoué ; avec les em-
plois à gage et ceux d'agens comptables ; avec
toute espèce de négoce : les agens d'affaires
en sont exclus.

Le conseil de l'ordre exerce une sorte de juridiction sur chacun de ses membres. « Sans une organisation intérieure qui l'affranchisse du joug inutile d'une surveillance directe et habituelle, disait M. le garde des sceaux, en présentant au Roi l'ordonnance du 20 novembre 1822, l'ordre ne pourrait plus espérer de recevoir dans ses rangs les hommes supérieurs qui font sa gloire; et la justice, sur qui rejaillit l'éclat de leurs vertus et de leur savoir, perdrait à son tour ses plus sûrs appuis et ses meilleurs guides. »

Cette juridiction n'a pas d'autres lois que les règles de l'honneur.

On trouve partout l'ancienne histoire des avocats et ses belles traditions; il ne reste plus rien à dire sur ce sujet.

En 1790, l'ordre fut détruit à propos d'une disposition relative au costume des juges : *Les hommes de loi, ci-devant appelés avocats, ne devant former ni ordre ni corporation, n'auront aucun costume particulier dans leurs fonctions* (1). Ces mots, jetés négligemment et sans discussion dans un

_____

(1) Loi du 11 septembre 1790, art. 10.

article de loi, firent disparaître nos priviléges; mais, sur les débris de toutes les institutions, à travers d'horribles ténèbres, on vit briller encore le courage et le dévouement de nos plus illustres devanciers.

La loi du 22 ventôse an XII rétablit les écoles de droit, et ordonna la formation du tableau des avocats. Ce qui pressait le plus, c'était la nécessité de purger le barreau d'une foule ignorante et cupide, et d'y répandre l'eau lustrale.

La réorganisation ne s'opéra que par le décret du 14 décembre 1810; ce fut un fâcheux mélange de protection, de gêne et de servitude.

Dans cet état de choses, l'ordonnance du 20 novembre 1822 parut un véritable bienfait ; toutefois l'ordre n'a pas encore recouvré tout entières ses antiques libertés (1).

Un avocat doit être fier de ses droits, mais.

(1) J'ai parlé, dans le chapitre précédent, du privilége des avocats pour la plaidoirie. La discipline intérieure de l'ordre n'ayant que des rapports éloignés avec la théorie de la procédure civile, je crois pouvoir me dispenser de faire ici l'analyse de l'ordonnance du 20 novembre 1822 ; elle est assez connue, on la trouve dans tous les recueils.

il doit se plaire en même temps à parler de ses devoirs; les uns et les autres se confondent dans la dignité de sa profession.

Les devoirs de l'avocat sont ceux de l'homme le plus sévèrement intègre.

M. l'avocat général Portail disait, en 1707 : « Il est, même en matière civile, des espèces où l'on ne peut défendre la cause sans offenser la personne, attaquer l'injustice sans déshonorer la partie, expliquer les faits sans se servir de termes durs : dans ces cas, les faits injurieux, dès qu'ils sont exempts de calomnies, sont la cause même, bien loin d'en être les dehors; et la partie qui s'en plaint doit plutôt accuser le dérèglement de sa conduite que l'indiscrétion de l'avocat. »

Mais, hors ces cas d'une cruelle nécessité, il faut, comme le gladiateur dont parle Martial, savoir vaincre sans blesser ; il faut savoir pénétrer dans les replis du cœur, deviner les ruses des passions, et peindre les hommes dans tous les états, avec ce goût de décence et de probité qui rend moins amers les fruits de la justice.

Dans les pays où l'instruction est secrète,

INTRODUCTION.

où la publicité du raisonnement passe pour une offense séditieuse, les avocats ne sont à peu près que des agens d'affaires, et leurs fonctions se réduisent à écrire d'obscurs mémoires qui vont grossir un dossier de procédure. Le grand Frédéric supprima les plaidoiries dans son royaume. On dit que Bonaparte fut tenté d'imiter cet exemple; ce qu'il y a de certain, c'est que, du temps de l'empire, nous n'avons point vu de ministre demander que son nom fut conservé sur le tableau des avocats.

Il est encore des faiseurs de systèmes, qui, loin de reconnaître l'utilité des avocats pour l'administration de la justice, affectent au contraire de redouter leur influence, et qui voudraient ne donner aux parties d'autres défenseurs que les juges eux-mêmes.

Bentham leur a répondu :

« Ce protectorat des juges exigerait deux conditions essentielles : une connaissance entière de tout ce qui concerne la cause, et un zèle suffisant pour en tirer le meilleur parti. De la part d'un juge, on ne peut ni espérer le même degré d'information sur chaque affaire individuelle, ni le même intérêt en faveur de chaque partie.

» Supprimez les avocats, un injuste agresseur aurait souvent deux avantages d'une nature oppressive, celui d'un esprit fort sur un esprit faible, et celui d'un rang élevé sur une condition inférieure. Dans une cause d'une nature douteuse ou complexe, à moins de supposer des juges inaccessibles aux faiblesses humaines, ces deux avantages pourraient être trop dangereux pour la justice, et même, dans le cas d'une parfaite impartialité, ils laisseraient les juges exposés à des soupçons odieux.

» Mais les avocats, sauf des cas de corruption fort rares dans le système de la publicité, ne se refusent à personne, et sont les mêmes pour tous ; ils rétablissent l'égalité entre les parties plaidantes. La rivalité même qui existe entre eux leur fait déployer, dans chaque occasion, quel que soit leur client, riche ou pauvre, petit ou grand, illustre ou obscur, toute la force du talent qu'ils possèdent, et qu'ils ne peuvent négliger sans se nuire à eux-mêmes. L'honneur et l'intérêt sont ici les auxiliaires du devoir (1). »

(1) *Traité des preuves judiciaires*, tom. 1er, p. 198.

Nul ne peut exercer les fonctions d'avocat, s'il n'a obtenu le grade de licencié en droit, et s'il n'a prêté, en cette qualité, le serment prescrit par la loi. Mais le diplôme seul n'atteste que l'idonéité de celui qui l'a obtenu. Il faut d'autres études à l'avocat; il faut qu'il apprenne la science de l'application, la marche des affaires, les règles de la discussion, les usages du barreau; et, pour cela, il faut qu'il suive avec assiduité les audiences des tribunaux. C'est l'obligation du stage; sa durée est de trois ans. *Leges in scholis deglutiuntur, in palatiis digeruntur*, a dit Dumoulin : cette maxime est de la plus grande vérité, surtout en ce qui concerne les lois de la procédure. Dans le dialogue des avocats de Loisel, on parle d'un jurisconsulte « qui fut homme de grand sens et savoir, et puissant en son parler, mais qu'on ne pouvait, sauf correction, appeler un grand homme de palais, d'autant qu'il connaissait peu les formalités de justice. » Ignorer la procédure, c'est courir le risque de tomber dans des fautes irréparables, et se réduire à l'impuissance de défendre une cause, lorsqu'elle est attaquée par ses moyens de forme.

Aucun genre d'étude n'est étranger à un

avocat; il doit posséder ce que Cicéron appelait, *omnium rerum magnarum atque artium scientia*. Comment entendra-t-il les lois romaines, s'il ne connaît le gouvernement des Romains et ses révolutions? les lois françaises, s'il ne connaît pas ce que les Français ont été dans les divers âges (1)?

Une grande prévention s'était élevée autrefois contre les talens littéraires du barreau; il semblait exhérédé des honneurs académiques: on disait que, même sur le terrain des avocats, les gens de lettres avaient conservé une éclatante prééminence, toutes les fois qu'ils avaient voulu y descendre.

Pour ce qui touche les honneurs du fauteuil, on sait que l'Académie, affectée du refus de M. le premier président de Lamoignon, qu'elle avait été chercher dans sa retraite de Bâville, statua que les visites de sollicitation, qui n'étaient encore que d'usage, seraient, à l'avenir, de devoir, et qu'elle regarderait comme seuls éligibles les candidats

(1) Voyez les lettres sur la profession d'avocat, par M. Camus.

qui demanderaient publiquement leur adoption. Louis XIV, toujours soigneux de la gloire des lettres, qui le lui ont si bien rendu, approuva le règlement ; et, pour y mettre le sceau d'un grand nom, il engagea le prince Armand de Rohan, évêque de Strasbourg, à donner le premier exemple de cette déférence.

Dès-lors les classes les plus élevées de l'État se soumirent de bonne grâce aux visites académiques. L'ordre des avocats s'y refusa seul, et pendant près d'un siècle, aucun d'eux ne vint se présenter à la porte du sanctuaire.

Enfin les comices du palais se départirent de cette rigueur, dont les lettres gémissaient en secret. M. Target vint, en sollicitant les suffrages de l'Académie, porter au nom de son ordre un vœu de ralliement, et faire cesser cet affligeant divorce.

Quant au mérite littéraire, je conviendrai que les jurisconsultes du quinzième siècle ne s'en montrèrent guère jaloux.

Étrangers à la révolution que la découverte de l'imprimerie avait produite, ils conservèrent pendant long-temps leur ténébreuse méthode d'argumentation, et la barbarie de leur langage.

Mais, dans le siècle suivant, les interprètes du droit romain commencèrent à s'exprimer avec moins de rudesse, et à limiter, dans leurs livres, l'élégance des décisions du digeste. On les vit, animés d'une docte émulation, chercher dans les réflexions des philosophes, dans les récits des historiens, dans les fictions des poètes, et jusque dans les jeux antiques de la scène, tout ce qui pouvait servir à mettre en lumière le véritable sens des textes.

L'école de Cujas fut un prodige de science en toutes choses; l'érudition prit une grande faveur, et l'on se mit à en jeter partout avec abondance. Toutefois les règlemens du bon goût n'avaient pas encore été vérifiés et enregistrés au palais. Ce luxe de citations empruntées aux écrivains de la Grèce et de Rome, ces recherches sur les institutions, sur les origines, sur les usages, pouvaient orner fort convenablement des leçons et des commentaires; mais on ne sentit pas qu'elles étaient, au barreau, d'une inutilité et d'une prétention ridicules, surtout lorsque rien de tout cela n'avait un rapport direct avec les points du procès.

Le premier président Achille de Harlai disait à la fin d'une mercuriale, dans une au-

dience solennelle : « Procureurs ! Homère vous
apprendra votre devoir dans son admirable Il-
liade, liv. 10. » Expilli, qui fut avocat et président au parlement de Grenoble, puis conseiller
d'État, plaidait, en 1604, une cause où il s'a-
gissait d'un marché passé avec un ouvrier, pour
monter et entretenir l'horloge d'une petite ville.
Il fit l'histoire des horloges, des clepsydres et
des cadrans solaires ; il expliqua comment se
comptaient les heures, et à quel instant pré-
cis commençait le jour chez les divers peuples
du monde, et il cita, à l'appui, cinquante passages tirés des historiens, des poètes, des natu-
ralistes, des prophètes et des saints pères (1).
    Je ne m'arrêterai point aux plaidoyers de
Patru, qu'on appela le Quintilien français,
qui fut le conseil et l'ami des chefs de notre
littérature (2), et qui heureusement fit des

_____

(1) Les plaidoyers d'Expilli ont été imprimés à
Paris, en 1612. On trouve beaucoup d'exemples très-
curieux de cet abus de citations au palais, dans une
notice du savant M. Berriat-Saint-Prix, lue à la société
royale des antiquaires, le 9 juillet 1823, et imprimée
dans la *Thémis,* tom. 5, p. 433.

    (2) C'était Patru que Boileau désignait dans ces
vers :

        Faites choix d'un   sour solide et salutaire,
        Que la raison conduise, et le savoir éclaire.

efforts inutiles pour détourner Lafontaine
d'écrire des fables, et Boileau de composer
l'Art poétique.

Je me hâte d'arriver au temps où la pureté du style, la sagesse de l'érudition, le sentiment des convenances, l'action du discours
et les belles inspirations de l'éloquence, fon-
dèrent l'illustration du barreau français : c'est
l'époque de Cochin. Un peu plus tard, ce
fut celle de Gerbier : il avait, disent les contemporains, une dialectique ferme et lumi-
neuse, l'art de répandre un grand intérêt
dans les discussions juridiques, une rare présence d'esprit au milieu des mouvemens de
l'âme et des élans de l'imagination, cette action
pleine de grâce et de dignité, et tous ces dons
précieux que Cicéron, en se peignant lui-même,
exigeait pour former l'orateur.

Les questions les plus élevées du droit public, les grands principes de la législation
civile et criminelle, étaient traités dans les
mémoires de Lacretelle, des Target, des
Desèze et de tant d'autres, avec une force de
pensées, un art et une aisance de langage,
que les gens de lettres pouvaient leur envier.

L'alliance de l'étude du droit avec tous les
genres d'étude, s'est plus intimement for-

mée, à mesure que les circonstances ont
agrandi la carrière. Politique, sciences, histoire, beaux-arts, tout est entré dans le domaine de l'avocat. La France nomme avec
orgueil ces notables du barreau, que nous
voyons chaque jour s'engager, sans efforts,
dans une discussion nouvelle, changer de ton,
de manière, avec une merveilleuse facilité, et
disposer à volonté de toutes les ressources du
style. Au fait de tout, prêts à parler de tout,
infatigables, et ne fatiguant jamais ceux qui
les écoutent, ils savent donner à tous les sujets
un charme inattendu, tantôt ménageant les
traits de leur érudition avec une sage écono-
mie, et tantôt les semant avec toute la négligence de la richesse.

Un savant géographe, M. Barbié du Bocage,
révendiquait, il y a quelques années, des droits
de collaboration et de copropriété sur *le voyage
pittoresque de la Grèce*. La plaidoirie de l'a-
vocat prit naturellement un caractère tout
académique; ce n'était, comme l'a dit un con-
naisseur habile (1), qu'en faisant la part de

(1) M. Hennequin, *Dissertation sur le régime hy-
pothécaire*, lue à la bibliothèque des avocats de
Paris, le 20 mars 1821.

l'érudition qui fournit les matériaux, et celle de
la méthode et de l'imagination qui les dispose
et les embellit, qu'il était possible de répartir
avec équité le prix de l'ouvrage entre les deux
collaborateurs; et, pour exercer le privilége
consacré par le § 3 de l'art. 2101 du Code
civil, il devenait nécessaire d'invoquer les
dieux d'Homère, et de s'environner des héros
de Sparte et d'Athènes.

———

J'ai voulu examiner préliminairement des
questions, des origines et des systèmes, dont
la discussion aurait trop embarrassé les explications que je me propose de donner sur les
titres du Code de procédure. Ce qui peut manquer à cette Introduction se retrouvera dans
les volumes suivans : il faut savoir tirer le trait
qui termine une étude.

J'ai l'espoir que l'on voudra bien ne pas refuser à mon plan quelque mérite d'intérêt et
d'utilité. La théorie de la procédure ne sera
jamais bien comprise, si l'on n'aspire pas à
se mettre en rapport avec l'esprit du législa-

teur, si l'on ne visite pas les sources où il a
puisé, et si l'on ne cherche pas à découvrir,
sous l'enveloppe des formes, les principes de
justice et de morale qui doivent éclairer la
pratique elle-même, et lui faire perdre, en la
relevant, son allure étroite et routinière.

FIN DE L'INTRODUCTION.

TABLE

DES CHAPITRES DE L'INTRODUCTION.

FIN DU TOME PREMIER.

FAUTES A CORRIGER.

Page 4, à la note, après ces mots *dédié au Roi*, ajoutez : de Prusse.

—— 33, ligne 3, au lieu de : *quelques modique*, lisez : *quelque modiques*.

—— 64, à la note 2, ligne 2, au lieu de : *tamem*, lisez : *tamen*.

—— 66, lignes 12 et 13, au lieu de : *manu consertum*, lisez : *manuum consertio*.

—— 66, —— 19, au lieu de : *aux pieds du tribunal*, lisez : *sur les marches du tribunal*.

—— 70, —— 5, après ces mots : *uterque actor est*, ajoutez en note : voyez la loi 13 *ff. de judiciis*, et *ubi quisque agere*, etc.

—— 74, —— 8, au lieu de : *onc*, lisez : *donc*.

—— 178, à la note, après le mot *chap.*, ajoutez : 7.

—— 201, ligne 13, au lieu de : *atteindre sa perfection*, lisez : *atteindre à sa perfection*.

—— 206, —— 14, au lieu de : *mas adapted*, lisez : *was adapted*.

—— 218, à la note, ligne 2, au lieu de : *l'ordonnance de* 1532, lisez : *l'ordonnance de* 1539.

—— 248, ligne 18, supprimez ces mots : *les affaires les plus graves*.

—— 255, —— 25, au lieu de : *surcharge*, lisez : *surcharger*.

—— 259, —— 14, au lieu de : 24 *octobre* 1790, lisez : 24 *mars* 1790.

—— 305, —— 17, au lieu de : *Henri*, lisez : *Henrys*.